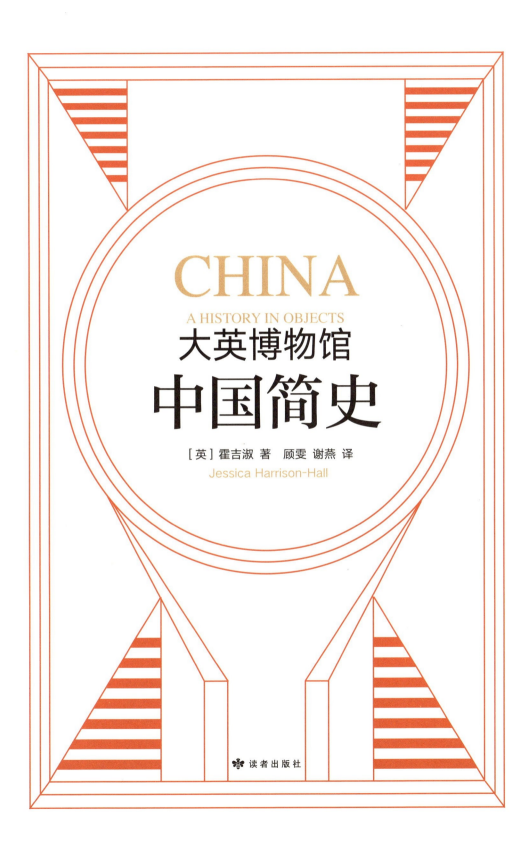

CHINA

A HISTORY IN OBJECTS

大英博物馆
中国简史

[英]霍吉淑 著　顾雯 谢燕 译

Jessica Harrison-Hall

读者出版社

CHINA

A HISTORY IN OBJECTS

新经典文化股份有限公司
www.readinglife.com
出　品

目录

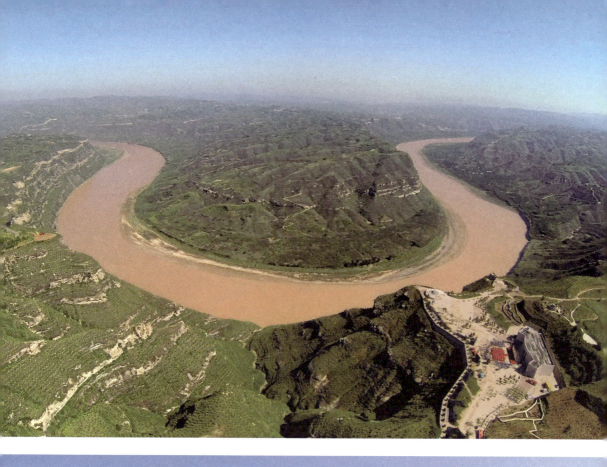

引 言

中华文明是世界上最古老的文明之一。有人认为华夏文明从远古以来就一直绵延不断、始终如一，现代中国人与数千年前的祖先一脉相承。这一观点至今仍有众多拥趸。几乎所有的中国通史都以石器时代为开端。中国文化源远流长、地域广博、人口众多，非一展、一书所能全部囊括。本书绝大部分都依照传统顺序纵览整部中国历史，但因陈述方式有所不同，主要通过物品 —— 艺术和物质文化，加以呈现，难免百密一疏。书中将中华大地历史长河中近 7000 多年的时间分成 6 个阶段，通过各个时期的陶瓷、玉器、青铜器、绘画、书法、丝织品和装饰艺术等遗存了解中国的过往。中国历史悠久，地大物博，但并非以往认为的那样全部依赖自给自足，与世隔离。从文献记载和物质文化遗存中可以看到，自新石器时代以来，中国和域外之间在每个历史阶段都有着广泛的交流。在本书中，我们将从大英博物馆所藏的中国文物回眸过去、追溯往昔。

地理

数千年前，中国疆域内就开始有人定居。事实上，约 50 万年前，直立人，即"北京人"就在此觅食生息，是中国出现最早的远古人类之一。中国广袤的疆域足以让任何尝试周游此地的人们叹为观止。地图上短短数寸的距离，足以抵上飞机数小时或火车数日之耗。常言道，欲知中国之古，先知中国之大。我们要了解中国，必先了解其悠远的历史、广袤的地域，以及多元文化。所以我们也常说，中国之大，自成一体，自有乾坤。其疆域内拥有的地形地貌、气候类型和动植物种群，几乎涵盖所有类型，这些自然条件对定居于此的人们产生了潜移默化的深远影响。

不过，地形和气候究竟是如何决定文化的呢？定居在中国北方黄河（1）*流域和南方长江（2）流域的人们，从新石器时代起就形成了不同的文化。另一方面，他们之间又建立了远超我们以往想象的密切联系。尽管中国的疆域在历史上常常变动不居，然而今天的中国依然拥有葱翠如茵的内蒙古草原、西北的沙漠、黄河中游的黄土高原，以及长江以南地区

---

* 书中所有括号内数字均为图片序号。——译注

3. 长城
中国古代建造于边界上的城墙，
东西走向。公元前 3 世纪，秦
始皇开始修筑长城，他在原（战
国）长城的基础上加以扩展。如
今我们所见的长城基本为明代
（1368—1644 年）重修。

4. 嘉峪关
这些重修过的城楼位于嘉峪关，
是长城最西端的关口。（照片中）
城墙后方的远处是白雪皑皑的祁
连山，山下是茂盛的大草原。（欧
亚）大草原西起匈牙利，跨越俄
罗斯和中亚一直延伸到中国东
北。在中国历史上，草原游牧文
化和农耕文化之间曾频繁发生冲
突。

的梯田（6）。中国海岸的地形也同样多样，更有海南岛这般椰林与银滩并
存的热带地区。还有高耸入云的山峰，静谧的湖泊和茂密的森林。如此博
大的中国怎不叫人流连忘返。

语言

　　学习汉语在今日已成潮流。世界各地的中小学纷纷开设汉语学习俱乐
部，中国政府开办孔子学院在全球推广汉语。随着中国经济的繁荣，我们
也逐渐感受到一些由此产生的社会效应：社会精英会安排子女去西方高等
学府深造；越来越多的中国人前往欧洲、澳大利亚和美国旅行。与这些中
国人交流的欲望进一步推动外国人学习汉语的热情。因此，出于社会、经
济和政治因素，汉语日益成为海外交流的一种重要语言。

　　在中国，汉字是人们交流的纽带。此外，汉字也联系着朝鲜、日本和
越南这些邻国，因为这些国家的文字曾经历过一段相同的发展历程。古代
文字同样能引起现代人们的共鸣。比如"田"字（字形呈一个方块，分成
四个部分），在公元前 1200 年左右的甲骨文中已可辨出相近的字符。专业
学者通过掌握阅读甲骨文的专业知识，仍可识读这些两千多年前文字中的
大部分。当一个现代中国人拾起一枚古代士兵书写的竹简时，还能大致理
解竹简上文字的含义，这确实令人拍案称奇。对于人口规模巨大的中国来说，
书面语言堪称跨越时间与空间、联系人们的重要媒介，倘若人们仅仅使用
方言交谈，就将阻碍不同地区人们之间的理解与交流。由此可见，汉语不
愧为一种共同的、历史性的语言。

古今之间

　　在中国，历史并不遥远，而是近在咫尺，现在和过去关系密切，这与
西方"历史"的概念大相径庭。有人认为，对过去的盲目崇拜会限制人们
的创造性思维，阻碍人们寻求解决问题的新方法。不过，这种批判或许完
全忽略了重点所在。中国可以通过记录和研究历史，进一步重现古代原貌，
在现代迅速建立一种关于历史的隐喻。中国的景观本身就能唤起这种同古
代的联系：当你凝视着黄山壮观的风景时，会立刻联想到古代山水画中傲
然挺立的松树和耸入云海的山峰（7）。

　　与古代的联系还体现在对祖先的敬畏上。在一年之中的重要时节，或
庆祝重大事件时，都有祖先的"参与"，这一直以来都是中国人生活的组成
部分。这种关系本质上是一种互动 —— 活着的人通过记忆让死者"不朽"，

并向他们供奉食物；而死者会在精神上为生者实现愿望提供支持。在悠久的历史中，这种互动关系在重大政治决策中，如选择攻打敌人的吉时，或者在搜集信息，如预测天气以获得丰收等方面都扮演了重要的角色。与过去的联系还远不止于此。不论在任何朝代，当代之人都会通过研究过去的文献（铭记于心），或者复制古代绘画等，与历史建立一种连接。回顾历史，是日常生活的一项基本内容。当然，有学识的人还可以通过拥有和阅读古物上的文字记录，了解古代的哲学和历史。

权力与信仰：帝王与宇宙

在与历史的联系上，还有一个重要的方面，即自古以来在位的皇帝就讲究"承天命"。皇帝不仅是中国的最高统治者——天子，而且也是邻国的朝贡对象，在这片土地上拥有无上权力。皇帝不但统治着世间之人，从根本上说，他作为北极星的化身，还掌控着整个宇宙。两千多年来，中国历史上任何的朝代更迭，帝王易位，都是天命所归。

国家仪式的举行强调了帝王对于维护宇宙秩序的重要性。这些仪式从古时一直延续至今。所以皇帝会亲自主持、参与一些极为重要的仪典，比如在天坛举行孟春祈谷祭天大典，在太庙祭祖，或去泰山祭祀等。举行仪式要择吉时，要安排程序步骤，因此皇帝需要大臣和庞大的官僚机构辅佐。

中央集权下的官僚体制：文韬武略

中国第一位皇帝秦始皇建立了一套标准的法典和中央集权的官僚体系。到汉代（前202—公元220年），进一步加强了中央集权统治。自此以后，整个封建时代，中国广袤的疆域都有赖文武分职的官僚机构来管理，并延续了两千多年。在现代，公务员和士兵间的区别可以让我们想象到古代文官和武官间完全不同的职责分工。不过，在古代，所有士大夫都以政务和军事兼修的标准来要求自己。因为，要成为一个理想人才，必须文武兼备。

官吏的选拔主要采用科举制，需通过乡试、会试、殿试等层层考核。在这些考核中，要考查候选人对于"四书五经"的理解。深入了解这些典籍，并有能力将内容重新释读，运用到当下的现实环境中去，才是有才之人，可得国家俸禄、封妻荫子。这些参与科考的人经历了相同的选拔过程，使这些同年仕进之人形成了一张巨大的关系网络。

5. 行走在月牙泉边的骆驼（甘肃敦煌）

人们穿越沙漠进行贸易，物品和思想在沙漠和绿洲城市间流通。

对外交流与文化融合

有人认为，中国历来自成一方天地，所有文化都是从本土衍生发展而来。这种观点有所偏颇。中国文化从一开始就呈现多元特征。纵观整个历史，中国一直保持着与外界的联系，其中相当部分经由贸易活动展开（5）。中国为域外地区生产消费品的历史至少可追溯到两千多年以前，从最初的纺织品，到后来的陶瓷，还有茶叶。这些货物远销印度洋地区，乃至更远的非洲，甚至新大陆与欧洲。

中国的对外交流并不止于贸易活动，战争也给中华文化带来了很多异域元素。例如，商周时期，来自草原文化的技术（4）改变了中原的兵器。几千年来，各个王朝的军队都曾开募外族兵源，驾驭外购马匹，甚至任用战俘。这些外援非常熟悉中国疆域之外的地形和情况，成为中国外捍的中坚，发挥了十分重要的战略作用。

相较文官武将，对中国历史上僧侣和传教人员活动的研究相对较少。然而，从汉代时佛教自印度传入，到明初藏传佛教盛行，僧侣群体对中国产生过巨大影响。16 世纪，耶稣会士将欧洲的科技和哲学，带入了中国宫

6. 梯田（云南省）

种植稻米还是其他谷物是中国南北方的差异之一。

7. 黄山冬日（安徽省）

壮观的风景让人联想起中国传统水墨画。

廷。朝贡体系也不遑多让，它同样让朝廷维持着和域外各国使节的交流。这些使者主要来自中亚、南亚、东南亚、日本、朝鲜。他们上呈的奇珍异宝，包括长颈鹿、斑马、狮子、大象等异国动物。此外，御厨之肆、后宫之苑，也生活着异域庖厨和嫔妃。

建筑、考古、文物和艺术

中华文明博大精深，我们只能管中窥豹，略知皮毛，不免让人稍感遗憾。但如今，我们还能通过历史遗留的物质文化来了解一些中国文化的样貌。长城（3）、京杭大运河、紫禁城，提醒着我们中华帝国建筑工程规模之浩大。这些浩大、非凡的跨区域工程反映了中国人口之巨，可调动的劳动力之众，以及官僚机构之有序高效。

然而中国遗存下来的建筑，相对于同中国面积相仿的欧洲而言，却并不算多。幸存下来的建筑中，有宗教建筑，包括敦煌的莫高窟石窟、西安的唐代佛塔；还有宋代的桥梁，明代的藏书楼、庙宇、寺院、园林，以及清代的庭院。

更有意义的是，中国考古学家一直不断更新着遗址、遗存的发掘资料。其中既有名声赫赫的世界遗产，如秦始皇帝陵附近的兵马俑坑；也有一些不太知名，但同样重要的文化遗址，如石峁遗址，是目前所知中国规模最大的新石器时代城址。此外，由于中国地面建筑遗存较少，所以，明代藩王（陵）的地下宫殿、西安古代宫殿建筑基址等发现，也显得格外珍贵。

中国历史上制造了大量的物质文化产品，让我们有机会通过这些古时生产活动中留下的文物了解历史，并从文献记载中领略那些未能留存至今的事物。譬如，我们可以从文献中知道，留下数千件青花瓷的江西景德镇，也曾以制作笠帽闻名，尽管今日已无一顶存世。

我希望广大读者能用这本入门书籍，打开一扇回眸历史的窗户。让我们一同赏鉴那些折射出历史细节的器物、纺织品、绘画作品，引领读者徜徉在中华文明 7000 多年的历史长河之中。

中国的特殊地位让她在人类的历史上扮演着格外重要的角色：中国有着延续至今的世界最古老的文明，同时也将是 21 世纪最强大的国家之一。

新石器时代　约前 8500—前 1700 年

仰韶文化　约前 5000—前 3000 年
红山文化　约前 4500—前 3000 年
大汶口文化　约前 4500—前 2500 年
马家窑文化　约前 3300—前 2050 年
良渚文化　约前 3300—前 2200 年
龙山文化　约前 2800—前 2300 年

青铜时代　约前 1700—前 221 年

二里头文化　前 1900—前 1500 年
商　前 1600—前 1046 年
　　　　二里岗文化　前 1600—前 1300 年　都城：郑州
　　　　　　二里岗下层　前 1600—前 1415 年
　　　　　　二里岗上层　前 1450—前 1300 年
　　　　殷墟文化　前 1300—前 1046 年　都城：安阳

周　前 1046—前 256 年
　　　　西周　前 1046—前 771 年
　　　　东周　前 770—前 256 年
　　　　　　春秋时期　前 770—前 476 年
　　　　　　战国时期　前 475—前 221 年

1

早期中国

公元前 5000 年至公元前 221 年

20 世纪 20 年代初，考古学家在中国北方周口店发现了一名直立行走人类（即直立人）的颅骨、颚骨和牙齿，标志着中国早期原始人类的存在。这些直立人生活在约 50 万年前，被考古学家命名为"北京人"。2004 年，中国南方湖南的玉蟾岩遗址又发现了近两万年前的陶器碎片，这是迄今发现的人类最早的陶器制品，使东亚文明又上溯了约 3000 年。本章起始年代较此要晚，但时间跨度依然很大，起于公元前 5000 年新石器时代的仰韶文化（1），迄于东周灭亡，及公元前 221 年中国历史上第一个统一王朝秦朝的建立。

通过考古学来了解中国是本章的主旨（2）。在过去的一个世纪里，考古人员发现了大量墓葬和聚落遗址（3），并发表了许多细节资料，这让我们有机会通过这些发掘和遗存来重建古代中国人的生活方式。它们包括公元前 1200 年前甲骨上的文字（4）以及商朝晚期都城安阳（见第 34—35 页）的青铜器上留下的金文。中国自远古时代以来，就非常重视玉器的制作（5），而石器和陶器

1. 陶塑人面像

透过这件大约 6000 年前的人像的双眼，我们可以想象当时黄河沿岸人们的生活景象。一些人首形陶壶的器口也有类似人面装饰。人首与器身浑然一体地组成了人身的形状。图中器物出土于陕西宝鸡北首岭。

仰韶文化
约公元前 5000—前 3000 年
高 7.7 厘米，宽 9 厘米
陕西宝鸡北首岭遗址陈列馆藏

2. 截至目前发现的最大的中国新石器晚期城址 —— 陕西石峁遗址东门鸟瞰图

3. 2012年陕西宝鸡渭河南岸台地上石鼓山商周墓地出土的青铜礼器

的分布也很广泛。通过这些新石器时代的遗存，我们就能更加充分地解读那些原先认为孤立存在的早期聚落。我们会发现，不同聚落文化间存在年代的交叉，演进至新阶段的文化并不仅仅只有一种。远古中国的每一类型的新石器时代文化，都具有其自身的特征和地域性，原因就在于，中国疆域辽阔，聚落文化各自活跃区域堪比现代欧洲诸国。

红山文化遗址牛河梁女神庙出土过一尊与真人一般大小的女神头像，因而一般认为该遗址处于母系氏族社会的中心区域。然而由于缺乏文字记载，我们对新石器时代的信仰还是知之甚少。自青铜时代以降，直至1世纪佛教及佛教造像传入，中国才出现了神像。在此之前，中国人都鲜少用塑像来表现神祇。到了商代（前1600—前1046年），人们铸造青铜器作为祭祀、沟通"上天"

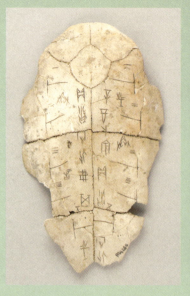

的礼器，其中包括贮酒器、饮酒器等酒器，还有盛食器等。人们用成组配套的礼器祭拜祖先，他们相信这些随葬礼器能传递给祖先，让他们在死后继续享用，祈求祖先庇佑。这套青铜礼器体系一直沿用至周代。由于商周时期各类商品的运输范围横跨中国数千公里，其中就包括用于青铜器铸造的金属，当时的人们必然也会意识到远方群体的存在和战争的威胁（6）。同时，早在新石器时代，中国人就已擅于生产高品质的奢侈品，其中用蚕丝纺织而成的丝织品（7）是最富有代表性的产品之一。

中国人自古以来就居住在这片土地之上，那些不断的考古发现，以及一脉相承的文字，都让中国人感受到与古老华夏的联系。从历史上看，这片广袤肥沃的土地承载了大量人口，并孕育了高级文明和等级森严的社会。分工明确的官僚体系和大量劳动人口的存在，使大规模的手工业生产成为可能。几千年来，中原与周边地区持续互动，使北方草原文化和南方文化自青铜时代起，就逐渐融入中原文化。比如，战车的发明，就是从西北传入中原，尽管这并非贸易，而是战争的结果（8）。

4. 甲骨
这片由龟甲制成的卜甲展现了最早的汉字形态。卜辞记录了殷商王室与先祖的交流过程。使用过的甲骨会专门窖藏于一处。该片甲骨上的卜辞记录，此次占卜的贞人名为"宾"。

商，约公元前 1200 年
安阳小屯遗址 YH127 坑
高 18.4 厘米，宽 11.1 厘米
台湾中央研究院历史语言研究所

5. 安徽凌家滩出土的玉斧、玉璧等玉器

6. 广汉三星堆金面铜人头像

这座人像出土于三星堆二号祭祀坑，属 A 型金面人头像。这种金面造像代表社会最高等级的人，他们手握生杀大权，并且具有与神交流的特殊技能。三星堆古蜀人已熟练使用黄金。通过周王朝与古蜀国交流，周人也掌握了黄金加工工艺。

商，约公元前 1200 年
四川广汉三星堆
高 42.5 厘米，宽 19.6 厘米
三星堆博物馆藏

7. 龙虎凤纹绣

东周
约公元前 480—前 222 年
湖北江陵马山一号墓
高 29.5 厘米，宽 21 厘米
荆州博物馆藏

8. 湖北熊家冢墓地车马坑

该墓葬是目前所知战国时期规模最大、保存最完好的楚墓。墓葬中还有 30 余座排列有序的车马坑。墓主人可能是楚国国君楚昭王熊轸。

东周时期思想活跃，百家争鸣，涌现出诸多周游列国的思想家和谋士。公元前 551 年出生于山东曲阜的孔子，是其中的著名代表。随着东周诸王无法维持疆土统一，群雄逐鹿，诸侯争霸的大幕就此拉开。而秦国作为群雄之一，最终由秦始皇在公元前 221 年完成了统一大业，开启中国历史上第一个大一统王朝。

1|1 仰韶文化新石器时代陶器和石器

　　虽然存在一些更早期的定居文化类型，但是新石器时代中期（约前5000—前3000年）的仰韶文化则更具有代表性。仰韶文化类型村落广泛分布在黄河中游的肥沃土地上。仰韶文化时期的人们建造房屋、耕作狩猎的核心区域大致位于今河南、山西、陕西一带。西安半坡遗址是一处典型的仰韶文化早期阶段的聚落遗迹。考古学家复原了半坡人的居住环境：他们居住的房屋大多为半地穴式圆形建筑，屋内中央有一灶坑，屋顶由抹过草泥的茅草搭建而成，可以防水。仰韶文化时期的人们采集渔猎，饲养山羊、猪、狗、牛等家畜，还种植小米、大米等谷物。考古学家还发现了该时期的丝织物和麻织物残片。仰韶文化陶器（1）主要以黄土质黏土为原料，采用泥条盘筑法成型后，在专门的窑穴中烧制而成，烧制温度约600℃～800℃。一些陶碗、陶罐表面绘有黑、红色彩的几何图案、鱼纹或人面纹。仰韶时期，人们也会制造相对复杂的石器（2），用于耕作。

1. 红陶双耳瓶（小口尖底瓶）
新石器时代的工匠将富含黄土的黏土条盘烧成此容器的形状。器身两侧各有一耳，耳上可以系绳便于携带。考古学者曾认为小口尖底瓶是用来汲取河水的容器，不过，现在也有学者提出其为酿酒器。瓶身中间有一圈绳纹擦痕，在瓶身打湿时能够增加手掌与瓶身之间的摩擦力。

仰韶文化
约公元前5000—前3000年
陕西西安半坡
高32厘米
中国科学院考古研究所捐赠*
（1959,0216.4）

* 书中未标明收藏地之文物皆为大
英博物馆藏品。——译注

2. 抛光绿色石斧

大约 7000 年前，人们把这块泛
绿的石头磨制成了石斧。石斧刃
部锋利，且持握舒适，与人体工
程学相符。当时制作工具的原材
料为各种类型的石头。1959 年，
这件石斧和其他一些新石器时代
的文物，由中国科学院考古研究
所赠予大英博物馆。

仰韶文化
约公元前 5000—前 3000 年
河南不召寨遗址
长 14 厘米
中国科学院考古研究所捐赠
（1959, 0216.13）

1|2 马家窑文化和齐家文化新石器时代陶器

马家窑文化的出现晚于仰韶文化，年代约处于公元前 3300 年到公元前 2000 年，主要分布在黄河上游甘肃、青海、宁夏地区。考古学家将该文化类型分为早、中、晚三期，分别经历了马家窑（约前 3300—前 2650 年）、半山（约前 2650—前 2350 年）、马厂（前 2350—前 2050 年）三个类型阶段。马家窑文化以彩陶闻名，纹饰为黑、红二色彩绘（1），形象生动、色泽浓厚。该文化时期遗址已出现贝币（2），贝币的流通意味着马家窑文化地区与遥远的沿海地区的居民已经建立起了经济文化联系。

随后，以甘肃为中心，附近又出现了齐家文化（约前 2300—前 1600 年）（3）。20 世纪 20 年代，瑞典考古学家安特生（1874—1960 年）在甘肃广河齐家坪首先发现了该类型文化遗址，齐家文化因此得名。齐家文化遗址中已经出现铜料及青铜制品，如中国国家博物馆所藏铜制工具、戒指和铜镜等装饰品，也有不少玉器遗存。齐家文化的房屋大多为方形或长方形半地穴式建筑，居室用白灰面铺成，再铺上麦草隔潮保暖。房屋中央有一炉灶，供人们围坐。屋顶和矮墙都由木制框架支撑。

1. 大陶罐

1914 年，安特生以石油和煤炭资源顾问的身份来到中国。1926 年，他发现了马家窑遗址，成为中国新石器时代考古的先驱。这组陶罐中的两个即为他在马家窑遗址搜集而来，这些陶罐都是随葬品（并非用于瓮葬，马家窑文化中几乎没有用罐子作为葬具的）。安特生回国后任瑞典斯德哥尔摩远东博物馆创始馆长，后该博物馆又将这两个陶罐赠予大英博物馆。

马家窑文化半山类型
约公元前 2650—前 2350 年
甘肃
高 30.5 厘米；27.4 厘米；34 厘米
瑞典斯德哥尔摩远东博物馆捐赠（1929，0613.2）；莫士辉捐赠（2006，0412.2）；瑞典斯德哥尔摩远东博物馆捐赠（1929，0613.1）

2. 贝壳纹饰大陶罐

约从公元前 2000 年起，中国新石器时代的人们就开始用贝壳作为流通货币。这种白色的小贝壳产自中国南海、印度洋或太平洋区域。由于中国内陆地区不出产这类贝壳，所以在前金属时代，用贝币交易货物十分安全。

马家窑文化半山类型
约公元前 2650—前 2350 年
甘肃
高 40 厘米
朱塞佩·埃斯卡纳齐捐赠
（1992, 1111.1）

3. 齐家文化束腰双大耳陶罐

迄今，齐家文化出土的陶器多为素陶，在氧化气氛中烧制而成，棱角分明，呈淡橙红色。

齐家文化
约公元前 2050—前 1700 年
高 11.9 厘米
哈佛大学毕巴底考古与民族博物馆藏

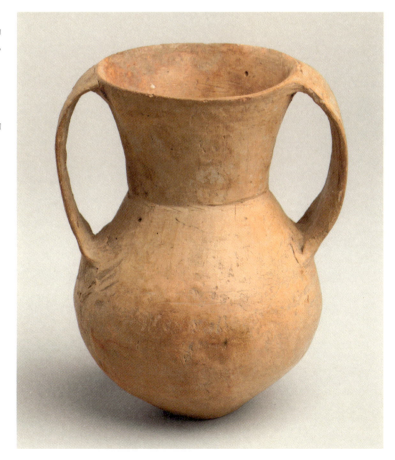

1|3 大汶口文化和龙山文化新石器时代陶器

　　大汶口文化分布在以山东为中心的广大区域，持续时间约从公元前 4500 年至公元前 2500 年。考古学家曾在山东泰安大汶口遗址发掘出 133 个墓葬，均为长方形灰坑。一些死者遗骸的指骨附近放置了獐牙，随葬品还有鳄鱼骨、猪骨，以及陶器、象牙制品和玉器。大汶口文化与同时并存的仰韶文化有所交互，并进一步往西扩张，至以西安为中心的地区；它与之后龙山文化的产生也有很深的渊源。猪是当时人们饲养的主要家畜。出土的猪形陶壶（1）等器物，说明人们已掌握了娴熟的制陶工艺。鳄鱼皮鼓和精良的纺织工具表明大汶口人生活在安定、井然有序的社会环境当中。

　　龙山文化（5）大约从公元前 2800 年延续至公元前 2300 年。其精美的白陶（2）和抛光黑陶（3、4）器形规整、线条流畅，闻名遐迩。辽宁、河南、安徽、陕西、山西等地皆有龙山黑陶出土。考古人员还在龙山文化遗址中发现了灼烧过的兽骨。有学者推测这些兽骨为占卜所用，可能是商代甲骨的早期雏形。

1. 红陶兽形壶

陶壶呈猪形，拱形提梁后方为筒形注水口。人们在壶中注入水或者酒，再通过"小猪"大张的嘴巴将液体倾倒而出。这些器物展现了大汶口时期先民高超的制陶技术和良好的社会组织性。

大汶口文化
约公元前 4500—前 2500 年
高 21.8 厘米，长 22.3 厘米
山东博物馆藏

2. 橙黄陶乳钉纹鬶

龙山文化时期的匠人用含高岭土的黏土制作的精美白陶，烧制温度至少在 600℃～ 800℃。

龙山文化
约公元前 2800—前 2300 年
1960 年出土于山东潍坊
高 29.3 厘米
山东博物馆藏

3. 黑陶杯

龙山文化普遍采用轮制的制陶工艺，制作与这件黑陶杯类似的薄胎陶器。黑陶的黑色并非黏土碳化引起，而是一种特殊的渗碳工艺。

龙山文化
约公元前 2800—前 2300 年
山东
高 14 厘米
双子信托基金捐赠
（1996, 1219.1）

4. 蛋壳黑陶高柄杯

制陶匠人精心淘洗细泥，制作薄如蛋壳的泥质黑陶。细柄中部作鼓腹状，并有透雕装饰。

龙山文化
约公元前 2800—前 2300 年
山东日照
高 26.5 厘米
山东省文物考古研究院藏

5. 石矛头或箭镞

除了石制工具，龙山文化遗址中还出土了大量石制兵器。这件在山东日照发现的兵器首部磨尖并有斜面。

龙山文化
约公元前 2800—前 2300 年
山东日照
长 6 厘米
中国科学院考古研究所赠
（1959, 216.17）

1|4 红山文化新石器时代玉器

红山文化（约前 4500—前 3000 年）分布在内蒙古至辽宁一带。位于辽宁省内的牛河梁遗址（1）是最大的红山文化遗址之一。这片神圣的遗址方圆 50 公里范围内毫无居住痕迹。积石冢群分布在连绵的山冈上，每座积石冢内一般有多具安放遗骸的石棺。墓葬规格已展现复杂的等级形式，身份尊贵的墓主人随葬玉器数量多且规格高，其墓葬埋藏位置也更深。积石冢周围排列着一些填埋泥土的无底陶筒。

红山文化等级森严，位高权重者对玉的追求书写了中国早期玉雕的历史（3）。红山文化独有的玉猪龙（2）很可能是中国龙的源头。死者的头骨附近会放置玉璧，玉饰也出现在身体上与重要器官相对应的位置。这些玉器经埋藏后会发生颜色变化，即"沁色"。玉料的来源一直是科技研究的热点。"玉"字含义广泛，"石之美"者皆可为玉。

1. 女神像

牛河梁遗址位于辽宁省境内，属新石器时代红山文化祭祀和墓葬遗址。考古人员在女神庙遗址中发现了这枚与真人一般大小、以玉石镶睛的头像。另外，遗址还出土了一些小型泥塑人像。这座庙宇并未完全发掘完毕。女神庙为半地穴式土木结构，而非石砌结构建筑，因此它看上去是个名副其实的"大坑"。晚期的红山文化遗址，如东山嘴遗址，墓葬构造则更为复杂。

红山文化
约公元前 3500 年
辽宁牛河梁
高 22.5 厘米，宽 16.5 厘米
辽宁省文物考古研究所藏

2. 玉猪龙

玉猪龙有着似猪般扁平的吻部、小耳以及盘曲的龙身，因此得名，是红山文化最有代表性的玉饰之一。这件玉猪龙颈部有穿孔，可能是一枚吊坠。

红山文化
约公元前 3500 年
辽宁
高 6.3 厘米，宽 5 厘米
私人收藏

3. 玉鸟形器

部分中国最早的玉器就发现于红山文化墓葬。这件小型个人玉佩饰只有拇指大小，呈飞鸟展翅盘旋捕猎状。

红山文化
约公元前 3500 年
辽宁
宽 5.2 厘米
布伦达·塞利格曼夫人遗赠
（1973,0726.116）

良渚文化（约前3300—前2200年）是新石器时代晚期非常重要的文明之一。其代表良渚古城位于杭州市余杭区瓶窑镇内，南北两面皆为天目山脉支脉，属长江下游稻作文化遗存。良渚古城呈圆角长方形，共有9个城门，城墙四面各设两座水门，南面另有一座陆门。考古学家在此发现了一些大型建筑物——房屋、粮仓、作坊、祭坛和坟墓等遗迹，证明良渚文化时期的人们过着定居生活，并拥有复杂的社会组织。贵族墓葬是良渚文化的重要代表，墓坑呈长方形，有大量随葬玉器。古人认为玉殓葬能保护死者灵魂，同时彰显墓主人高贵的身份。玉璧（中央有穿孔的圆盘状玉器，1）和玉琮（内圆外方的筒形玉器，2）等礼器，是良渚玉器大宗，此外也有一些其他个人玉饰品随葬。玉色多样，常见的有钙化而形成的鸡骨白、黄色、碧绿色。除了玉器，墓葬中还有纺织品、漆器和象牙制品之类的随葬品。良渚文化遗址还出土过船和桨的残骸，表明鱼类、贝类和水生植物是当时人们饮食的重要组成部分。

1. 玉璧

玉璧呈扁圆形，中央有孔，是新石器时代最重要的玉器类型。在金属工具出现之前，新石器时代的工匠使用石制工具琢制玉器，并在玉器上留下了痕迹。现代研究人员和博物馆、美术馆的工作人员可以凭借痕迹学，对玉器上留下的琢磨痕迹，加以分析研究。技术娴熟的玉匠会选用较粗的玉料来制作玉璧，而挑选润泽色浅的玉料制作小型配饰。

良渚文化
约公元前2500年
浙江
直径19.1厘米
（1937,0416.8）

2. 玉琮

图中所示为目前已发现的最高的玉琮之一。玉琮四个转角上精心琢制了由羽冠、眼睛组合而成的神人兽面纹。后来的饕餮纹很可能由良渚神徽蜕变而来。学术界对玉琮确切的功能至今尚无定论。不过，相信良渚先民必定认为玉琮能起到保护作用，因为高等级墓葬中都有玉琮作为随葬品，环绕墓主身边。

良渚文化
约公元前 2500 年
浙江
高 49.5 厘米
（1937，0416.188）

1|6 从石峁到二里头 —— 新石器时代到青铜时代

石峁遗址是中国最大的新石器时代遗址之一，位于陕西神木县，地处鄂尔多斯毛乌素沙漠南缘、黄河支流秃尾河之畔，属龙山文化晚期至夏早期遗存。石峁石城遗址内城墙现存长度为 5700 米，外城墙现存长度 4200 米，部分墙体宽度有 2.5 米。2011 年和 2012 年，考古学家在该遗址发掘中发现了宫殿建筑、房址、墓地和手工作坊。内外城墙主要起防御作用，距今 4000 多年的石峁居民已懂得建造"马面"、城门等防御工事。石峁遗址还出土了玉器，石雕和石具，低温陶器，以及以红、黄、黑、橙等颜色绘制的壁画。这些发现表明当时的社会文明已发展到一定高度。更为奇特的是，考古人员在外墙墙体中发现了用于辟邪的玉牙璋（1），而内墙上则绘有几何图案。发掘中还发现多处埋置女性头骨的遗迹，总数达 80 多个。这些头盖骨可能用于修建建筑时的奠基或祭祀活动，肢骨也许埋在别处。石峁遗址一直延续到二里头文化早期。二里头文化属青铜时期文化，分布于山西、陕西（2、3）、河南、湖北，或也吸收了龙山文化（4）的一些元素。

1. 玉牙璋

这件精美的玉牙璋拥有独特的形制：中间有棱脊，端刃呈月牙形，璋体和柄过渡处有扉牙，柄上穿孔，可捆绑木柄。

龙山文化晚期
约公元前 2200 — 前 1780 年
陕西北部
长 36 厘米
（1937, 0416.149）

2. 素面斜肩玉琮

这件管状玉琮以纹理丰富的自然玉石琢磨而成。虽然我们未能完全了解玉琮的礼器功能，但是它和其他形制的玉器埋葬在一起，应该是起镇邪之用。

龙山文化晚期
约公元前 2200—前 1780 年
甘肃或青海
高 9.7 厘米
（1914, 0513.6）

3. 玉牙璧

这块圆璧形牙璧有牙齿般对称排列的凹凸。牙璧要比厚重粗糙的玉璧轻薄许多。红山文化和大汶口文化先民最早开始制作玉牙璧。此玉由希腊著名航运大亨乔治·尤摩弗普洛斯在 1936 年前收藏。

龙山文化晚期
约公元前 2200—前 1780 年
陕西北部
直径 15.3 厘米
（1937, 0416.160）

4. 玉刀

新石器时代和青铜时代早期罕有纺织物遗存。考古学家在工具上发现的织物残留，让我们得知早期人类已会纺织包括丝绸在内的织物。比如，这把扁平、长方形大玉刀上，就残留着纺织品包裹所留下的痕迹。

二里头文化
公元前 1900—前 1500 年
河南偃师二里头
长 74 厘米
奥斯卡·拉斐尔遗赠
（1945, 1017.144）

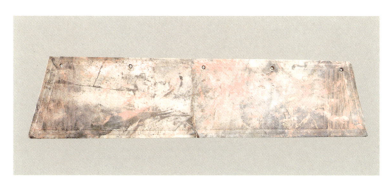

1|7 新石器时代及之后的雕塑

　　人、动物及神话形象的立体雕塑（1）和装饰品在各地的新石器时代文化遗址中都有出土。有些陶器口沿、器身也有类似雕塑装饰。四川三星堆（约前2800—前800年）出土的铜人像和头像（见第19页）令人叹为观止。相对而言，其他遗址所出人物雕塑数量则远少于器皿、装饰品和工具。考古人员在新石器时代至商周时期的墓葬中，发掘出一些具有辟邪作用的石雕或玉雕动物形象，艺术价值很高，表现造型包括虎（2）、犀牛（3）等当时人们的狩猎对象；也有以想象（4）或现实世界（5）中的人物形象作为造型的玉雕，以及铜或玉石容器和礼器。

1. 石家河玉面神人像
这件玉器的细节十分特别，神人像是一个综合体：人眼，鹰钩大鼻，阔嘴獠牙，大耳戴环，头戴冠饰。新石器时代晚期石家河文化位于长江中游湖北一带。

新石器时代晚期石家河文化
约公元前2000年
湖北
宽5.8厘米
亨利·J. 奥本海姆遗赠
（1947,0712.515）

2. 石雕伏虎
这件小型雕塑是从一整块大理石石材上雕刻出来的。石虎作蹲踞蓄势待扑之姿，呈咆哮状，虎爪紧握。线刻突出了老虎的肌肉感。在新石器时代及商代，老虎在中国很多地区都有出没。

商
约公元前1200—前1046年
长15.9厘米
汉布尔顿女士捐赠
（1949,0712.1）

3. 圆雕玉犀牛

这件圆雕对犀牛的塑造相当准确。在手中把玩时可以感觉到玉雕表面光滑温润，甚至犀牛皮的褶皱都精确地刻画了出来。犀牛独角，肚腹肥大，四肢短粗，通过这些特征可以判断这是一只爪哇犀。世界上的犀牛主要分为五类，爪哇犀是其中之一，但 20 世纪 20 年代，爪哇犀在中国灭绝。

商
约公元前 1600—前 1046 年
长 5.3 厘米
（1937, 0416.49）

4. 虎食人端饰

此青铜饰件可能为一方形器物的端饰。从底部方形套管向上依次堆叠起若干人、兽形象。饰件上部为一跪坐人形，手捧一鸟，背后有一虎吞食其首，人形之下则为一羽人。

西周早期
约公元前 1100—前 900 年
高 11 厘米
沃尔特·塞奇威克夫人捐赠
（1968, 0422.6）

5. 玉立人

玉人底部的沟槽说明他们可能是嵌在木杖之上的装饰，以象征身份地位。如此久远的年代，织物已鲜有遗存，因此这些微型雕像为今天我们了解古代服饰特征提供了重要信息。较大的玉人头部左右两侧有双笄，下裳有褶；而较小的玉人头戴几何纹平顶冠饰或头巾，束带深衣。

西周
约公元前 1000—前 950 年
高 7 厘米；6 厘米
奥斯卡·拉斐尔遗赠
（1945, 1017.38；1945, 1017.39）

1. 河南安阳王陵的早期照片
规模宏大的亚字形墓大部分曾遭盗掘，在墓坑底部两个站着的人与墓室的比例显示出墓葬规模之巨大。

2. 安阳王陵鸟瞰图
中间墓室呈方形，四面各延伸出一条长墓道。

安阳：
最后的商都

青铜时代的商朝（约前 1600—前 1046 年）是目前有确证的中国最早的王朝，她具有高度组织化的社会形态，并在甲骨和青铜器上留下了最早的书面文字记录。这些甲骨文和金文，连同商墓及商城考古遗迹，可以帮助我们了解当时的王室文化和其他重要信息。在商朝的宗教信仰、政治选择和社会结构等相关仪式及决策过程中，祖先都扮演了重要的角色。青铜铸造的酒器和食器是祭祀活动中必不可少的礼仪用器，商人赋予了它们沟通神灵的功能。考古学家对商代文化分期仍众说纷纭，不过，商王统治下的 600 年时间，基本可分为以郑州为都城的二里岗文化（约前 1600—前 1300 年），以及以安阳为都城的殷墟文化（前 1300—前 1046 年）。

安阳，位于河南省黄河以北地区，拥有宏伟的建筑群和大型墓葬（1、2），是商朝最后，也是最大的都城。特别是，与二里岗、偃师、洹北、盘龙城等其他商代遗址不同，安阳境内未发现城墙。殷墟大规模的王室墓葬，彰显了商朝王室非凡的权力与财富。

商王武丁在位 50 余年（约前 1250—前 1192 年），妇好为其妻子之一。1976 年考古工作者发掘了妇好墓，该墓葬保存完好，未遭盗掘，随葬品丰富。依据甲骨卜辞记录，妇好是一位传奇女性。她既是一位妻子，又是一位母亲，经历过艰难的分娩过程；她既是一位参与祭祀的祭司，又是一位杰出的军事统帅、政治家。妇好墓中出土了上百件兵器，这在女性墓葬中相当罕见。墓葬发掘出近 2000 件器物，包括青铜器 468 件，玉器 755 件，骨器 564 件，象牙器 3 件以及残片 2 件，及宝石制品 47 件，石器 63 件等。另外，还有将近 7000 枚海贝币。商人相信，她死后仍能享用累累财富。妇好墓不在王陵区。其葬具为髹漆木棺，外有木椁，墓内有殉狗 6 条、殉人 16 名。与其他墓葬一样，在其墓圹之上，原先应有进行祭祀的建筑结构。在安阳还发现了几座亚字形的大墓，墓穴深至 18 米，有夯土墙和通往墓室的坡型墓道，可能用于辅助建筑工程或运输葬具及随葬品（1）。能够建造如此宏伟的陵墓，表明当时已有大量有组织性的劳动力以及巨大的可支配财富。

然而，商王朝统治范围仅是当今中国疆域的局部，商人对其他地区共存政权的认识程度也是备受争议的话题。四川广汉三星堆遗址的发现说明，商末周初，远在中原之外还存在其他青铜铸造文明。这些文明也发展出了独具特色的信仰和仪式文化，但商代文献并没有与之相关的只字片语。妇好墓出土的部分与众不同的器物，或产自河南以外地区，或在安阳制作却仿异族器物风格，又表明商朝确实已与其他部落建立了联系与交流。

1|8 商代青铜礼器 —— 酒器

商代（前 1600 — 前 1046 年）的宫殿和陵墓主要建于今河南省境内的黄河沿岸。商人不用雕像来象征神灵，而是通过青铜酒器（1—4）、食器等礼器向神灵献祭。这些青铜器形可能是由早期陶器的形制演变而来。统治者通过例行国家祭祀活动，让大量民众投入到生产祭祀礼器和筹备仪式典礼中去，从而（用人们对神灵的崇拜）团结内部，巩固王权。研究人员对商周青铜器内残留物进行的科学检测分析，让我们得以知道当时人们已经利用谷物发酵来酿酒。

随着制陶技术日臻成熟，商人逐渐可以控制火候，掌握冶炼铜所需要的高温。与其他青铜文化不同，商代青铜器以范铸法铸造，即使用多块陶范和泥芯组成铸型后浇铸而成，而不是用失蜡法铸造。酒器相对食器（见 38 页）来说一般造型瘦高，而后者较矮胖。饕餮纹是青铜器的常见纹饰，其含义在学术界还存在争论。饕餮的形象为双眼圆凸、长鼻、犄角翻卷，有时还口露獠牙或衍生出鸟足和翼状纹。

1. 带盖青铜方彝
方彝，盛酒器，器身四面为长方形，盖子呈四坡屋顶形。这件方彝体现出了当时金属工匠杰出的铸造技艺。其主要纹饰为饕餮纹，卷角瞪目。

商
约公元前 1200 — 前 1046 年
安阳
高 27.5 厘米，长 17 厘米，
宽 14 厘米
布伦达·塞利格曼夫人遗赠
（1973, 0726.1）

2. 带盖四足方斝

这件青铜斝（酒器）器身每面饰饕餮纹，下有 4 个三棱椎尖足，足略外撇。腹侧有一"鋬"，口沿上一对伞形方柱，柱间盖顶栖一神鸟。

商
约公元前 1200—前 1046 年
安阳
高 25.4 厘米，长 15.4 厘米，宽 15.3 厘米（足）
奥斯卡·拉斐尔遗赠
（1945,1017.191）

3. 青铜鸮卣

该鸮卣（酒器）器形如两只猫头鹰以双足相背而立。铸造细节十分精湛，鳞纹等纹饰一直覆盖到四足间的器底。

商
约公元前 1200—前 1046 年
安阳
高 16 厘米，宽 11.2 厘米
（1936,1118.4）

4. 青铜双羊尊

这件青铜双羊尊（酒器）是由两头公羊的头部和身躯前侧支撑起中间的容器，羊角卷曲，双眼凸出。在湖南还发现了与之相关联的其他礼器，考古学家认为这些礼器都是在远离商朝都城的湖南地区制作而成的。

商
约公元前 1200—前 1046 年
湖南
高 45.1 厘米，长 41 厘米，宽 20 厘米
（1936,1118.1）

在商代，用昂贵的青铜所铸造的礼器当中，食器的器形不及酒器复杂多样，数量也相对略少。最常见的食器有盛食用的簋（1），三足或四足鼎（2）。青铜器的原色应是有光泽的金黄色，然而随着时间的推移，表面为铜锈所覆盖，变成了暗沉的青灰色。

商代青铜器大多没有铭文。即使铸铭的青铜器中，早期器物可能也仅铭有族氏名或族徽，后期的铭文才逐渐复杂化，如涉及一些战事战绩。在祭奠死者的仪式上，粢盛牺牲烹煮后就盛放在青铜食器中以献祭。之后，呈序列的食器与酒器组合与其他随葬品一起埋入死者墓中。

工匠用几块刻有纹饰的陶范与芯组合在一起，形成内部带有空腔的模具，之后将熔融的铜锡或铜锡铅混合金属液浇入模具，冷却后脱范，就铸成了青铜器。

1. 铭文青铜簋

簋，盛食器，器身呈圆鼓的碗形，一般皆有耳。这件簋饰有夔龙纹、兽面纹、饕餮纹等纹饰，并有铭文"子癸"，可能为制作或者进奉此簋的人名。

商
约公元前 1200—前 1046 年
安阳
高 15.2 厘米，直径 19.8 厘米
布鲁克·休厄尔捐赠
（1957, 0221.1）

鼎，饪食器。其形制可能由三足
陶炊具演变而来，鼎底部三足之
间可以生火。表面饰有鲜明的饕
餮纹，眼、角、耳、口和爪突出。
鼎铸有铭文"史"，可能为氏族名。

商，约公元前1200—前1046年
安阳
高26.6厘米
亨利·J.奥本海姆遗赠
（1947,0712.419）

今天，汉语人口远超任何其他语言人口：目前世界人口的 20%，也即超过 10 亿人都将汉语作为他们的第一语言，汉语是包括各种不同地区或地方方言的总称。汉字的形式最早可以追溯到商代的甲骨文（1）。甲骨，多用龟的腹甲或牛的肩胛骨。甲骨上记录了王室想要卜问的内容及结果。卜官在甲骨上刻写有关天气、农作收成、征伐等诸多要占问的事宜，然后将燃炽的木棒靠近甲骨，从而引起甲骨出现裂纹。这些裂纹就是他们判断吉凶的"卜兆"。占卜后卜官会把结果也记录在甲骨上。

汉字符号，从早期象形文字演变而来。这些字符由许多笔画或线条组合而成，表达实体对象或概念。甲骨文棱角分明，有些还能在现代汉语中找到其缩影，体现了中华文明悠久的历史传承。释读甲骨文需要专门的知识，而这些文本让我们可以洞察 3000 多年前王室的重大关切。商代时也在青铜礼器上铸刻铭文，起初主要刻一些氏族名。这些早期的象形文字偶尔可以参照现代汉字字形释读出来（2、3）。

1. 甲骨

甲骨表面并不适宜契刻，所以卜官使用一种曲线最小化的字体风格来刻写卜主的问题。这块甲骨上展现了燃炽的木棒靠近甲骨造成甲骨收缩的痕迹，从灼烧处引发裂纹并延伸出去。卜官"解读"裂纹后，再把贞卜的结果刻到甲骨上。20 世纪初，甲骨才为人们所知，当时人们曾误将甲骨作为一味中药磨碎使用。

商
约公元前 1200—前 1046 年
中国北方
长 31.7 厘米，宽 13.3 厘米
库寿龄捐赠
（Franks.5279.a）

2. 青铜尊（酒器）

这件大型酒尊用于向祖先献祭酒品。原先应该像黄金一样闪耀，然而经过3000多年的时间，它的表面逐渐变成了如今美丽的灰绿色。青铜尊上铸刻的铭文是一个氏族族徽，形似一个站立的人挥舞着长戟。汉字从象形文字演变而来，这个字可以释读为"何"。

商
约公元前1100—前901年
安阳
高35厘米
（1936, 1118.3）

3. 兽面纹青铜壶（酒器）

这件青铜壶上刻有象形图案：在一叶小舟上方，有一只手握着一根竿子。这个象形图案后来就演变成了现代汉字"般"，小舟化为"般"字左半部，而持篙之姿变为其右半部。"般"为氏族名，读作"bān"。

商
约公元前1200—前1046年
安阳
高29.8厘米，长23.5厘米，宽14.5厘米
（1983, 0318.1）

1|11 周代铸铭青铜器

公元前 1046 年，西周凭借优越的军事力量和战术打败了商。商朝的统治者利用王权神授的思想统治了数百年，而西周继续发扬了这种理论，并将民意与天命联系起来，"得民意者，得天下"。镐京，今陕西西安，是周朝第一个都城。周朝的王室贵族继承商代铸造青铜器的技术并发扬光大，不过一些青铜器铭文仍仅为氏族名（1—3）。不过，与商代相比，铭文又出现了内容更多、篇幅更长的类型，内容包括战绩、家族成员的荣誉等（4）。在铭文中记录自身成就和忠诚的方式，有助于向生者、死者，以及祭祀仪式上接受酒食献祭的先祖宣扬、巩固新崛起的西周贵族的权威。

铭文通常出现在青铜器内部或其他隐蔽处，如耳下。周人认为青铜器上的铭文可以让神灵泉下有知，或随着供奉在祖庙里的青铜器世代相传。青铜礼器很少单独出现，多是成组有序摆放。其中仅有一小部分青铜器铭文存在日期标识（5）。这些青铜器生产规模惊人，表明当时劳动力具有高度组织性与技术性，并获得了完善的设施和资源支持。

1. 青铜爵（酒器）

中国古人利用大米或小米等谷物发酵来酿酒，且在喝酒之前先要温酒。这件爵三只长足下的空间可点火温酒。侧面把手（鋬）下有铭文"亞鱼兄丁"。此爵主人应是"鱼"氏族的某一成员。

西周
公元前 1046—前 771 年
高 22.1 厘米，直径 17.5 厘米
布伦达·塞利格曼夫人遗赠
（1973,0726.6）

2. 蟠龙纹青铜盘（水器）

这件青铜盘表面上装饰有别致的盘曲龙纹，双目圆睁，龙首有角，身似蛇形。周边围绕鱼纹和水生植物纹饰。顺着龙鼻部往下有三字铭文，由先祖名"父戊"二字和一族徽构成。

西周
前 1046—前 771 年
高 13 厘米，直径 34.1 厘米
布鲁克·休厄尔捐赠
（1952,1216.1）

3. 青铜鼎（食器）

这件青铜礼器上铸有三字铭文，先祖名"戈父甲"。"甲"并非族徽，而是作为天干之一，用来纪日的。这个时间可能是所祭祀之人出生或死亡的日子，或者是献祭给他的礼器成器之时。

西周
公元前 1046—前 771 年
高 27.3 厘米
布伦达·塞利格曼夫人遗赠
（1973,0726.3）

4. 康侯簋（食器）

这件铸造华丽精美的青铜簋，高
圈足，有一对兽首耳，耳形如长
牙尖角的猛兽正在吞食一只小
鸟。器上的长铭文叙述了在周公
旦平定商朝遗民叛乱（三监之乱）
后，封周武王之弟康侯于卫地（今
河南省境内）。

西周
约公元前 1042—前 1021 年
河南
高 23 厘米，长 42 厘米，
宽 26.8 厘米
布鲁克·休厄尔遗赠
（1977,0404.1）

5. 铭文青铜匜及盘

此青铜匜（浇水用具）和盘上分
别有铭文"唯王正月初吉庚午，
楚嬴鑄其匜，其萬年子孫永用
享"，"唯王正月初吉庚午，楚嬴
鑄其寶盤，其萬年子孫永用享"。
虽然两者器形不同，但是铭文
却表述了相同的内容，即这两件
器物都铸造于正月第一个庚午吉
日。青铜器上很少出现表示纪年
的铭文，这点与后来陶瓷器款识
有很大不同。

东周，春秋早期
约公元前 676—前 652 年
高 20 厘米，宽 36.5 厘米；
高 16 厘米，宽 43.8 厘米
沃尔特·塞奇威克夫人捐赠
（1968, 0422.4-5）

1|12 周代车马饰

通过考古发掘，我们知道除商朝的中原，还存在其他青铜文明。来自不同地区的人们和商朝有着贸易、军事技术及手工工艺等方面的交流。其中有一支部落即来自陕西的周。当周人最后攻伐商都安阳时，马匹在他们的胜利中扮演了重要角色。因此人们对马匹格外重视，给它们穿戴精工细制的马饰（1）、马具（2）。而战车可能约在公元前1200年从北方草原传入中原，多为两轮双马或驷马车。在战场上，战车给军队带来了巨大的优势：行车速度快，可在不同步兵阵列间穿梭来回，提高战场上的通信效率。精心装饰的战车马（3、4）也成为当时（贵族）墓葬的重要组成部分。

1. 青铜马额饰件

周朝的军队给马匹佩戴的青铜饰件极具装饰性。如这件马额饰件，在一些考古报告中称为"马冠"，造型为一兽面，露齿，巨鼻，圆眼，有角。不过它过于薄弱，在战斗中并不能起到多少保护作用。

西周
约公元前1046—前900年
宽23厘米，长25.5厘米
布鲁克·休厄尔永久基金捐赠
（1961,1218.1）

2. 青铜马衔

马衔两端的大圆环与缰绳皮带相连，而中间铰接的青铜棒使马衔具有很好的灵活性。这种铰链式的设计沿用至今。当然，现代马衔的金属材料更轻便精巧。

西周
约公元前1046—前900年
长20.7厘米
布伦达·塞利格曼夫人遗赠
（1973,0726.109）

3. 青铜銮铃

周代的战车都有精美的青铜铸饰件装饰。銮铃的球形铃体内有弹丸，车行马动时便会发出声响。通常，一辆战车上会装饰数个銮铃。现已发现多种尺寸、不同装饰的銮铃。

西周
约公元前 1046—前 950 年
中国北方
高 18 厘米
（1936, 1118.70）

4. 青铜车辖（车轴两端的键）

一些出土的青铜礼器上的铭文显示，周王会用青铜车马具封赏效忠的臣下。这对车辖造型为面带微笑的骑虎人，此人脸部不似中原人士，或许来自草原。许多拥有丰富驭马经验的域外人士，曾在周王朝内任职，掌管、料理马厩、马匹和战车。

西周
约公元前 1046—前 950 年
中国北方
高 11.7 厘米
(1936, 1118.21-22)

1. 孔子像石刻拓本

原石刻年代为 1734 年

纵 147 厘米，横 112 厘米（仅
图像）；纵 268 厘米，横 137 厘
米（悬挂画幅）

奥斯伍尔德·喜仁龙博士捐赠
（1923, 0901, 0.39）

孔子:
中国最伟大的哲学家

己所不欲，勿施于人。 ——《论语·卫灵公》

孔子（前551—前479年），鲁国陬邑（今山东曲阜）人，知识渊博，曾周游列国，是伟大的思想家、政治家。他并非土公贵族，而属于"士"阶层。孔子的弟子把他的教诲之言记录了下来，并在他去世多年后，把他的言行编纂成了《论语》。后人对孔子的了解也多通过此著作。儒家在公元前221年秦始皇统一全国、建立秦朝后，失宠衰落，直到汉代独尊儒术，又再度兴起。如今，儒家思想在华语世界内的影响犹存，中国政府主办孔子学院，致力于在西方国家推广中国文化。

修身养性、弘扬仁爱、学而不厌是孔子学说的核心内容。"礼之用，和为贵"，我们可以通过改变社会的礼制使社会迈向和谐有序。仁德应该同时体现在国家和家庭内部层面。执政者及贤者应以身作则，己所不欲，勿施于人。孔子的人伦观体现了五种主要关系：君臣、父子、夫妻、兄弟、朋友，并说明了什么是好的言行。如果君主犯错，下属应当犯颜直谏，这是一种美德。

孔子推崇祭祖 —— 向三代先祖敬奉食物和酒。他认为这是促进家族团结的方式，是社会和谐的核心。统治者代表民众举行国家祭祀仪式，除了宗族和谐与国家秩序，自然界也会对统治者和民众的德行做出回应，宇宙万物便也纳入国家祭祀的范畴。

孔子生活在东周春秋末期。这是一个社会剧烈动荡的时代，群雄纷争，诸侯争霸。在这动荡的环境下，列国延揽有学识的思想家来辅佐本国政局。孔子的哲学实质上是一种改良主义，而非革新，这尤其体现在教育体系和官僚体制方面。他推崇先古时期理想化的礼乐之治，用过去的典故来阐明自己的治国理念，对中国产生了长远影响。孔子还编选《诗经》，收集了当时流行的诗歌。

目前来说，还未发现流传至今的东周时期的孔子肖像。图1这幅孔子画像是从石刻画像上用烟墨拓印而成。该石像刻于1734年，展现了清代人想象中的孔圣人形象。孔子的长须是他高龄的标志（据记载，孔子享年73岁），也是他智慧的象征。他手执玉圭，这种片状尖首玉器为朝觐礼见之用；身穿层叠的束带长袍，显得轮廓庞大；长发盘成的发髻上戴着古代的冠帽，用笄插入加以固定。

1|13 东周兵器及佩饰

公元前 771 年，犬戎攻破镐京，杀死周幽王。周王朝失去了对西面王畿之地的控制，之后，周幽王之子周平王东迁至洛邑（今河南洛阳附近）。周王的中央集权逐渐式微，各诸侯势力壮大，争相称霸。由此，历史学家将周朝分为西周（前 1046—前 771 年）和东周（前 770—前 256 年）。

东周时期由青铜（1）、黄金（2）和玉（3、4）制作而成的礼器、兵器及装饰品，都表现出当时人们对错落有致、工艺繁复的表面装饰纹饰的审美情趣。虽然大多数中国古代青铜器采用范铸法铸造，但是东周时期的工匠已掌握失蜡法铸造器物上错综复杂的装饰细节。失蜡法技术即先用蜡制成模，然后用泥包住蜡模，制成整体模型。蜡模上雕刻的纹饰就复制到了外范的内侧，加热烘烤后，蜡质熔化流失，形成型腔，再浇铸金属熔液即可成器。这种技术让金属工匠可以创造出更为精细繁缛的镂空装饰。而类似透雕装饰也出现在玉器之上。

1. 镂空青铜剑及剑鞘
这把青铜剑的剑柄和剑鞘都铸有交错、镂空的纹样。这种形制模仿了东北地区一些兵器的式样，体现了当时战争以及贸易所带来的技术交流。

东周，春秋时期
约公元前 770—前 476 年
长 29.7 厘米
（1938,0524.688）

2. 镂空金剑柄

这件剑柄应为仪式用剑残件，剑身可能为青铜或铁铸，已经遗失，只剩下这段精美的镂空蟠螭纹剑柄。东周时期，在毗邻中原的西方和北方地区已广泛使用黄金，而在中原地区，黄金大多只用于镶嵌或装饰器物。

东周，春秋时期
约公元前 770—前 476 年
长 9.8 厘米
（1937, 0416.218）

3. 透雕玉佩

这块玉佩上刻有一条盘曲的螭龙，拦腰咬住一横卧之人，并抓住他挥舞的右腿和右臂。它蛇形身躯盘绕在这个无助的人周围，其左右两边分别有一个人首神人，有兽尾和弯曲的鸟翼。这块玉佩可能是护身符类坠饰。两边的环可能为系绳之用。

东周，战国时期
约公元前 475—前 221 年
宽 5.7 厘米
奥斯卡·拉斐尔遗赠
（1945, 1017.59）

4. 四联玉饰

整器由一块深绿色玉石雕琢而成，无接缝。这件玉饰展现了东周时期在繁缛的表面装饰和透雕镂空工艺上的非凡成就。它可能是腰带或坠饰的一部分。湖北曾侯乙墓（约前 433 年）中曾出土过一件与这件类似但更为复杂的玉器。

东周，战国时期
约公元前 475—前 221 年
长 21 厘米
（1937, 0416.250）

1|14 侯马铸铜

侯马晋国铸铜遗址，位于山西省南部，是2500多年前具有工业化规模的、生产高质量青铜器的铸造中心。遗址中发现的纹饰小块范、模证明了晋国工匠已经掌握模印法来制作陶范的技术。模印法，即使用一个印花模子印压纹样，以取代为每个器物单独雕刻制造模具，大大提高了生产效率。这意味着不同器形或者完全相同的器物可以拥有一样的纹饰，这对于制造编钟（1）或礼器（2）这类成组的器物来说意义重大。侯马是一个产业化枢纽，雇用了大量生产和辅助性人员。铸造工匠进行专业化分工，分成分工不同的小组，如模具制备、鼓风或金属熔炼（熔炼指通过加热矿石提炼金属，而熔融指加热固体金属使其成为液体）。在公元前500年到公元前400年间，诞生了一些极为精美的青铜器，例如动物造型的器物。其中一部分是大型器物的组件，例如图3所示独特的青铜貘，可能为大型器物的底托。这是东周时期高水平青铜器的典型代表，动物皮肤表面的纹饰也极其细致。

（本页）

1. 青铜镈

中国的铜钟没有铃舌，而是将一组尺寸递减的铜钟悬挂于大型漆木钟架上，演奏者以钟槌敲击铜钟（钟下部）的正鼓部和侧鼓部，每个钟可产生两种不同的音。图中巨大的铸钟饰蟠龙吞鹅，钮部则为一对对峙蟠龙。由于中国古代的铸钟并非圆形，而取合瓦状。因此当敲击铜钟后，泛音会迅速消失，而不会出现与其他钟的余音相互干扰的现象。钟（上部）钲部有几排平行凸起的隆包（即"枚"），"枚"间的纹饰（钟带）采用了模印法制作。

东周，晋国
约公元前500—前400年
山西侯马
高55厘米，长42厘米，
宽33厘米
布鲁克·休厄尔永久基金捐赠
（1965,0612.1）

（对页上）

2. 青铜壶（酒礼器）

壶身上五圈带状绳纹是东周典型的纹饰类型，以绳纹为界的五圈纹饰为模印法制作。而虎形壶耳和莲瓣壶盖皆为分铸。壶盖下边缘有铭文，记录了公元前482年晋国与吴国在黄池会晤一事。

东周，晋国
公元前482年
山西侯马
高51.2厘米，直径26厘米
U. E. K. 卡尔女士捐赠
（1972,0229.1.a-b）

3. 青铜貘底座

这件青铜貘口鼻扁平，短尾，长耳，脸部有复杂的纹饰。此类四足貘形青铜器，可能原先是某件铜盘的底座。青铜铸造工匠模仿貘的造型铸造此器，四足足以支撑重器。

东周，晋国
约公元前 500—前 400 年
山西侯马
高 11.7 厘米，长 21 厘米
亨利·J. 奥本海姆遗赠
(1947, 0712.333)

1|15 青铜器镶嵌工艺

东周时期奢侈品的一大特征就是有繁复的表面装饰（2）。王侯下令制作精美的金属配件、器物及佩饰。匠人们就在机构庞大、组织有序的工坊中编织几何纹织锦纺织品，或制作纹样复杂交错的漆器。东周的审美较西周发生了巨大变化，可能是与北方民族或南方楚国交流所产生的影响，北方草原民族善做精细镶嵌的金属制品，而楚人则擅长生产精美的漆器。考古学家在挖掘洛阳金村东周王室家族墓葬的车马坑时，发现了兽首形车辕饰（后端有孔，用以将辕首固定在车辕上）（1）。大英博物馆的研究人员还检测了一些东周青铜器，如图3中的这件错金银翼虎形器，揭示了当时的镶嵌技术：先铸制所见纹样的凹槽，冷却后将金、银、铜等贵金属压嵌入沟槽内，然后再进一步错磨抛光。鎏金工艺也用在表面装饰，只是鎏金需要加热烘烤，而错金银则不需要。有些器物的工艺更令人惊叹，如图4中的这件青铜敦，器身环绕以银丝嵌饰的神兽纹，色彩斑斓的玻璃熔融后镶入中间的圆孔中，可惜这些装饰物随着时间而消逝，现在只留下些许痕迹。

1. 镶嵌青铜车饰

该车辕饰作兽首形，双眼圆睁，竖耳，饰错金银，镶玻璃（多已脱落），造型生动，图案精美。后部銎口可以套在木制战车车辕前端，再通过上、下两个方形钉孔固定辕头。

东周
约公元前500—前300年
长17.5厘米，宽21.5厘米
（1934，0216.3）

2. 错金银青铜带钩

约公元前 700 年，周朝疆域之外的游牧民族骑兵将铜带钩传入了中原。金属工匠用柔软的金、银镶嵌出这件带钩的鸟纹头部和几何图案。有了带钩（固定腰带），古人穿裤子就安全多了。而有着长长袖子的外衣，同现代的晨衣类似，裹于身上。

东周

约公元前 400—前 221 年

长 10.1 厘米

（1936, 1118.113）

3. 错金银铜翼虎

这件神化的虎形饰，用后腿支撑站立，爪子紧握，下颚大张。它原先可能是用于支撑铜盘或类似器物的四足之一。仔细观察，虎身上有着金、银、铜饰的鸟形和蛇形兽纹交织盘错，这让人联想到同时期的漆器，当时漆器的装饰工艺必定激发了金属工匠的灵感。

东周

约公元前 400—前 221 年

高 23 厘米，宽 9.5 厘米，

长 11.5 厘米

奥古斯塔斯·沃拉斯顿·弗兰克斯爵士捐赠

（1883, 1020.5）

4. 错银几何纹青铜敦（食器）

这件卵形青铜礼器上的错银图案让人联想到东周出土的纺织品纹样。锯齿形的线条构成了纹饰外框，呈现出惊人的视觉效果。工匠再将银丝嵌入预留的沟槽中。中间圆形的凹槽原先应该镶嵌了彩色玻璃，但是随着时间的流逝已遗失不存，只有在放大镜下才能显示出一些残留的痕迹。

东周

约公元前 300—前 221 年

高 31.5 厘米，长 26.5 厘米，

宽 25.5 厘米

布鲁克·休厄尔捐赠

（1958, 1015.1）

1|16 早期玻璃工艺

　　中国的玻璃制作工艺是从西北传入中原的。战国时期的玻璃主要以青铜或陶瓷器上的镶嵌物（1）或者"蜻蜓眼"（2）的形式出现。因为淡绿色玻璃同珍贵的玉料相仿，所以在汉代（前206—公元220年），玻璃也被用作墓葬中玉的廉价替代品（4），如代替玉覆面和玉衣上玉片的玻璃片（3）。还有些小型玻璃制的动物、鸟和昆虫，如蝉。

　　玉的琢磨成型需要很长时间（例如完成一件玉衣，至少需要10年），相比之下，玻璃可用模具加工塑型，简捷、低廉。许多早期玻璃还用黄金装饰，考古研究者确实在图3中的玻璃殓服的另一面上，发现了黄金装饰的痕迹。1977年，扬州西北面的甘泉山（刘氏王室）汉墓中发掘出了一套类似的玻璃"玉"衣。考古学家在"妾莫书"墓中也发现了一些约公元前48年的玻璃殓衣残片。

1. 镶嵌玻璃陶罐

此件陶罐发现于河南，当时还一同出土了一组类似器物。它原先应该还有一个圆形顶盖。这件粗红陶，烧制后呈砖红色。工匠用稀释的泥浆涂在陶胎上，即陶衣，以掩饰粗糙的器身，美化胎面。之后，再将玻璃熔化加以装点，然而这些装饰已经腐蚀。这种装饰在当时应当十分华丽，它们也许是仿照珍宝而设计的明器。

东周
约公元前400—前300年
河南
高9.5厘米
沃尔特·塞奇威克夫人遗赠
（1968,0422.188）

2. 陶及玻璃蜻蜓眼

周代匠人制作了这些五彩斑斓的玻璃珠，它们有着不同旋涡状或层次的色彩，有的则像眼睛一样凸起，中心犹如万花筒般炫目。虽然这些珠子都是在中原制作的，但很可能效仿了进口串珠式样。

东周
约公元前 500—前 200 年
直径约 3.1 厘米
奥斯卡·拉斐尔遗赠
（1938，0524.632，751，753；1940，1214.5，27，34，42-46，75，76，78；1945，1017.165）

3. "玉"衣上的玻璃片

这组"玉"衣由 369 块火柴盒大小的玻璃块组成，其中一些表面雕有四方神兽装饰，即东青龙、西白虎、南朱雀、北玄武。玻璃块的边角上有穿孔，可以把它们穿起来，或者缝在衬衣上。玉衣在汉代贵族墓葬中相当流行，而这套玻璃版"玉"衣制作成本相对较低，因为玻璃片可以用模具生产。玻璃"玉"衣上还有一些金色装饰和朱砂的残留痕迹。

汉
公元前 100—公元 25 年
河南洛阳金村
长 5.3 厘米，宽 3.5 厘米（279枚）；长 8.5 厘米，宽 4 厘米（大片 53 枚）；长 8.7 厘米，宽 4 厘米（角沿 8 枚）；直径 6.5 厘米（环形 12 枚）；高 9 厘米（菱形 9 枚），所有玻璃片约 0.5 厘米厚
（1934，0313.1-369）

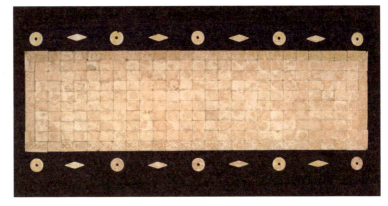

4. 仿玉玻璃璧

清透的绿色玻璃，与玉相似又相对廉价，是替代玉，尤其是墓葬用玉的理想材料。这枚玻璃璧，表面布满纹饰（谷纹或蒲纹），呈凸起。如果用玉来制作，修琢工艺相当复杂，但若以玻璃代之，就只需将玻璃熔液倒入陶瓷模具中就可以轻易获得这种装饰效果。

汉
公元前 206—公元 220 年
安徽
直径 9.3 厘米
（1935，0115.3）

1|17 北方游牧民族：鄂尔多斯与草原

在公元 1 世纪，鄂尔多斯（青铜）文化集中在中国北部和西北部地区，与西伯利亚接壤，覆盖了如今内蒙古大部分区域。斯基泰等欧亚游牧民族活动最东缘一直延伸于此（1）。这片疆域主要由草原和沙漠组成。鄂尔多斯文化属于非定居文化，与同时期中原文化有着显著差异。鄂尔多斯高原的草原不适合种植水稻，但是对于养育马匹非常理想（2）。鄂尔多斯人善骑马狩猎（3），他们使用人物、动物和鸟类青铜饰牌来装饰腰带或马具。而在中国北方、俄罗斯、蒙古也出土过类似青铜牌饰，通常装饰有交错繁缛的动物或鸟的图案，且不少都有镀（鎏）金修饰。

1. 握剑西伯利亚人牌饰

西伯利亚骑兵以及鄂尔多斯地区人们的穿着风格与中原地区截然不同。此人像穿着阔腿裤，裤腿有图案装饰，搭配束腰长外衣、项链和靴子。他毛发浓密，一脸胡须令人印象深刻，硕大的鼻子下还蓄着小胡子。原来该牌饰底部脚下的弧线应该是延伸出去，（与上部分外圈衔接）形成一个整体的椭圆形外框，并通过顶端的小圆孔悬挂。

汉
公元前 200—公元 1 年
西伯利亚地区
高 6.8 厘米，宽 4 厘米
（1922,0601.20）

2. 鄂尔多斯青铜马

战争中拥有良马的一方通常占明显优势，马匹可用于牵拉战车或者作为骑兵的坐骑。千年来，中国的马匹都是由西北引进而来。图中这座小型青铜马雕像来自内蒙古，造型优美，马尾下垂，昂首引颈，腿和颈部肌肉鼓胀丰满。

东周，战国时期
公元前 500—前 200 年
内蒙古
高 5.7 厘米，宽 5 厘米
奥斯卡·拉斐尔遗赠
（1945, 1017.214）

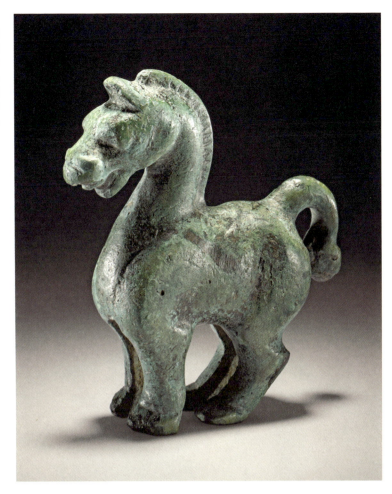

3. 鄂尔多斯虎噬群羊纹饰牌

饰牌上雕铸的线条生动地刻画出了老虎的形态：后肢强健，尾巴蜷曲，双目警惕，张牙舞爪。虎爪下踏两只野山羊，可能为一公一母，因为仅其中一只有着长而弯曲的角。虎扭头欲咬第三只羊，而最后一只羊有幸逃脱。

东周，战国时期
公元前 400—前 200 年
内蒙古
长 8 厘米
布伦达·塞利格曼夫人遗赠
（1973, 0726.90）

1|18 南方楚越文化

　　楚文化初起于江汉地区，到战国时期，楚国几乎占据了整个中国南方地区，覆盖河南省南部、湖北、四川、云南、广西和广东等地。楚人的宗教文化中存在一系列奇特的人、动物或鸟合体的神祇或巫觋（1）。而楚文化中的来世观及对神仙世界的构想，与之后的道教似有千丝万缕的联系，促成了秦汉时期中国北方地区宗教信仰的变化和文化交融。

　　越国位于长江下游，大致在浙江一带，也是周王朝时期的诸侯国之一，最后在公元前221年随着秦王朝建立而走向终点。也许是因为战争频繁，越国制造兵器的技术冠绝一时，十分受中原地区的青睐。其中部分兵器并非用于实战，而是作为装饰佩剑或者馈赠之物（2）。

1. 楚人面鹿角镇墓兽
图中这件漆木雕镇墓兽由楚国工匠所制，结合了真实与想象，是一位强大的守护者。髹漆鹿角营造了一种震慑的氛围，人面口吐长舌，像领带一样拖曳而下。

东周，战国时期
约公元前400—前200年
湖南长沙
高43.7厘米
（1950, 1115.1）

2. 嵌绿松石铭文青铜矛

根据矛上的鸟篆文铭文，此矛曾属于越王朱勾（别名州勾，在位时间：前 448—前 412 年）。吴越兵器在晋、楚墓中也有发现，有些可能为战利品。越国的青铜工匠技艺高超，其刀刃边缘几千年后依旧锋利。铭文显示此为"越王朱勾自作用矛"。

东周，越国
约公元前 448—前 412 年
长 28.6 厘米
亨利·J. 奥本海姆遗赠
（1947, 0712.426）

秦　前 221—前 206 年

汉　前 206—公元 220 年
　　西汉　前 206—公元 25 年
　　东汉　25—220 年

三国　220—280 年

晋　265—420 年
　　西晋　265—317 年
　　东晋　317—420 年

十六国　304—439 年

南北朝　420—589 年

隋　581—618 年

唐　618—907 年
　　武周　690—705 年

五代十国　907—979 年

辽　907—1125 年

2

帝国时代

公元前 221 年至公元 960 年

公元前 221 年，秦始皇一统华夏，成为中国历史上第一个皇帝（见第 68—69 页）。在之前东周列国争霸中，秦国获得了胜利。我们可从对他陵墓的文献记载，及陵墓周边灰坑考古发掘的兵马俑（1）和其他文物（2）中看出，当时人们对来世的观念有了巨大的变化。秦汉时期的墓葬不再以酒器、食器等仪式礼器为重，而变为随葬各种实用性器物以及陶制或铜制的模型（明器），强调创造一个和现实生活相似的环境。如我们所见，南方楚文化对秦汉时期这种信仰和仪式体系的转变有着重要影响。

虽然秦国统一了中国，但是秦王朝国祚仅 15 年。公元前 206 年，楚汉之争开启，经过几番激烈的战争，刘邦打败项羽称帝建立汉朝，史称西汉（前 206—公元 9 年），定都长安。尔后，外戚重臣王莽篡"汉"建立"新"朝（9—23 年），然而短暂统治数年后，汉室又重新建立了政权，定都洛阳，即东汉（25—220 年）。汉朝留下的重要遗产之一便是其文武兼备的官僚机构，官僚体系辖境延伸至朝鲜、越南，穿越沙漠至中亚，跨过山区至四川。这一时期的文书档案十分丰富，并以隽丽、紧凑的隶书书写而成。文献范畴

1. 秦始皇陵出土彩绘兵马俑
这些陶俑尺寸比真人要大一些。盔甲、脸部特征，甚至鞋底等细节都塑造得相当细腻。

高 122 厘米
临潼，秦始皇帝陵博物院，秦兵马俑二号坑

2. 秦始皇陵出土彩绘青铜鹤
K0007 陪葬坑共出土了 46 件青铜水禽，除了这件青铜鹤之外还有另外 5 件青铜鹤，以及天鹅、凫雁等青铜水禽。

高 77.5 厘米，长 101 厘米
临潼，秦始皇帝陵博物院，K0007 陪葬坑

众多，比如竹简（记载了士兵对更多袜子的诉求）、文书（手工作
坊管理者对奢侈品制作工匠之名的记录），或工匠在漆杯底部用小
字刻上自己的名字等。汉代的墓葬制度体现了秦汉时期人们对于
长生不老和宇宙万物（3）的极高兴趣。湖南长沙马王堆汉墓是已
发现的西汉时期的最重要墓葬之一，其中的軑侯利苍妻子（辛追）
墓（一号汉墓）不仅以内棺上覆盖的帛画而闻名，还出土了许多
保存良好的织物及服饰（4）。总体上，汉朝持续了 400 多年（前
206—公元 220 年，包括西汉、东汉）。之后，与遥远西方的罗马
相似，中国再度陷入了分裂的局面，且南北（5）文化差异巨大，
直到隋朝（581—618 年）才又重新统一起来。

佛教在汉代从印度传入中国，但直到魏晋南北朝时期，统治
者才大兴开凿石窟寺群（6）。石窟寺是融合佛像、彩绘、壁画为一
体的艺术。其中最著名的就是位于甘肃敦煌的莫高窟（见第 78—
79 页）。唐代（618—907 年）幸存下来的佛塔，让人不禁想象当
时佛教群体数量之多、分布之广。最重要的发现之一，就是法门
寺佛塔地宫中唐皇室供奉的大量珍宝。通过来往长安（今日的西安）

的贸易路线和沿途绿洲诸胡人聚落，西域的建筑风格、装饰艺术和思想也传入中国。

音乐与诗歌艺术在唐代走上了巅峰，有的作品赞颂大唐长安的生活，也有些抒发了出使在外、远离故土的人们对家乡的思念之情。日本东大寺正仓院内保存着一些当时精美的纺织品、乐器和珍宝，这些珍品由日本光明皇后（在圣武天皇死后）献予东大寺卢舍那佛。除了绝妙的唐代绘画、漆器、玻璃器和银器，她还供奉了药物，其中也包括大黄这种在唐朝具有很高药用价值的草药。安史之乱后，唐朝开始衰落，国内藩镇割据、宦官专权。878年，黄巢起义爆发彻底摧毁了唐朝统治根基。907年，朱温篡唐，唐朝灭亡，中国进入五代十国(907—979年)时期。同年辽国建立(907—1125年) (7)。

5. 武安王徐显秀墓北壁壁画
这幅壁画局部出自墓室北壁，描绘了墓主夫妇宴饮的场景。他们正欣赏着乐舞，两侧侍有仆从。墓主人身披貂裘外衣，其妻子穿着红色长袍，二人用漆杯啜饮。

南北朝，约571年
2000—2002年在太原发掘

6. 石凿佛教石窟寺
山西大同云冈石窟

7. 张世卿墓辽壁画
1116年
河北下八里村

1. 秦始皇兵马俑

2. 秦始皇陵出土铜车马
车舆主舆室封闭，两侧开窗，踞坐于车前的御官俑身佩短剑。

秦始皇：
中国第一位帝王

秦始皇统一全国，建立了中国第一个大一统帝国，虽然他在位仅11年（前221—前210年），但其功绩和遗产极具传奇性。他实行的许多政策制度都长远影响着中国社会。他结束了春秋战国以来诸侯割据纷争的局面。除了军事上显赫的成就，秦始皇在推行并规范中央集权制度和官僚体系上也取得了巨大的成就。他统一文字、货币和度量衡，颁行法典。他投入大量人力、物力于道路基础建设，改善了全国各地之间的交通联系。他在位期间，连接和修缮了原先（战国秦、赵、燕国）北部边界的长城，修筑秦长城，成为现在万里长城的雏形。

秦始皇在众多山岳上留下了刻石碑文，以颂扬自己的功德。他还多次精心组织巡游四方，使各地民众臣服，并在当地祭祀天地山川鬼神。秦始皇的野心并不局限于自己帝国的疆域，甚至也不局限于世俗世界，而是承天受命，欲统驭宇宙天地。

如今，他的陵墓让他实现了不朽（1）。1974年，一户农民在距离秦始皇帝陵陵冢约1公里处打井时，偶然发现了一号兵马俑坑遗址。考古学家经过进一步调查和发掘，发现了一个特大型兵马俑坑，里面拥有规模浩大的仿制军阵，尺寸比真人略高大。一些彩绘陶俑约有190厘米高，除此之外，还有车马（2）和陶鞍马。兵马俑数量估计有8000多具，目前发掘了2000余具，并已列入大规模国际保护计划。兵马俑已在陕西西安临潼秦始皇帝陵博物院公开展出。

兵马俑最迷人的地方，在于制作陶俑的工匠对于细节的追求。陶俑脸部并非整齐划一的相似个体，而是通过使用不同发型、鼻子、嘴、耳朵和眼睛的组合而成，如同现代警方所用模拟画像的技术一样，让人觉得这支军队是由不同个体组成。此外，秦始皇陵中还发掘出了文官俑，以及乐舞、杂技等百戏俑之类的非军事类陶俑。考古学家还发现了46只青铜禽鸟，体态由大到小分组摆放，包括天鹅、鹤、鸿雁等（乐队可以驯化水禽，让它们"跳舞"，它们的姿态正好映射在一旁的水池里）。

约公元前89年，史家司马迁描述了秦始皇陵的庞大，但是他并没有提及驻守皇陵的兵马俑以及陪葬坑内的文官俑、百戏俑和铜水禽等，只是描述了骊山山丘之下的方形地宫，设有防盗的暗弩，地宫内注灌了水银。秦始皇陵的结构与之前时代那些结构简单、入地很深的陵墓完全不同。

尽管秦始皇痴迷长生不老药，摄入了大量升汞，雇用了许多炼金术士，但他在年仅49岁时，就驾崩于巡游途中。官员们没有合适的对策来应对此事的后果，恐怕秦始皇的死讯传开后朝野动荡，便秘不发丧，一直隐瞒消息，直到他们把秦始皇遗体运回首都咸阳。

2|1 汉墓

虽然秦始皇完成了统一中国的重任，还统一了文字、货币和度量衡，改善了基础设施，但是秦朝却国祚不久。不过，秦朝为其继承者汉朝400多年的统治奠定了良好的基础。

秦汉时期，人们对于来世的信仰发生了巨大变化，墓葬形制也因此经历了一场变革。汉代建筑工匠以木材为主要建筑用材，却多用砖石建造仿地面房屋结构的地下墓葬。通过宗教仪式，死者便可享用墓葬陈设。有些墓室的拱形封顶由砖块砌成。似宫门般的大型石阙（2）坐落在墓室神道口，墓内则分为数个墓室。遗体一般安置于多重木棺之中，四川及其他一些南方地区则多用石棺（1）。墓葬内的随葬品反映了墓主人生前的身份地位。随葬品除了青铜器、漆器和玉器等实用珍宝，还有大量仆人和守卫的模型，以及一些体积太大而无法入葬的物品的模型，即明器。

1. 石棺局部，展现了一辆马车正奔往城门

这块画像砖是石棺的一部分。在它的最右端展现了一对石阙。类似的实例有现存四川雅安的高颐阙，高约6米，建于东汉时期。画面中，仆人们正恭迎疾驰而来的两轮马车。东汉武梁祠内出土的画像石上也有相似的车马造型。汉朝境内缺乏优质牧场，无法培育优良马种。那些四肢修长的马匹均是从北亚和中亚引进而来。起源于中亚的费尔干纳马（大宛马），受到人们的高度赞誉，在汉代文献记载中有着"天马"的美名。

东汉，25—220 年
四川
长 42 厘米
托马斯·陶然士捐赠
（1909,1214.1）

2. 灰陶立柱

工匠在这根陶柱的上部塑造了一个蹲踞的胡人守卫形象，底柱上刻有龙纹装饰，可能作汉墓口辟邪镇墓之用。该陶柱发现于郑州，在汉代，郑州是重要的经济中心。

汉
公元前 206—220 年
河南郑州
高 114 厘米
艺术基金会和约翰史帕克公司捐赠
（1942, 1010.1）

2|2 随葬釉陶模型

在奢华汉墓中随葬的明器是汉代日常生活场景的缩影，如六博釉陶俑（1），有些则仿制那些无法入葬的大型事物，如陶楼（2）或陶鱼塘（3）。这些明器用模具大量生产，通常以黏土制成，表面施绿釉或黄釉。釉料中有助熔的铅，可以降低焙烧时釉的熔点，从而降低燃料成本。釉色有时会受到埋藏环境中土壤水分的影响而改变，从原来的深绿色变成银白色。

汉代人相信人死后依然有部分灵魂存在，能继续享用生前所拥有的奢侈品和娱乐活动，甚至包括看门狗（4）。这些明器都来自20世纪初发掘的多个没有记载的墓葬，它们表现了人们休憩、游戏、劳作的场景。我们通过这些文物可以想象当时封建庄园的富有，足以支持从事农业和手工业生产的大型社区。

1. 六博釉陶俑

图中两位拍着手的人物栩栩如生。他们正使用筹等和棋子，进行六博游戏。博局上标出的符号可能与卜卦有关。两人所穿戴的宽袖长袍和别致的冠帽都是东汉时期典型的服饰。

东汉，约25—220年
博局：高6.8厘米，长29厘米，宽22.5厘米
人物一：高19厘米，长13.5厘米，宽11厘米
人物二：高19厘米，长15.5厘米，宽8厘米
大英博物馆之友捐赠
（1933, 1114.1.a-c）

2. 釉陶楼

中国建筑以木结构为主，屋顶用陶瓷瓦装饰。这座三层陶楼模型十分精致，陶楼上有人在窗边眺望，表现了精巧的木结构建筑及其陶瓦屋檐。陶楼矗立在一池塘之上，塘内有鱼，表明这座楼阁更可能用来供人游乐，而非防御之用。

东汉，约 25—220 年
高 86 厘米，长 36 厘米，
宽 36 厘米
伊迪丝·切斯特·贝蒂女士捐赠
（1929, 0716.1）

3. 釉陶鱼塘

东汉时期经济的繁荣，有赖于大型封建庄园经济的发展。田庄上，有农民、仆人和侍卫从事生产活动等。庄园以自给性生产为主，因此其经济经营方式呈现多样性，囊括了农业、手工业等。这件明器展现了一个池塘中，人们或猎鸟，或捕鱼的场景，说明庄园内有理想的大型渔泽。人死后的世界也需要新鲜活鱼和家禽的供给。

东汉，约 25—220 年
高 35.5 厘米，直径 39.4 厘米
（1930, 0718.1）

4. 釉陶狗

人们饲养犬类用来守卫、捕猎，或当宠物，甚至作为畜肉食用。这件陶狗颈戴绳索，双目警惕，尾巴紧紧卷曲，双耳竖立，犬牙差互，应当是一条守卫犬。

东汉，约 25—220 年
高 30.6 厘米，长 35 厘米
亨利·J.奥本海姆捐赠
（1928, 0118.1）

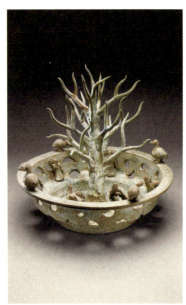

在汉代，最奢华的漆器多出自国家设置并任命监管的官设作坊。在漆器制造过程中，工匠会把具体参与制作的人名和制作工序以精细的铭文刻在漆器上。如图1中的精美漆耳杯，底部周围就刻有6名工匠和7位监造官吏的名字。未经处理的生漆汁液含有剧毒。从漆树树干上采集生漆后，必须先加热并着色才能使用。髹漆时，要在成型的木胎上涂抹许多层漆，且每遍上漆后都要历经24小时干燥及氧化过程。漆层就像天然树脂涂层一样，对器物起到保护作用。图2中这柄漆鞘铁剑，是汉代很少见的遗存，实际上仅靠漆鞘维系。早期宫廷妇女绘画（5）中也有很多都画有漆奁盒（3）及梳妆用品（4）。

1. 鎏金铜耳铭文漆耳杯
考古学家在朝鲜平壤发掘出了这件凤鸟纹漆双耳杯。汉朝曾在平壤地区设立郡县。耳杯上有铭文："元始四年蜀郡西工造乘舆髹氵月畫木黃耳栝，容一升十六侖，素工口髹工立，上工當，銅耳黃塗工古，畫工定，氵月工 豐，清工平，造工宗造，護工卒史章，長良，丞鳳，掾隆，令史口主。"

西汉，4年
四川
高6厘米，长17.6厘米，
宽12厘米
布鲁克·休厄尔捐赠
（1955,1024.1）

2. 漆鞘铁剑
这柄脆弱又珍贵无比的铁剑因漆鞘的保护而保存了下来。楚地工匠因擅长透雕错综复杂的蟠龙纹漆木器而闻名于世，木胎上的漆层起到了保护作用。

秦汉，公元前300—前100年
中国南方
长85厘米
（1978,1218.1）

3. 漆奁盒

这件彩色漆奁盒上饰有动物和神兽纹样，周围围绕云气纹，并镶嵌银和颜料。这件漆奁制造的时代，道家思想受到汉帝的推崇。它的纹饰让人联想到道教长生不老的思想。

东汉
约 100—220 年
江苏海州
高 14 厘米，直径 21 厘米
艺术基金会捐赠
（1940,0605.1）

4. 伍子胥画像铜镜

伍子胥是东周春秋晚期吴国的一位重臣。《史记》中记载了他的事迹，为忠臣之代表。他曾将楚平王掘坟鞭尸，以报其杀害父兄之仇。

约 200—300 年
绍兴
直径 21.1 厘米
沃尔特·塞奇威克夫人遗赠
（1968,0422.8）

5.《女史箴图》局部（全图见第76—77 页）

图上描绘了漆奁盒和镜台。

2|4 女史箴图

　　《女史箴图》是当今存世最早的中国叙事题材绢本绘画作品。传为顾恺之（约348—406年）所作，图1为两百多年后的唐摹本。画卷呈现了292年（西晋）大臣张华为讽谏任性妄为的贾后而写下的辞赋，即《女史箴》。这首辞赋以女史口吻，利用历代先贤圣女的典型事迹，劝诫宫廷妇女，为她们设定了一种理想化的行为准则。

　　绘画、诗歌和书法相结合是中国艺术的基本特点之一。中国书画家往往通过临摹历代大家的作品来提升技能，之后再融入自己的风格。图1这卷《女史箴图》便是一幅摹本，约作于5世纪到7世纪。画卷上的印章证明了1000多年前北宋皇帝对它珍爱有加。而根据故宫博物院所藏的另一幅创作于11世纪的顾恺之作品（宋）摹本，我们得知这卷《女史箴图》内容应有12段，然而现存仅剩9段。所以，我们只能从场景四看起，冯媛与熊：一头狗熊在斗兽表演中逃脱，直逼在座的汉元帝。其他后宫佳丽皆自顾逃离，只有冯媛挺身救驾，挡在汉元帝之前，让侍卫得以将熊杀死。场景五描绘的是班婕妤辞辇。班婕妤拒绝与汉成帝同辇是为了维护皇帝的名誉，圣君应有名

1.《女史箴图》（唐摹本）
传原作为顾恺之所绘。

卷轴，绢本设色
纵24.3厘米，横343.7厘米
（1903,0408,0.1）

2.《山水画》，邹一桂绘

《女史箴图》画卷之后附有乾隆皇帝令邹一桂作的山水画。卷尾的跋或者绘画可增加作品的魅力或体现品鉴者、收藏者的身份。邹一桂画作的构图专为乾隆盖印留白，他勾画了"四清"——松、石、竹、兰，左侧留白处由乾隆盖上大印"太上皇帝之宝"，椭圆的印章则为"乾隆御览之宝"，底部的小印为作者邹一桂的印章。

纸本水墨
清，1736—1795 年
纵 24.8 厘米、横 74 厘米
（1903, 0408, 0.1.b）

臣在侧，而不该为美色分心。场景六描绘了崇山与猎人，同诗一起表达了世事往往盛极而衰，要防微虑远的道理。场景七画的是梳妆，强调了品德高贵比外貌美丽更重要。场景八的背景为卧房，教导妇女对人应以善言相待。场景九描绘的是家庭场景，提醒宫廷妇女随时要有良好的道德修养，即便是独处或者居家时也不例外。场景十表现了拒绝，表达了"欢不可以渎"的意思。场景十一描绘了一位妇女正静恭自思。最后一个场景，则表现了女史官在挥笔书写，画卷末端处有两位妃子正向她走去。

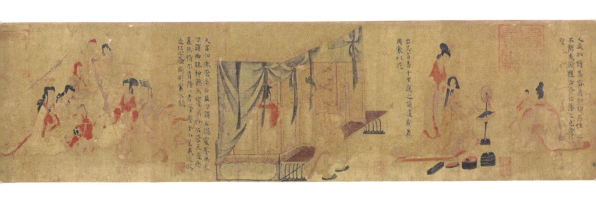

1. 莫高窟开凿于荒漠戈壁边缘的崖壁上，现存有壁画、塑像者共492窟，有壁画4.5万平方米、彩塑2145尊。　2. 敦煌莫高窟北区石窟

敦煌莫高窟：千佛洞

敦煌是中国西北部沙漠中举世瞩目的绿洲。莫高窟就坐落于敦煌市东南约 25 公里处的鸣沙山崖壁之上（1），其中保有壁画和彩塑的洞窟共计 492 个，最早的洞窟开凿于 366 年，最晚的凿于 14 世纪（2）。千余年来，敦煌都具有重要的战略意义。它作为丝绸之路上的咽喉锁钥，既是军事重镇，又是宗教圣地。755 年安史之乱爆发，唐朝失去了对西北边陲的控制。事实上，在敦煌悠久的历史中，曾有多个少数民族政权统治过这一地区，如吐蕃、回鹘、西夏等。莫高窟作为佛教遗迹，可能受到其他宗教兴起和扩张的影响，逐渐衰落，走向沉寂。

直到 1900 年左右，看管"千佛洞"的道士王圆箓在今第 17 窟发现了隐藏的藏经洞。这个封闭了数百年的小小窟室堆满了经卷、手稿和绘画。王道士需要经费修缮保护洞窟，外国考古学家斯坦因（1862—1943 年）等人便以此劝说利诱，最后，王道士将这些珍贵的文物卖给了他们。于是，莫高窟又重现于世，引起世人瞩目。此藏经洞中保存了 4 万多件文献手稿，包括汉文、吐蕃文和其他"丝路语言"，其中有一些文本仍待破译。经卷文书涵盖了佛教、摩尼教、祆教、犹太教、景教等宗教文献，由汉人、印度人、伊朗人和中亚地区的人书写，不由得让人感到敦煌具有一种超越国界的属性，还为不同宗教信仰的兼容并蓄提供了场所。经卷中最著名的就是目前世界上最早的雕版印刷刻本《金刚经》（868 年），现藏大英图书馆。

20 世纪早期和现在考古学者的研究成果，让我们得以重现莫高窟遗址的辉煌。富裕的信徒出资在这座易面易碎的崖面岩体上开凿洞窟。在开凿新窟之前，供养人先要修持斋戒，以示虔诚。当地工匠在洞窟墙壁和窟顶绘制鲜艳的佛教题材壁画，四周辅以小型千佛画像，与龛内大型彩塑相得益彰。丝质幡画可能是从长杆的钩子上垂悬而下，可自由摆动，而透过清透的薄纱可以看到正反两面的线条。供养人应该还捐赠过更大的悬挂幡。一些供养人形象也见于壁画，并且随着时代越往后，这些慷慨的供养人画像尺寸也越大。

如果我们仅将"丝绸之路"定义为数千公里运输进出口货物的古代国际贸易道路的话，也许过于简单模糊。近年来，一些学者认为大多数人还是以交易当地货品为主。偶尔有些个体，如玄奘和尚（602—664 年），会进行一些惊人的长途旅行。从莫高窟来看，虽然进口贸易并非主流，但是也不缺乏舶来之物，如绘制洞窟的颜料、来自青藏高原的药物、犍陀罗（现巴基斯坦一带）的手稿。

2|5 佛教石刻

汉朝灭亡后，中国又进入了百余年的分裂时期。汉代之后，中国就像罗马帝国一样，分裂成南方和北方等一系列王朝。386—534年，拓跋部统治了中国北方，即北魏。北魏曾定都山西大同，后又迁都河南洛阳。虽然佛教早在汉代就已传入中国，但直到北魏统治者大加崇信之后，才大兴成为国教，成为巩固统治的一股力量。佛教造像是弘扬教义的一种方式（1）。北魏时期，人们开始在悬崖峭壁上开凿石窟佛龛，先是在大同开凿了云冈石窟，后来又于洛阳开凿龙门石窟。佛教之所以吸引大量信众，是因为它为民众提供了往生极乐的愿景。这与古代对于祖先的信仰息息相关。另外，佛教还能普度众生，保佑现世之人拥有富饶的物质财富。中国早期的佛教造像，以浅浮雕为主，姿态僵硬，看起来较为平面化；身材修长，衣褶呈同心圆弧下垂。至北齐时期（550—577年），造像面部开始丰满起来（2）。

北齐宫廷在山西天龙山和河北响堂山兴建了石窟和寺庙。而这一时期最著名的造像出自山东青州（龙兴寺）窖藏坑。该像约塑造于529—577年间。北齐结束后不久，隋朝（3）又再次统一了中国，尽管国祚短暂，但为唐朝的发展铺平了道路。

〔本页〕

1. 佛教砂岩造像碑

佛祖，身带光环，高发髻，身着宽松长袍，坐于宝座之上，手施无畏印和与愿印。两侧各有一头戴宝冠胁侍菩萨，足下为中国传统神兽。上部有飞天造型，表现了天界的概念。而造像碑下端分隔开的那部分图案，一看即知为中式建筑，屋面铺瓦，飞檐向上翘起。建筑底下为捐钱造像的供养人。碑上以汉字刻有捐献日期及制作工匠的细节。

北魏，535年
高 96.5 厘米
（1937,0416.193）

〔对页〕

2. 砂岩观音菩萨像

原先这尊石雕上，应同兵马俑和希腊雕塑一样，有鲜艳的彩绘，让佛像更栩栩如生。然而现在仅余一些痕迹残留。施色时用白色覆盖石刻表面后，再用粉、黑、蓝和红来描绘脸部和妆容细节。长袍边缘和脸部还用黄金装饰以示供奉。菩萨穿戴着北齐宫廷风格的服饰和珠宝，由玉组成的璎珞珠串一直垂曳至膝下。

北齐，约 550—577 年
高 167.6 厘米
布鲁克·休厄尔永久基金捐赠
（1961,0718.1）

3. 汉白玉阿弥陀佛像

这尊巨大的阿弥陀佛像来自河北某石窟寺。佛像由几部分构成，腰部的接缝清晰可见，遗失的手臂原来应安置于凹槽内。这尊雕像的左右原胁侍两个较小的菩萨像，其中一尊现藏于东京国立博物馆，另一尊下落不明。尽管佛像尺寸巨大，但袈裟褶纹等细节都刻画得相当精妙细致，衣褶处原先应有彩绘及鎏金装饰。

隋，585 年
河北保定韩崔村崇光寺
高 5.78 米
中国政府于 1935—1936 年伦敦"中国艺术国际展览会"期间捐赠
（1938, 0715.1）

2|6 小型鎏金铜佛像

　　自 300 年起，鎏金铜佛像的铸造就已开始遍布全国。人们偶尔会定制小型佛像，捐奉寺庙。这里所展示的小型雕像反映了唐代中原地区（1），东北辽国（2）和远在西南的云南大理国（3）迥然不同的佛像风格。南诏国之后，937 年段氏建立了独立政权，国号"大理"，1253 年，蒙古军攻灭大理，将其纳入统治。虽然佛教曾一度被尊为国教，但在一些时期也有当朝者反对佛教，而采取"灭佛"行动。例如，842—845 年间唐武宗灭佛，大量佛像遭熔毁或损坏，寺院、尼姑庵被废弃，僧尼被迫还俗。

1. 莲花手观世音菩萨鎏金铜像
这尊鎏金佛像颈环珍珠串饰，缯带垂悬飘逸，为盛唐时期的造像风格。这种风格也常见于唐代佛教绘画当中。佛像冠顶中央饰一佛陀，左手所持凤首壶则颇具萨珊王朝银器风格，而佛像婀娜多姿的姿态则受到印度佛教的影响。这类佛像，较中国早期体态呆板的造像有了巨大变化。

唐，约 700—800 年
中国北方
高 18.5 厘米
（1970, 1104.2）

2. 弥勒菩萨坐莲花座鎏金铜像

这尊铜像的细节，如冠饰的小佛塔、背后的光环、衣袍上方的缯带等，都体现了工匠对细节的关注和高超的技艺。由于铜像缺少供奉相关题刻，因此，研究人员一般采用类型学分析，将佛像同其他有确切年代的佛像进行比较研究。这尊佛像与大同下华严寺藏经楼（薄伽教藏殿）内的弥勒佛像颇为相似。下华严寺建于1038年，西京大同府为辽国陪都之一。

辽，907—1125 年
中国北方
高 20.2 厘米
布鲁克·休厄尔永久基金捐赠
（1959, 0713.1）

3. 佛教密宗鎏金佛像

这尊佛像既不属于汉族也不属于藏族，而是出自大理国（今云南地区）。这尊鎏金铜像代表了密宗护法大黑天，拥有九头十八臂，手上分别持海螺、人骨、蟾蜍、龟、珍珠、头颅和金刚杵，肩上方横跨一伸展的肢体。7 个头上装有骷髅冠饰，中间 3 个头左右以蛇围绕。佛像以三足站立，足踩骷髅。

约 1100—1200 年
云南大理
高 45.5 厘米
布鲁克·休厄尔永久基金捐赠
（1972, 0301.1）

自古以来，人们掌握了种桑养蚕的技术。将蚕茧蒸煮，抽丝，卷绕，再进行纺织。汉朝期间，约从公元9年起，中国丝绸就具有了货币功能，可作为报酬；到汉末，丝绸还充当过赋税支付方式。丝绸的价值促进了其产量的增长。我们知道，汉朝时期，丝绸已到达了古罗马。古罗马作家曾抱怨丝绸的昂贵，扬言这种薄透的材质有伤风化。由于丝织品比较脆弱，所以尽管有时丝织品保存在特殊环境下，如沙漠中的干沙中（1），但是遗留下来的丝织品数量比起陶瓷、玉器或青铜器还是要少得多。

莫高窟坐落于沙漠绿洲附近的朝圣中心，有一条间接连接中国到印度、中亚和中东地区的丝绸之路支线途经此地。洞窟密室中保存了许多织物、绘画和手稿文书，历经千年也未遭到环境的影响和破坏，直到20世纪初王圆篆发现密室。其中大部分织物都为佛教主题（2）或者与佛教经幡绘画有关（3、4）。

1. 绢匹料，已断为两截
考古学家在楼兰一沙漠绿洲定居点发现了这批白色绢匹料。从考古发掘和文献记载可知，两千多年前中国丝绸就已通过当地和国际商人的网络同欧洲、非洲、西亚、东南亚和中亚进行贸易。

丝织品
约300—400年
楼兰
总长47.5厘米
斯坦因藏品
（MAS.677）

2.《释迦牟尼灵鹫山说法图》*
刺绣，背衬麻织物
绣品中描绘了蓝色华盖之下的释迦牟尼，左右胁侍菩萨和佛陀弟子。刺绣图案先以水墨在绢地上勾勒草图，再绣制主要轮廓线，最后填充细节。这幅绣品折叠处已有损坏，所以两位佛陀弟子几不可辨。底部右侧为男性供养人，左面为女性供养人和一个孩童。

刺绣绢地画，背衬麻织物
唐，约700—800年
中国中部地区绣制
甘肃敦煌莫高窟第17窟
纵241厘米，横159厘米
斯坦因藏品
（MAS, 0.1129, Stein no Ch.00260）

＊一说为《凉州瑞像图》。——译注

3. 佛坐莲花幡头

这块正方形的绫原先是一件幡头，对折后成为三角形幡面，两面各有一尊佛像，然后将它连接到卷轴（幡身）顶部，幡头斜边再用其他织物包边。

彩绘白绫
900—1000 年
甘肃敦煌莫高窟第 17 窟
斯坦因藏品
（MAS.888）

4. 菩萨像幡

此为莫高窟中保存状况最好的幡画之一。悬祥、三角形幡头、幡手、幡足和悬板都保存完整。菩萨手持玻璃钵，内盛莲花。特别的是，图中的菩萨为侧身像，只露出脸的侧面。这件幡的设计是两面都能看见图像。如此精美的画幅并不是悬挂在墙上，而是从某个物体顶部的钩子上悬挂下来，幡可自由飘动。

绢本设色
800—900 年
甘肃敦煌莫高窟第 17 窟
斯坦因藏品
（1919, 0101, 0.120）

2|8 佛教绘画

　　敦煌莫高窟第 17 窟藏经洞内堆满了文书、手稿和绘画。它们的重要性无须多言。除了这些珍贵的文物，鲜有其他唐代绘画遗存。

　　个人或者集体供养人将绘制的绢本或纸本设色绘画品（1）捐赠给寺庙，作为一种供奉活动，以期积累功德通往极乐世界。至唐代末期，供养人在绘画中的形象越来越大，主导地位越来越突出（2）。这类可移动的画卷根据供养人的财力不同，有小型纸本绘品（3），也有盛大的佛国场景（5）。在佛教仪式，包括祭奠已故亲属的仪式中，这些画作或挂于墙上，或从杆子的钩子上悬挂而下，自由飘动。而莫高窟及一些石窟寺内，如位于新疆的焉耆明屋（4），则都绘有壁画。

1. 引路菩萨绢画

此幅图右侧雍容华贵的妇人，身着唐朝服饰，眉毛修描似蛾触角，高髻乌黑，发上饰金银簪钗、梳篦。她垂眼下视，神态端庄，双手笼于宽大的袖子中以示恭敬。在妇人身前，比她高大许多的形象为一引路菩萨，右手持香炉，赤足而行，接引妇人去往极乐净土。画面左上方为云气围绕的净土建筑物，具有典型中式城楼白墙、绯红木门、飞檐青瓦的特征。

绘画，绢本设色
10 世纪初
甘肃敦煌莫高窟第 17 窟
纵 80.5 厘米，横 53.8 厘米
斯坦因藏品
（1919,0101,0.47）

2. 观世音菩萨像

从此幅观世音菩萨绘画的题记中，可以确认画面左侧手持焚香炉的人物为比丘尼严会。右侧为张有成，他手捧托盘，盘内盛莲花。他是委托作此画之人的亡弟。题记显示此画所作年代为唐天复十年（910 年），但唐朝在 907 年就已灭亡且天复年号只存在了约 4 年，904 年唐昭宗启用年号天祐。也许远在中国西部的敦煌距离唐朝中心地区太过遥远，消息阻塞至少有 6 年之久。

绢本设色
910 年
甘肃敦煌莫高窟第 17 窟
纵 77 厘米，横 48.9 厘米
斯坦因藏品
（1919, 0101, 0.14）

3. 行脚僧图

画面中的行脚僧并非普通僧侣，他身边伴有一只驯服的老虎，虎身形比他矮小。佛祖乘云而来，指引着他。他背负装满经卷手稿的经笈，经笈用织物捆扎，并有（竹）木把手。随着时间的推移，画作原来的颜料已经腐蚀剥落，因此背景等细节已然模糊不清。一些学者认为图中僧侣即为著名的玄奘。629 年，玄奘翻山越岭到达印度，带回了佛教经书。旅途中危机四伏，他曾多次遭遇劫掠。他们跋山涉水，有三分之一的随行者在途中死去。

纸本设色
唐，约 700—800 年
甘肃敦煌莫高窟第 17 窟
纵 41 厘米，横 30 厘米（图像）；
纵 56 厘米，横 40.7 厘米（装裱）
斯坦因藏品
（1919, 0101, 168）

（上）

4.《比丘听授教法图》壁画碎片

左上角的碎片中，一位高僧倚坐于一把有踏脚的方凳上，4个小和尚跪坐在他脚边。空中，飞天持毛笔而来。这组壁画是斯坦因在焉耆明屋遗址西北部的寺院内室东围墙的下半部发现的。

700—900 年
新疆喀喇沙尔焉耆硕尔楚克明屋（明屋为"千间房"之意）遗址
斯坦因藏品
（1919, 0101, 0.279.d）

（对页）

5. 报恩经变相图

图中最上层为释迦牟尼佛双手结说法印，于二菩萨间结跏趺坐，周围建筑风格为中式宫殿。下方舞台上一舞伎在两组乐伎的伴奏下翩翩起舞。画面两侧的场景讲述了须阇提太子本生故事。绘画的细节十分出色，如倚靠在红色宫墙上的梯子。最前方为毗卢遮那佛，左右以比丘与菩萨为胁侍。毗卢遮那佛袈裟上装饰着日、月等代表天地宇宙的徽记。在绘画底部，女性与男性供养人分列而坐。

绢本设色
甘肃敦煌莫高窟第 17 窟
唐，约 800—850 年
纵 168 厘米，横 121.6 厘米（图像）；纵 185.5 厘米，横 139.5 厘米（装裱）
斯坦因藏品
（1919, 0101, 0.1）

　　随着佛教的传入，各式佛教建筑也应需而生。人们开凿精妙绝伦的石窟寺综合建筑，装饰以佛教主题艺术，并兴建寺庙。除此之外，还有一些源于印度佛教建筑而发展起来的新式建筑形式。

　　例如，印度的窣堵波传入中国后就演变成了中国的佛塔。这些建筑大多以木结构为主，其中一些使用陶瓷砖瓦饰面，如修定寺塔（1、2），有些则采用石质元素装饰墓道口（3）。修定寺塔坐落于河南安阳清凉山下，高 9.3 米，四面均宽 8.3 米。在唐太宗（626—649 年）时期*，修建此塔，塔身由 3000余块手工制作的形制各异的模制花砖嵌砌而成。

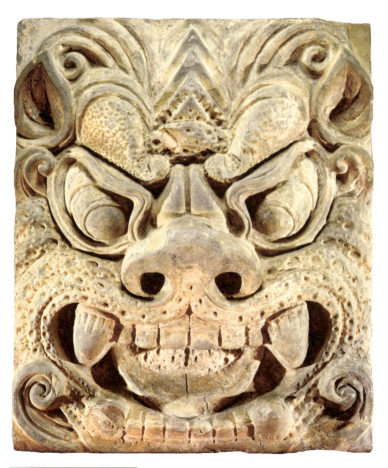

1. 兽面纹雕砖

修定寺塔上的雕砖大多为菱形，也有矩形、三角形或五边形。原本砖上应有彩绘，但现已几无痕迹。20 世纪，许多塔砖被盗并出售。塔身雕饰的内容既有佛教也有道教形象，还有各种中国传统的动植物图案。另有一块雕砖，同此块图案十分相似，但其兽面的口部为张开，现藏于芝加哥艺术学院。在剑桥菲茨威廉博物馆也藏有类似形象奇异的雕砖。纽约大都会艺术博物馆所藏雕砖则刻有飞天图案。

唐太宗时期，626—649 年
河南安阳清凉山修定寺塔
高 43 厘米，宽 37 厘米
布鲁克·休厄尔永久基金捐赠
（1983, 0725.1）

---

* 一说建于北齐时期，一说为唐代修建，尚无定论。——译注

2. 河南安阳清凉山修定寺塔

此寺传为僧人张猛于 493 年创建，于唐太宗时期大规模修建。

3. 线刻西方极乐石制门楣

这件大型入口之上的半月形石制门楣，雕刻了西方极乐世界的场景。阿弥陀佛位于画面中间的华盖之下，两侧胁侍菩萨及随从。极乐世界画面之下的框线中，分别描绘了 8 位舞乐伎，他们正在演奏笛、箫、琵琶、箜篌、笙和钹等乐器。细节放大展示的两位乐伎在演奏箜篌和笙。

隋或初唐，约 581—700 年
高 142.5 厘米，宽 141 厘米
（1937, 0716.153）

2|10 唐三彩墓葬俑

唐朝是中国的黄金时代，帝国疆域东至朝鲜半岛，西达阿富汗边境。唐代盛行厚葬，随葬品既有实用奢侈品，也有陶瓷明器，财富之丰厚令人瞠目。人们把人物、动物等陶模埋入墓穴之前，会先行公开展示炫耀。官府控制的民窑作坊大规模地制造这些明器，匠人先分别制作坯体，把部件固定在一起后施釉，再焙烧。色彩有绿、褐、黄、白色，偶有蓝色。人俑脸部通常直接素坯绘画，不施釉，显得更为逼真。刘庭训墓中出土了一组精美的三彩俑。刘庭训曾任忠武将军，河南府、怀音府长、上折冲、上柱国（1）。根据墓志，他去世于 728 年，享年 72 岁。墓志中把他描述成一位理想的人物形象，既是模范臣民，又战功显赫。20 世纪二三十年代，在铁路修筑及其他工程中，出土了大量唐三彩墓葬俑，受到海外藏家的追捧。

1. 陶墓葬俑

这组三彩俑包括镇墓兽、天王俑、文官俑、武士俑、骑马男俑和双峰骆驼。最初一些釉陶马装饰有真马的鬃毛和马尾，骆驼则装备有皮革驼缰。这些釉陶模型都施了三彩釉，在唐代墓葬明器中相当流行。

唐，728 年（刘庭训卒年）
洛阳
最高 90 厘米
（1936,1012.220-232）

2|11 唐代奢侈品

唐朝强盛的中央政府为横跨中国的贸易路线和通信交流提供了保障。稳定的农业生产保证了赋税，使经济蓬勃发展，而这种繁荣又促进了商品的交易和思想（文化）的交融。大量使者、朝觐者和商人把国外的奢侈品带到了中国。他们或来自东面的朝鲜、日本，或来自西面的伊朗、阿富汗和中亚，或来自南面的印度及东南亚。唐都城长安（今西安）内的人们也会欣赏异域音乐。中国的丝绸和陶瓷经陆路和海路出口，可远至非洲东部和北部。葡萄酒酿造技术也传入了中国，酒具便随之出现了新的形制，不过多为借鉴波斯和中亚的酒器。但异域货品仍属稀有，只有贵族才能获得；当地贸易往来主要还是交易中国本土货物。

唐代文物中充满异域主题，这些风格与汉文化融合的全新形式，至今仍引人入胜。例如，装饰有胡人乐伎图案的玉带（1）、中亚风格的银质葡萄酒杯（2），以及仿制萨珊酒具（4）的瓷质角状饮酒器（3）。

1. 玉带板

此 9 块玉带板为玉带的一部分，原先应是结缀在织物上形成一条腰带。方形的玉带板上饰有奏乐胡人的纹饰，乐器有琵琶、笙等。唐代的乐伎涉猎的音乐类型广泛，包括传统的中国乐曲，以及中亚、中东和印度风格的曲调。长方形的玉带板上则有纤柔美丽的女子随乐翩翩起舞。她们身着彩色丝绸服饰，带有长长的水袖，可以笼起、抛扬，如同现代艺术体操的彩带。

唐，618—907 年

长 5.3 厘米，宽 5 厘米（方形玉带板）

（1937,0416.129-137）

2. 银质高足杯

中亚使节把精美的金、银质高足酒杯带入了唐朝。此类进口奢侈品需求量大增，因此唐朝出现了许多仿照这些器物造型的银质或陶瓷酒杯，供王公贵族享用。此件高足杯上的狩猎图，刻画了狩猎者搭箭在弦，策马奔驰，追赶梅花鹿、野兔和飞鸟的场景，周围点缀以树木花草，全身通铺鱼子纹。

唐，约 700—800 年
高 9.8 厘米，直径 7.7 厘米
沃尔特·塞奇威克夫人遗赠
（1968，0422.10）

3. 陶瓷来通杯

这件仿萨珊银质饮酒器风格的中国角状杯，使用了较为廉价的陶瓷材料。酒杯从狮首飘逸的鬃毛和咆哮的下颌延伸出去，杯口口沿呈八边形。串珠纹边框内为身着中亚风格服饰的乐人，正在演奏琵琶和鼓。其两边还分别饰有一微笑、一皱眉的人面，外部以串珠形装饰。

隋，589—618 年
中国中北部
高 8.6 厘米，直径 10 厘米
沃尔特·塞奇威克夫人遗赠
（1968，0422.21）

4. 萨珊瞪羚首金银角状杯

波斯萨珊人借鉴、改良了早期文明时期传统的角状饮酒杯，之后又把它们带入了中国（尽管角状杯在更早时期已出现在中国，如122 年南越王墓出土的玉质来通杯）。唐朝表现出对这些新鲜事物的喜好，并针对本土市场做出了改进和创新。

萨珊时期，300—400 年
伊朗
阿瑟·M.赛克勒赠予，阿瑟·赛克勒画廊
（S1987.33）

2|12 唐代铜镜

镜子是常见的随葬品，人们认为镜子可以守护灵魂。中国的铜镜镜形有圆形（1）、方形（4）、葵花形（2、3）、菱花形（5）等。抛光后的镜面平整光亮，光可鉴人；镜背铸有纹饰，中央设镜钮，可穿系丝绦。稍大些的铜镜可置于精心制作的铜铸或漆木镜架上。工匠制作了精美的奁匣，用于盛放铜镜，匣内还有放置其他梳妆用品的小盒。铜镜纹饰中融入了织绣、地毯等纺织物图案的元素。保存下来的华丽铜镜，大多装饰有金、银、漆等镶嵌物，有些还铸有铭文（6）。

唐代奢靡之风盛行，因此，也是铜镜铸造技艺发展的鼎盛时期。铜镜和巫术、宇宙也有所关联。一些唐代的诗人会将镜子的意象用于诗歌创作之中。

1. 双鸾螺钿漆背镜

工匠在这面镜子上髹漆（原先可能为红色漆），将螺钿装饰包裹其中，漆地与图案形成反差，愈加美观诱人。螺钿上纹饰线条的刻画细致入微。鸾鸟头部、翅膀和尾部的线条不一，体现了不同部位的羽毛有着不同类型和结构的细节特征。可惜随着时间的推移，镜背的漆有些开裂，导致部分镶嵌物遗落。

唐，约 700—900 年
直径 29.2 厘米
J. R. 瓦伦丁基金会捐赠
（1933, 1027.1）

2. 嵌螺钿镜

这面小型荷塘鸳鸯纹饰铜镜以螺钿和玛瑙镶嵌。

唐，约 700—800 年
直径 9.2 厘米
（1936, 1118.265）

3. 铜镜

日本奈良东大寺正仓院藏有一批保存完好且极为珍贵的唐代艺术品。756 年，圣武天皇驾崩后，光明皇后将其珍爱的 600 余件物品赠予东大寺，其中包括绘画、书法、纺织品、乐器、棋盘、银器和玻璃器。这面铜镜就是这批珍宝之一，它的直径是图 2 中大英博物馆所藏铜镜的三倍多。

约 500—750 年
中国
直径 32.8 厘米、厚 0.7 厘米，
重 3514.8 克
日本奈良东大寺正仓院藏

唐代著名诗人杜甫，在《江上》一诗中，便借镜子作为其感怀抒情的载体。

江　上
杜　甫
江上日多雨，萧萧荆楚秋。
高风下木叶，永夜揽貂裘。
勋业频看镜，行藏独倚楼。
时危思报主，衰谢不能休。

4. 金银平脱兽鸟纹方镜

相比圆形铜镜而言，方镜数量要少得多。这面方镜相当罕见，铜镜背面以银片修饰，其上再髹以大漆。镜钮四周四狮相互追逐，每头狮子下方有一雀鸟。四个镜角处饰以莲花形纹。这类纹饰让人联想到了 7 世纪唐代精美的丝织物。

唐，约 700—800 年
宽 12.8 厘米
布伦达·塞利格曼夫人遗赠
（1973,0726.62）

5. 银背菱花形铜镜

梅花主题一般寓意春天的到来。这面六瓣菱花形铜镜，以及镜背上的六朵梅花纹饰反映了典型的中式雅趣。蟾蜍形伏兽钮周围有一雄一雌两头狮子，它们之间饰有一俯冲猛禽，可能为鹰，以及一只长足涉水的禽鸟，可能为鹤或白鹭。狮子，原先是西方的装饰主题，在唐代也开始流行起来。1989 年，在西安东郊发现了一面与此极为相似的铜镜。

唐，约 618—750 年
直径 5.7 厘米
（1936,1118.104）

6. 铭文花卉镜

这面铜镜上的诗铭很易引人遐
想，它描述了一位年轻女子揽镜
自赏、对镜梳妆的情景：

清晖堪素，碧水澄鲜。
如河似月，妆楼旦悬。
分花脸上，窃笑台前。
唯当独立，对影争妍。

唐，618—907 年
直径 20.2 厘米
布鲁克·休厄尔永久基金捐赠
（1963, 0211.2）

2|13 唐代的瓷器与外销瓷

隋唐及五代时期，贵族喜欣赏高温焙烧而成的瓷器。中国东南的浙江省内有些窑场就能烧制出一种莹润的青瓷。窑场的工匠会根据不同市场需求烧制不同质量的瓷器。其中越窑所产青瓷最负盛誉（1），邻近地区的工匠便竞相仿烧其色调（2）。而北方窑场则盛产明净的白瓷（3）。这些陶瓷器在唐代的文献中有所记载，我们从而得知当时青瓷因似玉而尤其珍贵，白瓷类银则是略为廉价的奢侈品。秘色瓷（釉料配方只有少数工匠知晓）为皇室专用，陕西法门寺塔地宫中就陈列着唐皇室供奉给佛祖的秘色瓷以及玻璃器、金银器等。

相较而言，湖南长沙窑烧制釉下彩的瓷器（4）胎体粗糙，纹饰绘制略草率，质量低端而廉价。装饰的线条似与书法关联密切，不过并不具实际含义。长沙窑瓷器不仅在国内售卖，还远销海外，满足从日本到埃及各国对中国奢侈品日益增长的需求。例如，在印度尼西亚爪哇海域勿里洞岛发现的约830年左右的阿拉伯沉船中，就载有大量中国外销瓷器。越窑也生产外销瓷，在伊朗、埃及等多国都发现了越窑瓷器。2003年，渔民在爪哇井里汶岛北面海域发现了一艘968年的沉船，起获的船货中约有20万件瓷器，烧造于五代十国时期统治南方江苏、浙江一带的吴越（907—978年）。另外，船上还发现了来自广东、广西地区的南汉钱币，以及北方白瓷和其他奢侈品。

1. 莲瓣纹碗

匠人在碗外部划刻了重叠莲瓣纹，莲瓣作为佛教主题的一种，寓意纯洁。当时的金银器匠人也会制作类似形制的器物。唐代越窑匠人开始使用匣钵装烧瓷器。匣钵能在烧制过程中保护器物，极大地提高了瓷器的质量。事实上，"越窑"之名最早见于唐代文献，文人雅士称颂越瓷类玉，为品茶首选茶器。这件碗底刻有"永"字。

唐，约850—900年
浙江上林湖窑
高 6.5 厘米，直径 17.8 厘米
亨利·J. 奥本海姆遗赠
（1947,0712.46）

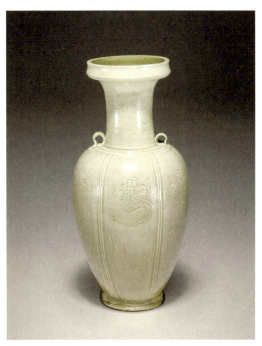

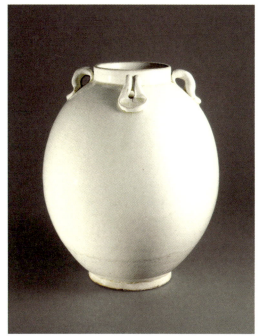

2. 云气纹瓶

陶瓷工匠用草木灰、当地的瓷土和石灰等混合配制釉料来获得这种莹润的釉色。工匠在半干的坯体上试釉，调整釉料到最佳配比。在窑炉不同区域烧造出来的瓷器釉面呈色效果不一。窑炉依山而建，为典型南方柴烧龙窑。工匠间断性投柴入窑，使烧窑温度达到 1000℃ 左右。此瓶瓶身上刻画了写意云气纹。

五代，907—960 年
可能出自浙江龙泉
高 33.3 厘米
（1924, 0616.1）

3. 白釉四系罐

隋唐时期，北方窑场以制作精致的白瓷为主。这件精美的大型白瓷罐肩部有四系，带盖。工匠将瓷坯体蘸以纯净的釉再烧制，其器身白色釉面质地已经足够细腻，不用另覆不透明釉。

隋或初唐，约 589—650 年
河南巩县
高 30.5 厘米
沃尔特·塞奇威克夫人遗赠
（1968, 0422.23）

4. 釉下彩碗

1998 年，渔民在印尼爪哇海域发现了阿拉伯商船的残骸。船上货物包括华丽的金银器，及 6 万多件陶瓷器。陶瓷器中，约有 5.5 万件为与图示中相似的长沙窑釉下彩。许多瓷碗饰有写意纹饰或诗歌、动物、花草及几何图案等，与唐代织物图案风格相近。

唐，约 800—850 年
湖南长沙
高 5 厘米，直径 15 厘米
P. H. D. S. 威克拉马拉纳为纪念妻子南希捐赠
（2000, 0131.1）

　　中国的陶瓷工艺臻于完美，不过外来的玻璃制品也一直备受推崇，是十分稀有珍贵之物，且多与佛教有关（2、5）。东周时期，玻璃从西方传入中国，主要用来制作蜻蜓眼，或用作陶瓷、青铜、漆器镶嵌装饰。到汉代，本土生产的模制玻璃成为玉的廉价替代品而入葬墓中。此时，中国也进口罗马玻璃器，并出现了仿制品。汉唐时期（4），南方地区开始使用西方的技术制造玻璃，在文献中已发现相关技术的记录。其中来自叙利亚和伊朗的玻璃（3）更是受到高度赞誉。陕西法门寺宝塔地宫内就供奉了精美的进口玻璃器（1）。为供奉佛祖指骨舍利，皇帝捐赠了大批非凡的珍宝，其中就包括20件玻璃器。舍利则保存在金、银、漆等质地的多重宝函内。

1. 四瓣花纹蓝琉璃盘

这件透明的蓝琉璃盘为唐懿宗874年供奉于法门寺的13件玻璃器之一。它原先可能是由来自伊拉克萨马拉或者伊朗内沙布尔的使臣进贡给唐朝皇帝的。

约800—850年
制作于伊朗或叙利亚
1987年，法门寺地宫出土
高2.2厘米，直径20厘米
陕西法门寺博物馆藏

2. 幡画局部：描绘了立于华盖之下的菩萨手捧一内凹圆饰的玻璃钵

尽管唐代也有类似形制的陶瓷器，不过我们能透过钵体见到菩萨的手部，可见这应当为一件玻璃器。在江苏的某些唐代墓葬中也出土过此类内凹圆形装饰的玻璃器，说明这些经过长途跋涉运送而来的玻璃器颇受珍视。

绢本设色
唐，约 851—900 年
甘肃敦煌莫高窟
马尔克·奥莱尔·斯坦因爵士捐赠
（1919, 0101, 0.139）

3. 萨珊透明玻璃碗

在中国，匠人用与透明玻璃相似的水晶来制作佛教舍利匣。而从地中海地区、叙利亚、伊拉克和伊朗进口的玻璃杯、碗也颇受欣赏。中国传统的铅钡玻璃要比进口的钠钙玻璃器腐蚀更快，随着时间推移也会变得易碎。

约 500—750 年
制造于伊朗
高 8.5 厘米，口径 12 厘米
日本奈良东大寺正仓院藏

4. 带盖罐

科研人员一直在研究保护中国（铅钡）玻璃器的新方法。铅钡玻璃的含铅量较高，因此其颜色和结构易腐蚀退变。例如图中的带盖罐。看过此玻璃罐腐蚀后的样子，便可想而知当时人们之所以青睐进口玻璃的原因。

唐，约 618—907 年
罐高 4.6 厘米
（1938, 0524.302）

5. 玻璃佛像

这件饰有火焰纹背光的玻璃塑佛立像，原先应该是黑色，然而现在已经退变为浅米色。它可能为某大型玻璃器的一部分。玻璃质地的佛像非常罕见。

唐，约 618—907 年
高 5.3 厘米
（1938, 0524.285）

　　唐灭亡同年，契丹族在东北建立了辽国，其统治范围从俄罗斯东部至蒙古，包括朝鲜北部和中国北部及东北地区。北京曾是辽国都城。在过去的几十年里，大量惊人的辽国考古发现颠覆了我们原先对于辽贵族文化的观念。他们适应了唐朝的汉文化，用汉制管理降服的汉人，同时又仍然维持着自身契丹文化的传统：契丹人之间仍用契丹语交流，保留自己的服饰风格和饮食习惯，并继续实行草原习俗。

　　内蒙古窑口烧造的辽国白瓷十分精美。有些胎体轻薄细白，只需要施透明釉即可制造出器身白净的器物。而有些器物虽造型优美，但胎质粗糙，施釉前要先在胎体上加一层白色化妆土，才能使器物表面光滑洁白。墓室中绘制的华丽壁画则体现了辽国官吏富裕、奢侈的生活。

1. 玉凤佩

这件玉凤佩喙部带有穿孔，翅膀呈扇形，配以三叶形冠和流线型尾。小型人物、动物、昆虫、禽鸟和神兽造型的玉器起源于新石器时代。后世收藏者极为追捧白玉。

辽，907—1125 年
中国东北
长 7.2 厘米
亨利·J. 奥本海姆遗赠
（1947, 0712.489）

2. 人首摩羯形壶

此壶呈美人鱼形象，身体半覆盖鱼鳞，鱼尾上翘，鳍呈翼状。她头部两侧头发都精心装扮，腕戴珠宝手镯，神情娴静，手置于胸前，捧着流口。美人鱼并非中国传统形象，这个具有羽翼的造型可能与唐宋时期壁画中佛教飞天形象有较为密切的关联。她们都有祥和的面容和紧扣的双手。

辽，907—1125 年
内蒙古林东窑
高 13.4 厘米，长 18.2 厘米，
宽 7.3 厘米
（1937,0716.69）

3. 白釉盘口瓶

监察御史张世卿墓（1116 年）保存良好，墓室壁画上绘有类似的盘口瓶（见第 67 页图 7），瓶口呈盘状，细长颈，溜肩。张世卿墓葬的壁画令人惊叹，极具特色和价值，反映了他在河北张家口宣化地区富裕奢华的生活。这类奢华的瓷器为贵族所享用，烧造于内蒙古赤峰缸瓦窑。在库伦辽壁画墓三号墓出土的白釉长颈盘口瓶，覆化妆土、罩清釉，与本器特征相似。

辽，907—1125 年
内蒙古赤峰缸瓦窑
高 46.7 厘米
（1936,1012.186）

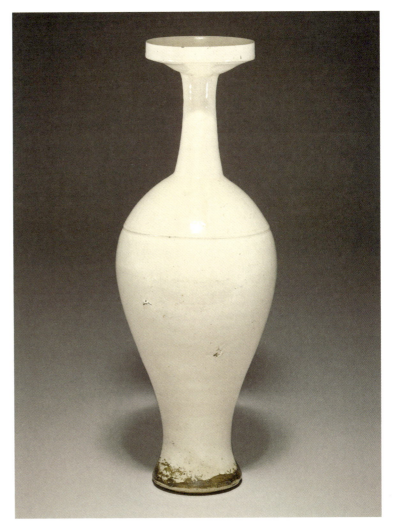

五代十国　907—979 年

宋　960—1279 年

北宋　960—1127 年

姓名	在位时间	庙号
赵匡胤	960—976 年	太祖
赵炅	976—997 年	太宗
赵恒	997—1022 年	真宗
赵祯	1022—1063 年	仁宗
赵曙	1063—1067 年	英宗
赵顼	1067—1085 年	神宗
赵煦	1085—1100 年	哲宗
赵佶	1100—1126 年	徽宗
赵桓	1126—1127 年	钦宗

南宋　1127—1279 年

姓名	在位时间	庙号
赵构	1127—1162 年	高宗
赵昚	1162—1189 年	孝宗
赵惇	1189—1194 年	光宗
赵扩	1194—1224 年	宁宗
赵昀	1224—1264 年	理宗
赵禥	1264—1274 年	度宗
赵㬎	1274—1276 年	恭宗
赵昰	1276—1278 年	端宗
赵昺	1278—1279 年	帝昺

辽　907—1125 年

金　1115—1234 年

3——

帝王，文人，商贾

公元 960 年至公元 1279 年

宋朝（960—1279年）皇帝对艺术发展史有着重要贡献。宋徽宗赵佶（1）热爱艺术和古物，他自身书画造诣也颇深（2）。另外，他在辽国统治东北疆域，金军也重兵虎踞北部之际，借由对艺术的推崇和收藏来巩固宋朝政权的正统性。

1127年，来自东北的女真族攻破了北宋都城开封（见第118—119页），俘虏了宋徽宗和他的儿子。他的另一子宋高宗赵构只能抛下妃嫔奴仆和宫殿财富，南逃至杭州（见第128—129页），建立行在。据此，历史学家将宋朝分为北宋（960—1127年）和南宋（1127—1279年）。宋朝失去了对北方通往中亚陆路贸

1. 宋徽宗像

立轴，绢本设色
宋，约1126年
纵188.2厘米，横106.7厘米
台北故宫博物院藏

易路线的控制，为弥补由此带来的损失，与日本、朝鲜和东南亚
的海上贸易便迅速发展起来，这种趋势在晚唐时期已见端倪。

宋代保留至今的建筑多为佛教建筑，如建于 1049 年的开封
铁塔（3）。事实上，这座塔并非铁铸，而是通体贴有铁褐色佛像
砖（4）。许多宋代建造的寺庙和桥梁在之后的朝代都经过多次重
建，原先的建筑结构几无保留。绘画和壁画便成为反映宋代建筑
细节的重要资料来源（5）。宋代还出现了建筑指导手册，如李诚
（1035—1110 年）修编的《营造法式》，总结了建筑规程、用材
等详细内容。

传统上，贵胄和武人的统治塑造了中国在宋代之前的政权体
系。宋朝皇帝则通过科举制选拔任命高层文武官员，改变了这种
权力的平衡（6）。这些入仕之人相互提携，渐渐掌握国家权柄。
儒学也在此时复兴起来，以强调自我修养和道德行为为主旨。现
代有些学者认为宋代讲华夷之辨，以复古为要义。因此，从崇古、
倡古的角度来说，宋代便成为中国的"文艺复兴"时期，虽然比

欧洲的文艺复兴要早 300 多年。

　　宋朝的税收依靠丝绸、盐、茶、酒的赋税而迅速增长（7）。农民通过种植新品种的农作物和发展耕种技术来支撑城镇繁荣所伴随的大量增长的人口（8）。1100 年以降，中国的造船和航海技术便处世界领先地位，（通过航海）中国商品的贸易更为广泛。中国人发明了航海罗盘，地图绘制人员所绘的航海地图十分精确。船尾的船舵帮助人们更准确地驾驭船舶。船上还有密封舱可以保存

6. 《文苑图》局部，周文矩（生卒年不详）绘
描绘了文人们松下吟咏的情景，旁有一童子正俯身磨墨。

卷轴，绢本设色
五代，907—960 年
纵 37.4 厘米，横 58.5 厘米
故宫博物院藏

7. 北宋墓壁画
描绘了赵大翁和妻子相坐对饮热酒的场景，二人使用瓷壶斟酒。此墓发掘于 1951 年河南省禹州白沙。

8. 《文会图》局部，宋徽宗御笔
描绘了徽宗主办的一场小型文人雅士聚会。

卷轴，绢本设色
纵 184.4 厘米，横 123.9 厘米
台北故宫博物院藏

易腐坏的货物。一些中东和南亚的商人到中国沿海城市定居，如中国东部福建泉州（见第 148—149 页）。尽管宋代看似繁花似锦，然而宋朝皇帝却还一直疲于抗衡强大的草原部落，捍卫自己的政权。最终，1271 年，忽必烈和他的蒙古军队掌握了政权，于 1279 年灭宋，元朝统一中国。

3|1 画像砖

　　我们已欣赏过新石器时代几何图案的壁画，以及汉代绘有天地万物和极乐世界的墓室画像砖。从某种意义上说，宋代画像砖继承了这种用图案、画像装饰墓室的传统。最初，图1这组画像砖应与其他画像砖一起排列在墓室之内。这6块陶瓷砖描绘了墓主人奢侈的生活。也有许多场景直接绘制在施过化妆土的砖或墙上（2）。中国人相信来世是现世的镜子，一个人在现世生活中享有的社会地位和拥有的财富，死后的灵魂也能继续享受。通过在墓中再现现世生活的情景，人们寄望来世也能拥有同样显赫的身份地位。

1. 6 块画像砖，有彩绘残留

这 6 块矩形的画像砖组成了一幅画面，展现了一对夫妇对坐于桌前。一旁有 5 位侍者，或端着食物，或提着酒，或捧着芍药，或端着酒往桌子走来。雕刻的线条略显僵硬，不过，画像砖上男女主人比例比侍从要大，阶级差异显而易见。

宋，约 960—1127 年
中国北方
高 60 厘米，宽 163 厘米，厚 20 厘米（含框）；高 53 厘米，宽 26 厘米（单块砖）
（OA+.6966.1-6）

2.12 块画像砖

这组圆形纹饰的精美画像砖十分罕见，图案包括真实和神话中的鸟类、不同季节的花卉，还有葡萄等水果。这种圆形纹饰的主题在宋金时期的陶瓷及纺织品上也可以看到。

北宋，约 1000—1200 年
中国北方
高 6 厘米，宽 24 厘米，
长 62 厘米
（2017, 3007.1.1-12［1920—1940 年间关于此组砖的档案记录已遗失］）

3|2 易县罗汉像

易县大型三彩罗汉组像幸存下来的仅 10 尊。据传，1912 年，人们在河北易县的一个石灰岩山洞中发现了这组罗汉造像。可惜的是，这 10 尊造像都已经流失海外，其中 9 尊分别在加拿大、美国、俄罗斯、法国、英国的公立博物馆（1）内，还有一尊收藏于日本一家私立博物馆。藏于波士顿、多伦多和轻井泽的三尊罗汉像头部均为补塑，而俄罗斯的一尊仅存头部和手臂缺失的躯干。这些佛陀弟子造像皆与真人一般大小，身披僧袍，坐在不同的陶瓷底座上，底座似露出地面的岩石层。一些陶瓷史和陶瓷科技研究人员近来提出，这些造像可能为北京西山龙泉务窑烧造。该窑在金后期（1115—1234 年）已停产。在龙泉务附近的琉璃渠窑，建于 1263 年，至今还在生产砖瓦和建筑配件。

琉璃渠现代烧造工艺表明，罗汉像应是先于 980℃～ 1010℃的温度下素胎焙烧，然后再在表面施以独特的三彩铅釉，并在眼睛和嘴唇部用黑、红点彩，之后再二次低温焙烧。这些罗汉像与众不同之处在于他们格外逼真的脸部、手和皮肤质感。他们看上去像僧侣的个人肖像，正仁慈地凝视着。

1. 三彩罗汉组像

金，约 1200—1234 年
北京龙泉务窑

1 大英博物馆
  高 123 厘米（含底座）
  艺术基金会捐赠
  （1913,1221.1）
2 美国堪萨斯城纳尔逊－阿特金斯博物馆
  高 118.1 厘米，长 92 厘米，
  宽 88.9 厘米
3 美国宾夕法尼亚大学博物馆
  高 120.6 厘米（含底座）
4 加拿大皇家安大略博物馆
  高 126.5 厘米，长 101 厘米，
  宽 91 厘米
5 美国纽约大都会艺术博物馆
  高 104.8 厘米（不含底座）
6 美国纽约大都会艺术博物馆
  高 127 厘米（含底座）
7 法国巴黎吉美博物馆
  高 123 厘米（含底座）
8 美国波士顿美术馆
  高 120.7 厘米，长 91.4 厘米，
  宽 87.6 厘米
9 俄罗斯圣彼得堡冬宫博物馆
  高 54 厘米

1	2	3
4	5	6
7	8	9

3|3 观音造像

观音是佛教菩萨 Avalokiteśvara（梵文）的中文名字。她可能是中国民间最受崇拜的菩萨。菩萨是大慈大悲，有觉悟，将来能成就佛果位的修行者。他们不知疲倦，无私地帮助众生理解佛法，以达到完全顿悟。我们可以将造像头饰上的小佛像作为判断其是否为观音像的依据。观音菩萨能听到世间苦难的声音，被视为大慈大悲的神。观音造像中，包括一些寺庙中大型木雕造像，为木块通过动物胶黏结而成（1、3）；也有一些小型铸铜鎏金（2）或抛光（4）的佛像。原先这些木制的雕像上会覆一层灰泥，再绘上鲜艳颜色，但是如今只有他们具有动感的服饰和自然写实的脸部上还能发现一些残留的彩绘痕迹。供养人会为塑造佛像提供财产资助，他们认为这能帮助他们得偿所愿。

1. 彩绘木观音像
这尊造像的某些部分是活动的，可以拆卸，雕像内部可能曾放置过佛经等文书或珍贵的遗物、珠宝之类的供品。

金，约 1115—1234 年
山西
高 170 厘米
艺术基金会捐赠
（1920, 0615.1）

2. 鎏金自在观音像
这尊自在观音一膝屈起，一手置于膝上。该造像通体鎏金，而唇部等细节可能曾有彩绘以使造像更具真实感。

宋或金，约 1000—1200 年
高 28.7 厘米
亨利·J. 奥本海姆遗赠
（1947, 0712.392）

3. 木雕观音像

这尊自在观音木雕像，是为寺庙雕刻而成，曾绘有红、黄、绿、蓝等鲜艳色彩，也许还曾鎏金。可惜现在只有头饰上还残留着一些颜料痕迹。这尊雕像原本可能和另一尊佛像一起陈列在寺庙中，现已散佚。造像一般安放在佛教场景彩绘壁画前方。

宋或金，约 1000—1200 年
中国北方
高 54 厘米，长 30 厘米，
宽 21.5 厘米
布鲁克·休厄尔永久基金捐赠
（1964，0716.1）

4. 观音铜像

14 世纪，一位正在探求觉悟的和尚捐资造了这尊铜像，上有铭文："後至元己卯，曾□丘智淨抽资造七寶觀音，直頂奉，直至恭成佛道。"造像上飘逸的绶带和清晰分明的珠宝装饰细节，都体现了当时高超的工艺。观音普度众生，神情慈悲。

元，1339 年
高 36 厘米
（1991，0719.1）

开封:
北方都城

河南开封是北宋(从 960 年起直到 1126 年金军将其攻破)的都城。宋代第一位皇帝宋太祖赵匡胤建都于此,即汴京。他曾率兵北击进犯的辽军,但率部发动兵变,轻而易举地拿下开封,并没有遭遇(后周)抵抗。开封在唐朝灭亡和北宋建立之间的五代十国时期也做过都城。

现藏于故宫博物院的张择端《清明上河图》长卷(1),为我们了解开封城内外人们的生活图景提供了十分重要的图像证据。12 世纪,开封城有超过百万人口。《清明上河图》生动记录了清明时节汴京城内外和汴河两岸各个阶层人民的生活面貌。清明节,是人们上坟祭祖的时节,人们清扫坟墓,祭奉食物以祭奠亲属。如今,每年 4 月 4 日或 5 日,清明习俗仍在继续。画中人物从事的活动范围十分广泛,如在酒肆宴饮,在河岸或成排的商铺中进行买卖交易,还有正离开汴京的驼队。作者就连河中所泊各类船只和陆地上马车的细节都给予了极大关注。将画放大之后,我们就可以获得 1000 多年前北宋时期都城繁荣生活的具体细节。宋代雕版印刷的发展繁盛,使书籍印刷业也繁盛起来。1023 年,北宋政府建立了纸币(官交子)发行机构,在益州(今成都)设交子务。

与画中巨细靡遗的细节表达相比,如今的开封几乎没有留下什么建筑可以真正地体现北宋时期的风貌。唯有建于 1049 年的(开封)铁塔(见第 109 页),历经千年,依然矗立不倒。虽然当时中国工匠确实已经可以铸造复杂的铁质塑像,如晋祠内的铁人,但开封铁塔并非铁铸,而是在塔外表面铺设了铁褐色釉砖。其余建筑,如北宋皇宫遗址等,都为后代建造。开封现在还有北宋时期伊朗(波斯)犹太人所建社区的遗存,可惜没有纪念碑等文物留下。另外,开封曾有内、外城墙,外城墙有门 18 座[*];内城墙有门 12 座。不过,我们今天所见的城墙都为后来修建。造成这种结果一是因为黄河经常泛滥,二是中国古代建筑多为木结构,寿命比砖石建筑要短得多。

---

[*] 关于外城墙城门的数量现有三种说法,即 18、21、24。 —— 译注

1.《清明上河图》局部,张择端绘
展现了汴京商业繁荣的景象。

卷轴,绢本设色
纵 24.8 厘米、横 528 厘米
故宫博物院藏

3|4 汝窑和张公巷窑瓷器

2000 年，在河南省宝丰县偏远的清凉寺村发现了 15 余处窑炉遗址。在两个作坊遗址附近，还发掘出了窑渣和陶瓷残片堆积层。这些遗址为 1086—1125 年间短暂又密集的汝窑烧造史提供了有力的证据。如今，现存的汝窑瓷器不超过百件（1—3），它们釉色呈天青色，器表有极为微妙的细碎开片。汝窑瓷器为北宋宫廷所垄断。宋代文献记载汝瓷以玛瑙粉末入釉，在清凉寺窑址附近便发现有古代开采玛瑙的矿坑。一些现代研究人员证实，汝瓷这种蓝色调呈色机制主要与溶解（于釉层玻璃态物质中）的氧化铁及微量的二氧化钛有关。类似的瓷器在离清凉寺不远的张公巷窑址也有出土。图 4 中这只瓷碗曾为慈善家威廉·克莱维利·亚历山大拥有，虽然经过较大程度的修复，但仍不失为精美宋瓷的典型代表。

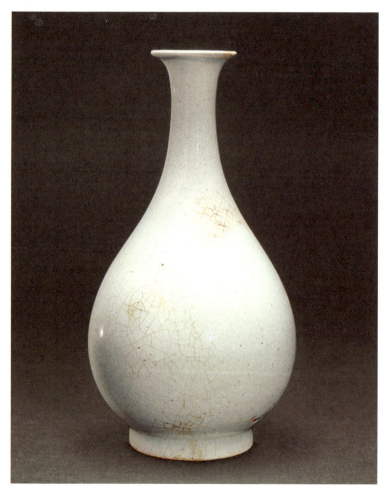

1. 汝窑瓷瓶

汝瓷的釉色很难通过照片或者屏幕图像来展现，只有肉眼才能捕捉到这种融合了蓝、灰、绿的复杂色调。在莹润的釉面上还有细密的开片裂纹，是匠人在焙烧时有意控制而形成的。这些细小开片并没有形成规律的图案，每件瓷器的开片都独一无二。

北宋，1086—1125 年
河南宝丰县清凉寺
高 20 厘米
R. A. 霍尔特捐赠
（1978, 0522.1）

2. 汝窑瓷盏

汝窑瓷器采用了细小的芝麻支钉,当瓷器从窑炉中取出时,支烧的位置就留下了无釉的细小痕迹。汝窑约在宋哲宗和宋徽宗统治期间为北宋宫廷专享。当金军入侵并攻下开封后,部分宋皇室成员逃往南方,最后在杭州重新建立了新的政权。*一些汝瓷匠人也随之到了新的都城。但之后,再无人可以完美烧制出原来汝瓷那种釉色了。

北宋,1086—1125 年
河南宝丰县清凉寺
高 7.6 厘米,直径 16.2 厘米
哈利爵士和加纳夫人捐赠
(1978,0522.1)

3. 汝窑瓷洗

这件浅口盘形的笔洗为搁在案桌上清洗书画用笔之用。12 世纪,为高丽宫廷烧造高端瓷器的匠人,使用了化学成分与汝瓷类似的釉料,仿烧出了同汝瓷相当接近的瓷器,表明了早期就存在工艺技术的国际交流。

北宋,1086—1125 年
河南宝丰县清凉寺
高 3.7 厘米,直径 13.6 厘米
阿尔弗德·克拉克夫妇捐赠
(1936,1019.1)

4. "亚历山大" 瓷碗

威廉·克莱维利·亚历山大(1840—1916 年)是一位伟大的英国慈善家。其女儿琼和雷切尔从他那儿继承了这只碗,并于 1920 年赠予大英博物馆。尽管该碗曾修复过,然而六瓣形器身、乳白色胎体和开片的如玉釉面,仍可谓宋代最精美的瓷器之一。这件瓷碗出自河南省张公巷,年代约 1100—1125 年。科学分析结果表明,此碗釉层特征与汝瓷十分接近。

北宋,1110—1125 年
河南汝州张公巷窑
直径 24.3 厘米
琼·亚历山大及雷切尔·亚历山大女士捐赠
(1920,1211.1)

*宋高宗赵构南逃后先在河南商丘登基重建了宋政权,之后又南迁,定杭州为"行在"。—— 译注

3|5 早期钧瓷

　　钧窑瓷器器身粗厚，釉层色泽呈现乳浊的蓝、紫，甚至绿色调。而图 1 中这种釉面喷洒状的紫斑，则是因为陶瓷工匠在干燥未燃烧的釉料中添加了富含铜的颜料。钧瓷表面那些随意挥洒的图案，与其他窑口上具有具象意义的纹饰或者题词更是完全不同。而到器物边缘，釉层逐渐稀薄处，釉色又会转而呈现一种半透明的橄榄绿色，尤其在那些模仿金属器器形的瓷器上常常会出现这种效果（3）。在约 960—1435 年，钧州（今禹州或禹县）辖区内诸多窑口都有烧造钧瓷。钧瓷有着相对粗粝的胎体，因此被认为是大众化产品而非皇家用瓷（4）。

　　英国艺术工作室的匠人们，如查尔斯·维斯欣赏钧瓷简朴的造型和浓郁的蓝、紫色调，并由此激发了创作灵感，将这种表现方式融入自己的作品创作中（2）。20 世纪初，西方陶瓷工艺家偶尔能在曼彻斯特、伦敦和斯德哥尔摩等地举办的艺术市场或大型展览会上，邂逅这些中国瓷器。

1. 钧窑瓷罐

富铜的着色剂吹散在瓷罐的釉浆上形成圆斑，焙烧之后，釉色便呈现漂亮的茄紫色，与周围天蓝釉色形成了迷人的对比。器身形状就是普通的罐，小圈足、腹部饱满、颈部略窄。这个瓷罐原先应该有盖。

北宋或金，约 1100—1234 年
河南禹县
高 9 厘米
（1936, 1012.151）

2. 查尔斯·维斯瓷罐

查尔斯·维斯（1882—1971 年）是一位英国陶瓷工作室匠人，来自斯塔福德郡产瓷区的一个家庭。他住在紧沿切尔西堤岸的夏纳步道时，其邻居恰巧是希腊航运大亨乔治·尤摩弗普洛斯。尤摩弗普洛斯已经把他房子的一部分改建成了展示远东艺术和古董的博物馆。当维斯前去拜访时，他被宋代瓷器的釉色深深震撼了，并产生了很多创作灵感。他在自己的工坊中尝试在陶瓷罐上重现这种多姿多彩的效果。这件瓷罐就是受到图 1 钧瓷罐的启发而创作的，当时该钧瓷罐为尤摩弗普洛斯所藏。

约 1930 年
伦敦切尔西
高 13.5 厘米，直径 15 厘米
W. A. 伊斯梅藏品
约克美术馆藏

3.（十瓣花瓣式）钧窑瓷盘

这件花瓣式瓷盘的天蓝色釉面中有飞洒的紫色斑纹，器形可能模仿自同时代的银器或者漆器。盘子边缘厚重，分隔花瓣的线条棱角分明，与银器或其他宋瓷有相似的形制特征。另外，边缘和分界的棱线都泛出绿色，可能是由于釉层到这些凸起的线条处变得稀薄的缘故。

金，1115—1234 年
河南禹县
直径 14 厘米
（1936, 1012.258）

4. 钧瓷盖盒

这件扁平的盖盒盒身和盖子边缘都有两个圆形凸起。当它们对齐之时，表明盖盖安置到位。像这种小型盖盒通常用来存放化妆品、印泥或焚香料。盖子锐利光滑的边缘和银器相似。

金，1115—1234 年
河南禹县
直径 9.5 厘米
亨利·J. 奥本海姆遗赠
（1947, 0712.112）

定窑白瓷（1、2）主要出自黄河以北的河北省曲阳县，采用煤窑烧造。曲阳自唐代始就属定州所辖，定瓷因之得名。定州所处位置得天独厚，蕴藏着丰富的制瓷原料资源，如煤炭等燃料，灵山地带有优质瓷土，附近河网则为瓷器运输提供了便利。定窑制瓷工艺在北宋及金时期达到了巅峰。至元代，随着景德镇制瓷业发展起来，成为制瓷中心，定窑走向了衰落。

定窑制瓷工匠将刻、划花或印模装饰的盘、碗固定在快速旋转的转盘上拉坯成型，再批量加热焙烧。轻薄的器壁让人联想到精美的银器。匠人采用覆烧工艺，即将器物扣置在支圈上，支圈内侧有垫阶，依次上叠，大大提高了燃料利用率。（覆烧法烧成的）器物口沿无釉涩口，针对这个缺陷，器物的口沿常用铜等金属包镶（3），金属装饰也增加了瓷器的价值。除了白釉，定窑还兼烧绿釉、黑釉（4）。陶瓷工匠世家在制瓷过程的不同工序中会有专业化分工。虽然当时陶瓷工匠社会地位低下，鲜有文献会提及他们，但是一些出土的工具上会有他们的名字。

1. 定窑白釉葫芦形执壶

在中国，如同数字"8"一般的葫芦形有着吉祥的寓意。这件葫芦形执壶上腹、肩和下腹刻有 3 层重叠莲花花瓣围绕。定窑白瓷大量供给佛教寺院，同金、银器一起作为宗教用器。

北宋，约 1000—1127 年
河北曲阳
高 22.8 厘米
（1936，1012.266）

2. 定窑白釉长颈瓶

金，1115—1234 年
河北曲阳
高 21.9 厘米，直径 10 厘米
（1936，1012.26）

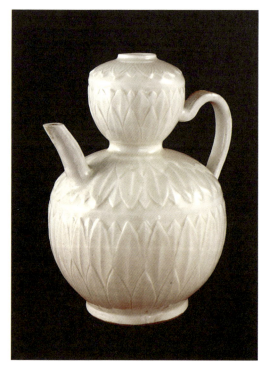

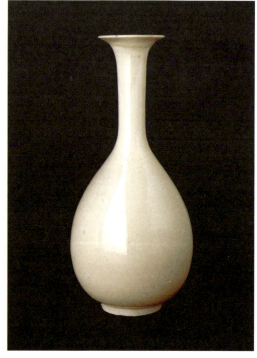

3. 定窑镶铜白釉盘

匠人使用模具来提高制造效率，也兼而使用雕刻工具。这件精美的瓷盘就是先在转盘上拉坯成形，之后刮薄器壁，塑造出锥形器身和精致的器足。盘内模印婴戏图纹，有三个婴孩手握瓜藤和荷叶。

金，1115—1234 年
河北曲阳
直径 21.3 厘米
亨利·J. 奥本海姆遗赠
（1947,0712.62）

4. 定窑黑釉茶盏

北方窑口主事白瓷生产，也兼烧黑釉、酱釉和绿釉。定窑以其乳白色的白瓷最为著名，不过这件斑点纹黑釉茶盏是少见的定黑产品。在瓷坯已施富铁的釉层上，再增加铁元素，焙烧后就产生了黄褐色斑点的装饰效果。

金，1115—1234 年
河北曲阳
直径 19.3 厘米
（1937,0716.52）

北方民间瓷窑烧制出了不少酱（黑）釉和白釉瓷器，供平民百姓使用。相邻的商业瓷窑间相互竞争，争相使用当地瓷土生产日用品。这种情况下，瓷器样式很容易复制，因此在包括今河北省和河南省范围内的很大一片区域出现了大批相似的器物。可能其中最为普遍的就是各种形制、对比鲜明的白地黑彩瓷器。图3这件熊纹瓷枕，枕面先上一层流体状白色化妆土，等表面干燥后再上富铁（黑）釉，然后剔出熊和其他纹饰，再剔去黑釉露出白底来表现熊的皮毛等细节。陶瓷工匠还会在瓷枕（1）和瓶（2）上用一端为空心圆的工具在施过化妆土的表面上压印出一系列宛如蛙卵或鱼卵般的小圆圈（珍珠地）。

1. 磁州窑系铭枕

这件瓷枕上刻有四个大字"家国永安"，表达了宋人对于国泰民安的美好期盼。另外还刻有"熙宁四年三月十九日画"和"元本冶底赵家枕永记"的字样。

北宋，1071 年
河南密县
高 13 厘米，长 19 厘米，
宽 12 厘米
（1914, 0413.1）

2. 磁州窑系铭文梅瓶

这组瓷瓶的装饰风格同图1的瓷
枕很相似，不过出自河南另一个
窑址。瓶上有三个醒目的大字，
阐述了儒家美德："清""淨""忍"。

北宋，960—1127年
河南鲁山段店
高37.5厘米
布伦达·塞利格曼夫人遗赠
（1973,0726.245）

3. 熊纹瓷枕

在这件瓷枕枕面中央是一只跳舞
的亚洲黑熊，拴在一根木桩上，
爪中握着一根凹凸不平的手杖。
中国东北地区为亚洲黑熊分布地
区之一，观看狗熊表演是当时一
项非常流行的娱乐活动。

北宋，960—1127年
河北磁县
高23.4厘米，长33.5厘米，
宽29.2厘米
（1936,1012.169）

杭州：
南方都城

　　1120 年，宋徽宗与东北方的金国联盟，共同灭辽。不幸的是，这项决策却导致了灾难性的结果。联金灭辽反而让金国更为强大，最终，金兵挥师围困并占领了北宋都城开封，俘虏了宋徽宗赵佶和他的儿子宋钦宗赵桓。宋徽宗和宋钦宗被金兵掳走，此时，宋徽宗另一子赵构一路南逃，最后在浙江杭州落脚，建立了南宋，是为宋高宗。

　　由于失去了北方陆路交通的控制权，宋朝将贸易重心转移到与东南亚、环印度洋及更远区域的海上贸易路线。这些贸易路线早在唐代就已建立，但是在宋代才迅猛发展起来。造船技术的改进和航海技术的发展，使南宋经济空前繁荣。杭州也由此从一个相对较小的聚落一跃成为熙熙攘攘的大城市。商贾的地位也有所提高，他们拥有大量财富，能够享受各种奢侈品。

　　马可·波罗曾赞誉杭州为世界上最华美的城市。如今，杭州仍是一个风景如画的地方，在城区中心有著名的西湖（1）。1089 年，宋代著名诗人苏轼，率众疏浚西湖，使之恢复往日景观，并筑成一条纵跨西湖的长堤。如今，长堤仍卧于湖上。苏轼是一个聪明有才干之人，却为一些当权者所不喜，之后也由于其直言不讳的性格，被贬至湖北黄州任团练副使。在反省自己的一生时，他写道："自笑平生为口忙，老来事业转荒唐。"幸有苏轼主持西湖疏浚之力，宋代西湖之上才既能泛舟游湖，又有水上食肆，还有渔舟来往。

　　南宋朝廷原本只将杭州作为临时都城，他们认为总有一天能收复北方失地。然而随着时间的推移，希望越来越渺茫。随着南方的城市逐渐繁荣起来，海盗袭击频繁发生。同时北方蒙古日渐强大，最终夺下了金政权。1276 年，杭州也归蒙古治下。

1.《西湖柳艇图》，夏珪（创作高
峰期 1195—1224 年）绘

挂轴，浅设色画
南宋，约 1200—1233 年
纵 107.2 厘米，横 59.3 厘米
台北故宫博物院藏

3|8 官窑和仿官窑瓷器

　　宋室南迁之后，思念故土的皇帝下令复烧柔润的天青色汝瓷。图1这件精致的梅瓶是典型的官窑代表作，烧造于杭州西湖附近。梅瓶胎土呈黑褐色，有"紫口铁足"的特征，这种特征在12世纪的文献中就有记载。陶瓷工匠已熟练掌握胎、釉受热后，在冷却过程中釉面开裂的规律，有意制造出开片的效果。图2展示的官窑瓷碗底部有款"宝用"二字。如此独特的款识表明此碗原先为清代皇帝所藏。清朝历代皇帝将他们收藏的古玩分成不同的等级，并有一套分类系统。高质量的官窑瓷器相当受皇帝们的珍爱。南宋时期，浙江龙泉一带的陶瓷工匠，也会烧造仿官窑瓷器（3）。

1. 官窑梅瓶

将手置于这件梅瓶的瓶身上，用手掌和指尖感受釉下表面的起伏。匠人用特有的手法所制造的这种胎釉变化的动态感，是现代仿品所无法复制的。那些釉面布满粗细交错裂纹的官窑瓷器，似是更能满足鉴赏家、收藏家的喜好。

南宋，1127—1279 年
浙江杭州
高 32 厘米
（1936,1012.148）

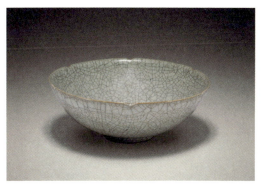

2. 官窑瓷碗

这件六瓣花口碗釉面布满密集开片纹，碗底的款识说明这曾为清代皇帝所收藏。其余标签则是收藏者将此碗公开展览时所贴。其中第一个标签来自 1914 年在斯德哥尔摩举办的中国艺术展，还有一个为 1935—1936 年在伦敦英国皇家艺术学院举办"中国艺术国际展览会"时所留下。

南宋，1127—1279 年
浙江杭州
直径 21 厘米
（1936, 1012.75）

3. 仿官窑瓷瓶

这件瓷瓶出自龙泉。龙泉，位于杭州西南约 250 公里处，是官窑之乡。工匠们利用不同的原材料在龙泉仿烧同时期官窑类型的瓷器。两者最显著的区别在于南宋官窑胎体多呈黑褐色，这个特点在当时的文献中也有记载。而龙泉窑瓷胎则以灰白色居多。

南宋，1127—1279 年
可能出自浙江龙泉溪口窑
高 22.8 厘米
（1936, 1012.66）

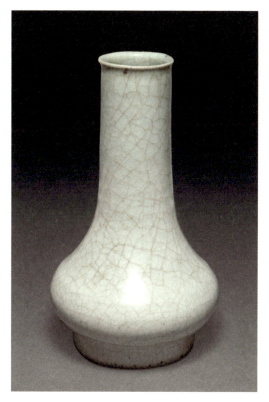

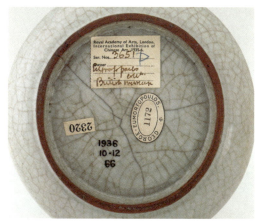

　　宋代叙事画类型多样，包括墓室壁画、寺庙和宗教绘画、表现历史故事和诗歌的画作，以及风景画。画作之中的人物多用来衬托山川大地的壮丽不朽，或者具有某种道德教义。书画家通常先通过临摹前辈的作品来磨炼自己的画技。图1《洛神赋图》摹本便是模仿顾恺之的画作。历来，绘画都受到人们的珍爱和收藏，宫廷常以馈赠书画作品作为政治笼络的一种手段。

　　宫廷画师往往受到同时代和前代艺术家的鼓舞，参与创作诸如名作《陈风图》（2）这样长篇巨帙的绘制。卷轴与西方绘画形式完全不同，可同时欣赏卷轴上一到两个场景，每个场景尺幅约有臂长。绘画通常与题跋文字相伴出现，而诗歌、书法与画作间的关系能让我们更好地理解画作。

　　过度暴露于光线中，以及卷轴开合、卷放给纸张纤维带来的张力，都会给绘画作品带来灾难性的后果。因此，在博物馆和画廊里，中国绘画的展出时间不能太长。专业的文物保护人员经过数十年的不懈努力，修复画作，以期能让后世的人们依然得以欣赏到这些作品。

1.《洛神赋图》摹本，佚名

《洛神赋图》是东晋画家顾恺之根据《洛神赋》而绘就的一幅手卷。这首由曹植（192—232年）在222年写下的富有浪漫主义色彩的辞赋，描述了作者在洛河边上与洛神邂逅的故事。这幅长卷中隶书文本呈矩形排列。所谓的洛神即中国神话中伏羲之女，溺死洛水，遂为洛水之神。这幅手卷的标题和题跋（书画拥有者或品鉴者好于作品上题书诗文，增添诗情画意）已缺失。不过，能将1000多年前的绢本保留至今，已堪难能可贵。画作远处峰峦起伏，云气缭绕，美不胜收；而那些建筑、马车、小舟等细节的笔触也令人叹为观止。

宋，960—1279年
纵53.7厘米，横832.8厘米（画芯）；纵54.7厘米，横1190.3厘米（卷轴）
艺术基金会捐赠
（1930, 1015, 0.2, Ch.Ptg.Add.71）

2.《陈风图》，马和之绘

马和之（创作高峰期约1131—1162年）根据《诗经·国风·陈风》的10篇诗歌作此画卷。《诗经》是中国古代的一部诗歌总集，收录了西周至春秋中期的诗歌、雅乐、颂歌和祭祀乐歌等共计305篇。孔子编订《诗经》，并推崇其为道德行操的典范。作为"四书五经"中的"五经"之一，《诗经》历来都是体现儒家核心价值的经典。所有文人都将《诗经》熟记于心，并根据当代社会的实情加以阐释运用。这幅手卷为宋高宗诏马和之所画，是当时宫廷画院作品之一。这项绘制全部305篇插图的任务，堪称工程浩大。著名绘画理论家董其昌（1555—1636年）和清乾隆皇帝都在绘画之后题了跋文。

卷轴，绢本设色
南宋，约1131—1162年
可能绘于杭州
纵26.7厘米，横739厘米（画芯）；横1369厘米（卷轴）
布鲁克·休厄尔永久基金捐赠（1964,0411,0.1, Ch.Ptg. Add.338）

陳宛丘

毛詩國風

宛丘刺幽公也淫荒昬亂遊蕩無
度焉子之湯兮宛丘之上兮洵有
情兮而無望兮坎其擊鼓宛丘之
下無冬無夏值其鷺羽坎其擊缶
宛丘之道無冬無夏值其鷺翿

宛丘

東門之枌宛丘之栩也幽公淫荒風化
之所行男女棄其舊業亟會於道路
歌舞於市井爾○○○○○○○○○○

衡門誘僖公也願而無立志故作
是詩以誘掖其君欲其及時也故可
以棲遲泌之洋洋可以樂飢豈其
食魚必河之魴豈其取妻必齊之姜
豈其食魚必河之鯉豈其取妻
必宋之子

衡門

東門之楊刺時也昬姻失時男女
多違親迎女猶有不至者也東門
之楊其葉牂牂昬以為期明星煌煌
東門之楊其葉肺肺昬以為期
明星晢晢

東門之楊

防有鵲巢憂讒賊也宣公多信讒
君子憂懼焉防有鵲巢邛有旨苕
誰侜予美心焉忉忉中唐有甓
邛有旨鷊誰侜予美心焉惕惕

防有鵲巢

株林刺靈公也淫乎夏姬驅馳而
往朝夕不休息焉胡為乎株林
從夏南匪適株林從夏南駕我乘馬
說于株野乘我乘駒朝食于株

株林

澤陂刺時也言靈公君臣淫於其
國男女相說憂思感傷焉彼澤之陂
有蒲與荷有美一人傷如之何
寤寐無為涕泗滂沱彼澤之陂有
蒲與蕑有美一人碩大且卷寤寐
無為中心悁悁彼澤之陂有蒲
菡萏有美一人碩大且儼寤寐無為
輾轉伏枕

135

3|10 宋代铜镜

　　中国铜镜以圆形居多，镜面光可鉴人，镜背装饰图案纹饰（1）。一般镜背皆有一凸起镜钮，可穿系丝带。不过丝线一类有机材料易腐蚀，很难保存下来。宋代城市化的发展，使物质消费进入鼎盛时期，从铜镜等奢侈品的交易增长中就可窥一斑。同时，饮食文化也达到了巅峰。

　　图2这件精致的包银漆木镜匣原本内部也有涂漆或丝绸内衬，为富家女子所有。除了铜镜，女子还会将装有口红、胭脂、发饰、梳篦和小玉饰的小盒也放在镜匣之中。带长柄的镜子最早出现在中东地区，约在12世纪传入中国，后来又传到了朝鲜和日本（3）。

1. 刻花铭文铜镜

这面大型铜镜最初可能置于木质镜架上使用或展示。此镜的价值不仅在于它尺寸较大，还因镜背錾有"猗氏县验官"字样，表明该铜镜经过当地官方验证并允许出售，表明金代铜禁相当严格。

金，1115—1234 年
直径 36 厘米
（1991，1028.23）

2. 包银漆木镜匣

此镜匣有盖，且内部有一层托盘。匣上刻有一作画女子，身边围有乐伎演奏，十分精致。实际上，宋代贵族女性远不如唐代女子自由。

宋，960—1271 年或之后
直径 21.5 厘米
沃尔特·塞奇威克夫人遗赠
（1968, 0422.12）

3. 双鱼纹执镜

这面铜镜上的镜钮周围以双鱼纹环绕，寓意祥瑞丰收。高浮雕双鱼纹四周装饰水波纹，水流湍急。略成锥形的长柄上则以蔓草纹装饰，在内蒙古出土的金杯上也有类似纹饰。很难断言，这些铜镜究竟是作为梳妆工具，还是有宗教用途。

金，1115—1234 年，
或元，1271—1368 年
中国北方
长 20.6 厘米，直径 11 厘米
（1980, 0128.2）

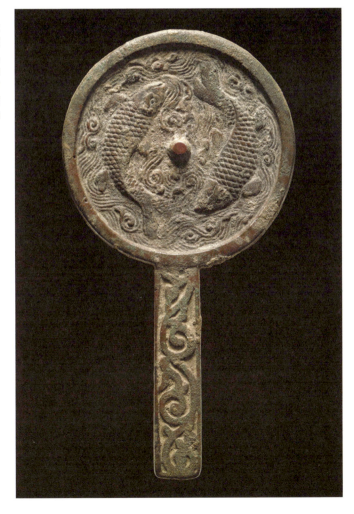

3|11 熏香和化妆品

宋代女性流行在额头和脸颊贴花钿以妆饰面靥和发际（1）。女子用来妆饰的花钿材料有黑光纸、玉片、金箔等，并用鱼胶粘贴。点唇的口脂则由丹砂、蜡和动物脂膏等原料制成。女性眉妆式样丰富，有鸳鸯眉、五岳眉、柳叶眉、拂云眉、挂叶眉、蝴蝶眉等。唐代诗人李白《怨情》一诗中就描写了一位画着蛾眉的美丽女子："美人卷珠帘，深坐颦蛾眉。"古时女子会在瓷（2）或青铜香炉中焚烧香丸、香粉。

考古学家在福州发掘出了南宋时期的妆粉，妆粉有特定形状，如方形，或者压印梅花、兰花、睡莲等图案。各地窑口都烧制有陶瓷粉盒。有鸟形双联粉盒（3），还有堆塑梅花纹三联瓷盒。三联粉盒有三个独立的部分，可以分开盛放不同类型的化妆品（4）。而图5中这个龙泉青瓷粉盒内部则有三个小碟，可以放置涂唇、画眉和抹面的红、黑、白色化妆颜料。

1. 仁怀皇后像

仁怀皇后头戴嵌有黄金和其他珍宝的钗冠，面部饰珍珠妆，脸颊、前额都贴有珍珠花钿。

册页，绢本设色
北宋，1102—1127 年
纵 56.2 厘米，横 45.7 厘米
台北故宫博物院藏

2. 青白瓷焚香炉

宋代银匠会用银片等材料制作熏香炉，香炉炉盖上镂空成卷草纹的样式。位于繁华的景德镇周边窑场的陶瓷工匠们迅速嗅到了商机，仿照这些贵重银器烧造廉价的白瓷器。这件青白瓷香炉炉身周围的线条，仿佛香丸燃烧时升起的缕缕青烟，欲从镂空的炉盖上散逸而去。

宋，960—1279 年
江西景德镇
高 6.4 厘米
亨利·J. 奥本海姆遗赠
（1947, 0712.60）

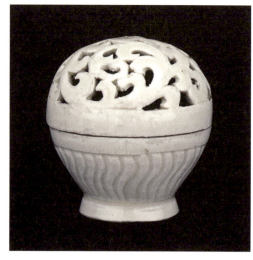

3. 鸟形双联粉盒

成双成对的禽鸟是中国古人偏爱的主题。盒盖上两只鸟尾羽翼竖起，头部扭转。盒盖和底座分别连起，当使用者将鸟从"巢"上移开，就会显露出盒内盛有化妆品的小碟。

南宋，1127—1279 年
江西
高 2.5 厘米，长 9.6 厘米
亨利·J. 奥本海姆遗赠
（1947, 0712.41）

4. 堆塑梅花三联盒

三联盒的每个小盒都可以盛装不同的化妆品，例如点唇的红色口脂、画眉的黛墨或者点面靥的白粉。或是放一些裁剪好的纸、玉片、金箔等装饰脸部用的花钿。

南宋，1127—1279 年
江西
直径 8.5 厘米
（1936, 1012.126）

5. 粉盒（内有三个小碟）

这件浅浅的粉盒盖先在胎上刻荷花纹，然后再于其上施釉。盒内有三个小碟，其中一个中间粗粝无釉，可能用于研磨化妆品；另两个则满施南宋时期典型的淡雅青釉。

南宋，1127—1279 年
浙江龙泉窑
直径 10.6 厘米
亨利·J. 奥本海姆遗赠
（1947, 0712.12）

3|12 青白瓷

　　景德镇曾被誉为世界上最早的工业城镇之一。在北方定窑的陶瓷工匠使用煤窑烧造出乳白色白瓷的时候，位于南方景德镇的工匠们则使用柴窑烧造白中透青的瓷器。景德镇烧造出来的瓷器质地细腻，胎壁薄，器形上则保有一些葵口、瓜棱等多瓣形式样，形制与较为精致、贵重的银器相仿。这些实用性的瓷器被称为青白瓷，薄釉显白，略泛青色，故名。

　　虽然宋代时葡萄酒已传入中国，但是人们通常还是以喝稻米等谷物酿造的米酒为主。米酒较烈，加热后用小酒杯饮用，佐以珍馐和小食。《韩熙载夜宴图》（宋摹本）所绘宴饮场景内就有青白瓷器物（1）。画中的酒壶、温碗注子、杯盏等都和青白瓷的实物相似（2、3）。景德镇也制作略笨重的储酒器（4），相对而言稍逊雅致。不过，这些储酒用具原本也不会放置在漆木家具之上，在绘画作品中它们通常都搁于地上。

1.《韩熙载夜宴图 》（宋摹本）局部，原作为顾闳中（创作高峰期 937—975 年）绘

正如我们在这幅画上所见，当时富裕的商人和文人雅士都可以使用青白瓷。人们将瓷器、银器、漆器一起放在漆木桌几上使用。

卷轴，绢本设色
12 世纪
纵 28.7 厘米，横 335.5 厘米
故宫博物院藏

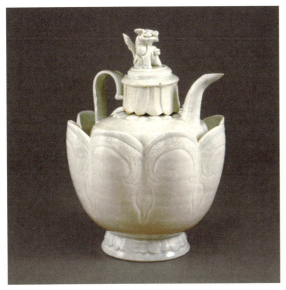

2. 青白釉温碗注子

在南宋的绘画和壁画中都出现过
类似成套的温酒器。考古学家在
浙江海宁东山宋墓中也发掘出一
套温碗注子，说明此类温酒器在
当时相当常见。

南宋，约 1127—1200 年
江西景德镇
高 20 厘米
（1936, 1012.153）

3. 青白釉盏托

这件盏托胎壁很薄，让人联想到
捶打出来的银器。从口边一直延
伸到杯底的曲凹也与一些银器的
形制相仿。这件盏托极为精致，
有种半透明的质感。

南宋，约 1127—1200 年
江西景德镇
盏口径 10.5 厘米，
托直径 14.5 厘米
布伦达·塞利格曼夫人遗赠
（1973, 0726.343-344）

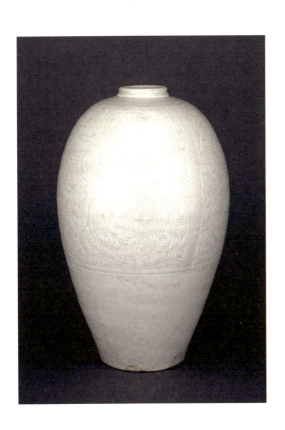

4. 青白釉梅瓶

梅瓶上半部分刻了吉祥的牡丹纹
饰，拉坯成型，小口短颈，下部
逐渐收敛至足部。在宋代，人们
会用牡丹花来酿酒。

南宋，约 1127—1200 年
江西景德镇
高 32.5 厘米
（1936, 1012.255）

3|13 饮茶

晚唐和宋代，佛教僧侣对于茶文化的传播功不可没（1）。他们饮啜浓茶，以在坐禅修行时提神益思。在浙江游历的日本僧人经宁波回到九州，把茶碗和闽茶带回了日本。

在宋代，饮茶方法也有新意，随之出现了新式的饮茶器具（2），如剔犀漆盏托（3）等。宋人并不是直接煮饮茶叶，而是将茶碾成粉末，在沸水点冲后，以茶筅击拂出泡沫，再行饮用。人们经常举行茶会、茶宴，品茗之余，还要赋诗填词。这一时期，产自福建的绿茶越来越受喜爱。饮茶时，配以漆、银或瓷碟装的果品小食一起品尝。存放茶粉的黑釉茶入和饮茶用的黑釉茶盏也都出自福建当地的建窑（4、5）。这些乌亮的黑釉茶盏能够衬托出茶汤茶沫的色泽。许多建盏口沿都有包铜，宋代建盏还常用金扣或银扣。建盏烧造已达到了工业化的规模，既能满足国内市场的需求，还兼销往海外。之后，到了 15 世纪，日本陶瓷工匠也开始仿烧这些建窑瓷器。

配制富铁的黑釉料相对较为容易。吉州窑的匠人烧造黑釉瓷器时，会用树叶、剪纸贴花等各种手法加以装饰。北方各窑口也会使用当地原料仿烧这些黑釉瓷器。

1.《五百罗汉图》中饮茶细节局部，传周季常绘
这幅图表现了 4 位罗汉吃茶的情景，他们用莹泽光亮的黑釉茶盏啜饮浮着细沫的绿茶，这些茶盏可能出自福建建窑。每位罗汉双手捧着朱漆盏托，盏托上搁黑釉茶盏，更显雅致。

卷轴，绢本设色
南宋，1127—1279 年
纵 110.3 厘米，横 51.7 厘米
日本京都大德寺藏

2.《茶具图赞》，审安老人编撰
这幅白描画展现了多种茶具，如漆盏托，与图 3 的盏托有些相似。

木刻墨印本
1269 年
中国国家图书馆藏

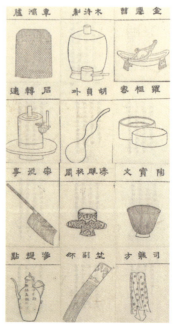

3. 漆盏托

这件剔犀漆盏托外部的如意云纹在南宋和元代十分常见。云纹呈对称式样，纹饰颇具美感。内部表面平滑，用来承托茶杯、茶盏，且杯、盏颜色通常会与盏托形成鲜明对比。

南宋，1127—1279 年
中国南方
高 6.2 厘米，直径 16 厘米
布鲁克·休厄尔永久基金捐赠
（1967，0216.1）

4. 建盏

茶盏釉面有不同的纹理效果。这件茶盏特别之处在它有着黑玉般的外表面和茶色内壁，可以衬托出浮着细沫的茶汤。它还有一金扣，应是南宋时期烧造时便包镶上去的。这类茶盏在日本很受欢迎。

南宋，1127—1279 年
福建建阳
直径 12.7 厘米
（1936，1012.84）

5. 黑釉木叶纹茶盏

吉州窑陶瓷工匠使用剪纸和真的树叶在黑釉或酱釉瓷器表面创造出与釉色相称的别致图案。吉州窑茶盏器形口沿比建盏要敞开一些，建盏多束口，更易持握。

南宋，1127—1279 年
江西吉州
直径 14.9 厘米
布伦达·塞利格曼夫人遗赠
（1973，0726.279）

3|14 仿古

有学者认为，中国的"文艺复兴"发生在宋代。当时尚古复礼思潮盛行，推动了古物研究。如图1这件宋代陶瓷琮式瓶，同图2新石器时代玉琮的形制一致。两者都出自东部沿海的浙江省，年代却相距4000年之久。古青铜器和古玉的著录刻本始见于宋代。还有仿青铜礼器形制的瓷器（3），不过尺寸略小，且功能也从礼器（4）转变成了焚香炉。这些新式的仿古器并非用于墓葬，而是文人桌案上或者在家中祭奠所用的日常用品。这些仿古器在中国，以及邻近的日本、朝鲜和越南也十分流行。1323年沉没在朝鲜半岛西南部新安海域的商船上发现了一批这类仿古青瓷。这艘船从浙江宁波出发，途经朝鲜，目的地是日本。沉船上1.7万多件瓷器中，一半以上产自龙泉。本节中所列的几件瓷器也皆为龙泉窑烧造。

1. 青釉琮式瓶

鉴藏家认为龙泉窑在12世纪末至13世纪初期烧造的青瓷釉色最佳。这件龙泉琮式瓶为仿古代玉礼器而作，可能出自浙江南部龙泉镇或周边地区的窑口。

南宋，1127—1279年
浙江龙泉地区
高26厘米
亨利·J.奥本海姆遗赠
（1947,0712.126）

2. 新石器时代（黛青灰色）玉琮

古代人们相信此类玉器有辟邪护身之用。考古学家在良渚新石器时代的贵族墓葬中发现了大量这种方柱形玉器，其每个面边缘通常刻有兽面（眼睛和口鼻）。有趣的是，宋代仿玉琮的瓷瓶却没有这些古玉上的纹饰细节。

良渚文化，约公元前2500年
浙江或江苏
高20.5厘米，长7.5厘米，宽7.7厘米
奥斯卡·拉斐尔遗赠
（1945,1017.157）

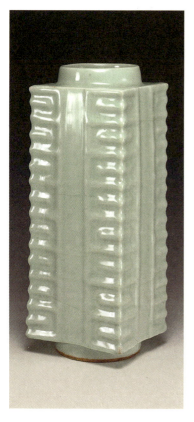

3. 青釉簋式香炉

这件器形优美、釉色典雅的香炉，
圈足较高，有螭形双环耳。器形
与商周时期青铜礼器簋一样，但
不见古青铜器上的纹饰细节。

南宋，1127—1279 年
浙江龙泉地区
直径 20.3 厘米
亨利·J. 奥本海姆遗赠
（1947, 0712.114）

4. 青铜簋

西周
约公元前 1100—前 1000 年
河南
高 14.8 厘米，宽 26 厘米
布鲁克·休厄尔永久基金捐赠
（1984, 0531.1）

3|15 梅花意象

在中国，梅花是残腊初春之际首先盛开的花朵，寓意着希望、纯洁和坚忍。梅花是中国古代艺术中反复出现的审美意象，宋代文人雅士更是对梅花青睐有加。许多宋代诗人都写下过诗句赞美梅花的美丽和品德。此外，在宋代文人绘画中，特别是在小型绘画，如扇面或册页上，也经常出现梅花主题。约在 13 世纪中叶，宋代诗人、画家宋伯仁编写的《梅花喜神谱》木刻画谱问世。按照古代文人传统，他在梅花图边上还配以相应诗句。此书和其他类似典籍中的梅花造型流传甚广。

图 1 的浙江龙泉瓷盘，虽然器形仿自图 2 的银器，但是梅花纹饰却是从文人绘画中汲取了灵感。同样的，还有嵌螺钿漆盘（3）和梅花纹银杯（4），都是将文人绘画中的梅花图案应用到器物上的典型案例。

1. 月影梅花纹瓷盘
这件特别的瓷盘受到宋代银器器形的启发，盘口呈五瓣梅花状，盘内刻有梅枝。白色黏土和深色瓷泥在已施釉的坯体上制成梅枝和奇石的图案，烧成后在釉面之上就形成了这种特殊的装饰效果。

1200—1300 年
浙江龙泉地区
直径 12 厘米
（1936,1012.184）

2. 月影梅纹银盘

此件银盘出土于南京市浦口区黄
叶岭南宋墓。它的器形同图 1 的
龙泉瓷盘一样，盘口呈五瓣梅花
形，两者主题也同为月影梅花。
基本上，这类纹饰皆来源于中国
水墨画。

南宋，1127—1279 年
江苏南京
高 1.9 厘米，口径 14.6 厘米
南京市博物馆藏

3. 嵌螺钿木芙蓉梅花纹漆盘

早期镶嵌的漆器很少能完好保存
下来。这件漆盘非常罕见，虽然
其表面已经严重开裂，但是我们
仍能够看到盘中木芙蓉的纹样，
中间还有含苞待放的花蕾；而内
部围绕口沿一圈的则是梅花纹
样，全都为螺钿镶嵌而成。

南宋，1127—1279 年
直径 30.5 厘米
布鲁克·休厄尔永久基金捐赠
（1968, 0726.2）

4. 月影梅枝纹银杯

这件精致的五瓣梅花形银酒杯当
初应为一件高足杯。梅花和新月
可能象征着春天和青春。

南宋，1127—1279 年
直径 9 厘米
（1983, 0603.1）

1、2. 泉州清净寺内外

3. 基督教八思巴文墓碑石
墓碑主人为叶氏女性。

泉州海外交通史博物馆藏

泉州：
马可·波罗笔下的世界港口

泉州是南宋及元代重要的港口城市，位于中国东南沿海福建省，与台湾隔海相望。东南亚、印度、中东等各国商贾都来到这个繁华的世界贸易中心，他们的到来对这座城市的各方面产生了不同影响。他们不仅带来了新颖的思想、习俗和饮食文化，在这样一个多元文化的环境下，宗教自然也呈现出多元性。除众多佛寺和道观，穆斯林还在泉州建造了清真寺（1、2），辟有竖立阿拉伯文碑铭的墓地；来自南印度的商人建造印度教寺庙供奉湿婆神；天主教及景教的信徒也留下了刻有其宗教符号的墓碑（3）。在泉州东南的晋江还发现了摩尼教神龛遗迹。摩尼教起源于伊朗（波斯），先知摩尼（216—276年）的教诲融合了琐罗亚斯德教（即祆教）的思想。

赵汝适1225年在兼任泉州市舶司时完成了《诸蕃志》的编撰，书中描述了泉州这座世界性港口，有些描述真实准确，有些则难免带有幻想色彩。外国旅行者也在游记中写下了他们在泉州的经历。意大利商人马可·波罗（1254—1324年）1275年至1292年间就居住于泉州，摩洛哥探险家和作家伊本·白图泰也在1345年到过泉州，他们都在自己的游记中谈到了这座城市的风土人情和经济繁荣。还有安德烈·佩鲁贾（？—1332年）来中国传教，也到过泉州，并最终长眠于此。此外，意大利方济各会修士帕德农的鄂多立克（1286—1331年）等其他欧洲人也写过关于泉州的游记。

除了游记中的相关记载，不少考古发掘中也有沉船出水。12世纪以降，中国造船和航海技术已世界领先。1973年，考古学家在泉州发现了一艘几乎完整的船舶，沉没于1277年，现保存于泉州海外交通史博物馆内。考古学家还发掘到了宋代和元代的沉船，包括泉州法石商船，再远一些的宁波东门口沉船，还有山东聊城发掘的漕船、韩国新安沉船等。

泉州售卖的货物可以方便地运往东南亚、朝鲜、日本，甚至跨越印度洋。泉州的繁荣，使福建瓷窑也随之兴盛起来。建窑和吉州窑的黑釉瓷在日本颇受欢迎。白瓷和青瓷器物也大量外销，这些瓷器全都经过捆扎，由大型船只转运出口。针对不同的客户，各瓷窑能迅速烧造出不同的器形满足市场需求。

3|16 外销瓷

宋代陶瓷生产质量达到了很高的水平，有许多瓷器专为外销烧造。如图1这件在广东烧造的凤首壶即为外销至东南亚市场的瓷器。凤首壶胎质细腻，壶身深剔牡丹纹。

中国商人为各国客商制造不同产品，效率极高。13世纪至14世纪，福建的窑口烧造了大量瓷器，既有销往全国各地的，也有专供出口到东南亚的外销瓷。有些器形非常特殊，如图2这件一侧有流的军持。也有些瓷器纹饰效仿贵重的奢侈品，如图3这件卷云纹白釉盖盒，便与一些剔犀漆器有着同样的纹饰。

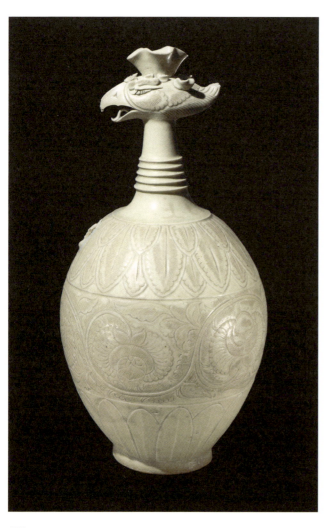

1. 凤首壶

这件凤首壶流部缺失，现在只留下残损部位。凤首造型优美。中国北方辽国玉器上也有相似的凤鸟图案。在广东省广州西村窑也发现了类似器物的瓷片。

约 900—1100 年
广东
高 39.5 厘米
（1936,1012.206）

2. 陶瓷壶

虽然这两件壶器形和釉色完全不同，但是都出自福建，可能是泉州附近的窑口，为元代出口到东南亚而制。其中一件为绿釉釉下褐彩涡旋纹有耳执壶，另一件则为酱色军持。

元，1280—1368 年
福建
高 19.3 厘米；17.5 厘米
戴尔·凯勒夫妇捐赠
（2010, 3007.41；2010, 3007.39）

3. 云纹白釉盖盒

这件盖盒上的纹饰仿制了银器或者贵重的剔犀漆器上的卷云纹。元代福建烧造的瓷器有一部分焙烧略有不足，而无法获得景德镇那种呈现半透明的釉色。

1260—1368 年
福建安溪
高 13.4 厘米，直径 20.6 厘米
布鲁克·休厄尔永久基金捐赠
（1961, 1113.1）

元（孛儿只斤氏）　1271—1368年

姓名	在位时间	年号	庙号
忽必烈	1260—1294年	中统/至元	世祖
铁穆耳	1294—1307年	元贞/大德	成宗
海山	1307—1311年	至大	武宗
爱育黎拔力八达	1311—1320年	皇庆/延祐	仁宗
硕德八剌	1320—1323年	至治	英宗
也孙铁木儿	1323—1328年	泰定/致和	泰定帝
阿速吉八	1328年	天顺	天顺帝
图帖睦尔	1328—1329年	天历	文宗
和世瓎	1329年		明宗
图帖睦尔	1329—1332年	至顺	文宗
懿璘质班	1332年	至顺	宁宗
妥懽帖睦尔	1333—1368年	至顺/元统/至元/至正	惠宗（顺帝）

明　1368—1644年

姓名	在位时间	年号	庙号
朱元璋	1368—1398年	洪武	太祖
朱允炆	1398—1402年	建文	惠帝
朱棣	1402—1424年	永乐	成祖
朱高炽	1424—1425年	洪熙	仁宗
朱瞻基	1425—1435年	宣德	宣宗
朱祁镇	1435—1449年	正统	英宗
朱祁钰	1449—1457年	景泰	代宗
朱祁镇	1457—1464年	天顺	英宗
朱见深	1464—1487年	成化	宪宗
朱祐樘	1487—1505年	弘治	孝宗
朱厚照	1505—1521年	正德	武宗
朱厚熜	1521—1566年	嘉靖	世宗
朱载垕	1566—1572年	隆庆	穆宗
朱翊钧	1572—1620年	万历	神宗
朱常洛	1620年	泰昌	光宗
朱由校	1620—1627年	天启	熹宗
朱由检	1627—1644年	崇祯	思宗

4

元明之际

公元1271年至公元1644年

忽必烈（1）为成吉思汗之孙，于 1271 年建立元朝。但元朝直到 1279 年，才攻灭南宋最后一位幼帝。忽必烈结束了宋、辽、金、夏对峙局面，重新统一了中国，并全部纳入元朝治下。之后，元朝疆域横跨欧亚大陆，成为世界历史上版图最大的帝国。对于游牧的蒙古人来说，定居在当时以农业为主的中国，可享有丰富的劳动力、商品和税收来源。

元朝（1271—1368 年）曾有三个首都，其中两个位于现中国境内，即大都（北京）和上都（内蒙古锡林郭勒盟正蓝旗），另一个位于西伯利亚东南部贝加尔湖以南的哈剌和林。元朝采取两都巡幸制，元朝皇帝往来于大都和上都之间。建造者根据传统关厢格局设计了皇城，在周边御苑搭设蒙古包（蒙古毡帐篷）。御苑既是围猎场，有时也是战马放牧之所。

通过元朝遗留下来的器物和绘画来重现元代风貌并不容易，因为许多有重要价值的物质文化遗产已不存于世，诸如蒙古包（2）、精美的马具、兵器、织物和服饰等文物，仅有一小部分幸存至今。

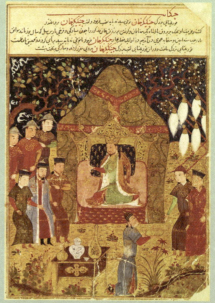

3. 仁孝徐皇后画像
永乐皇帝的皇后徐氏（1362—1407 年）是明朝开国功臣徐达之女，受过良好教育。在"靖难之役"后，她在维护成祖皇位合法性上发挥了至关重要的作用。

册页，绢本设色
纵 65.7 厘米，横 52.1 厘米
台北故宫博物院藏

不过，我们还是可以通过这些少量遗存，以及数量众多的青花瓷、漆器和绘画，研究和诠释在元朝统治下的中国。

元朝建立不到一个世纪，朱元璋击败蒙古人，成为明朝开国皇帝。朱元璋的一生充满戏剧性：他曾贫困至极，只能乞地以葬父母，后又因生活所迫，走投无路，投奔寺庙当了和尚。1368 年，他登基成为天子，建立明朝，后人统治中国近 300 年。朱元璋在南京建立了明朝第一个首都，并将皇陵建于此地，通向他陵寝的神道至今犹存。

永乐皇帝（见第 172—173 页）继位后决定将首都从南京迁往

北京，这个决定引发了群臣争议。鉴于永乐皇帝于"靖难之役"中废黜亲侄之前，其根基势力俱在北京，且迁都有利于抗击蒙古人，具有重要的战略意义。因此永乐皇帝在皇后徐氏（3）去世后，并没有将她葬在孝陵所在的南京，而将她的陵墓建在了北京（见第188—189页）。

在60年内营建南京和北京两都，给经济带来了巨大压力。中国广大地区的森林遭受砍伐，许多农户搬迁到城市居住。今天，位于北京的皇宫紫禁城（4）仍是国家的象征，是世界上参观量最大的旅游景观之一。此外，紫禁城只是明代宫廷建筑的一部分，各地还建有藩王府邸。明朝实行藩王制，皇子一旦年满10岁，便要前往自己的封地就藩。北京除了给藩王发放俸禄外，还会为藩王府的营建提供必备物资，其中包括书籍、服装和家居陈设等配套的皇室物品。

明初，永乐、宣德两位皇帝在远洋航海上耗费巨资，展示了其在亚洲、中东和非洲的影响力。他们派遣忠信并重的宦官郑和负责远航，七下西洋，建立了贸易和朝贡网络。"下西洋"之举促进了人口流动、贸易活动和思想交流。人们以多种语言进行交流，促进了明朝与世界其他地区的联系。

5.《奴隶和静物（中国瓷碗中的桃子、柠檬）》，朱雷恩·凡·斯特尔克（约1632—1687年）绘

中国奢侈品（如这幅画里的青花大碗）改变了欧洲富裕家庭的装饰，并激发了欧洲人用全新的眼光和方式看待、探索更广阔的新世界。

帆布油画
1636年
阿姆斯特丹
纵90.5厘米，横80厘米
私人收藏

6.《明人画出警图》（局部）

手卷，绢本设色
明，万历年间，1583年
纵92.1厘米，横2601.3厘米
台北故宫博物院藏

明朝的繁荣持续了近300年。到明代中后期（1487—1644年），宫廷之外的民间经济日益繁荣，从私人大量建造的美丽园林（见第208—209页）、林立的宗教及世俗建筑中可见一斑。这番大兴土木的浪潮还包括大修长城和京杭大运河。随着刻本小说和戏剧的流行，及文学的普及，绘画、印刷和陶瓷等视觉艺术的表现形式也出现了新的气象。15世纪初，官方商业一直是贸易活动的主导者，但从15世纪50年代后，私人商业开始崛起。城市扩张与经济繁荣，相辅相成。从1516年开始，明朝与葡萄牙商人及西班牙、荷兰和英国探险家建立了直接的贸易关系，刺激了明朝与欧洲海上贸易（5）的发展。尽管如此，到明朝末年，政府国库在经历了多年的军事战争、铺张浪费（6）和贪污腐败后，消耗殆尽。最终明朝灭亡，中国最后一个皇朝——清朝（1644—1911年）登上了历史舞台。

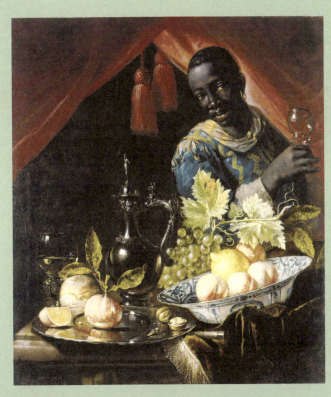

4|1 杂剧和磁州窑陶瓷

　　杂剧是一种由唱词、科介、宾白结合起来的戏曲艺术。这些广受民众喜爱的北方杂剧，题材广泛，或反映社会现实，或描写曲折的爱情。杂剧几乎总有一个"大团圆"结局，但喜剧的背后往往伴随着悲剧色彩。其中，最著名的作品就是王实甫（1260—1336年）所作的《西厢记》。已知的杂剧作家中包括许多蒙古族、女真族、维吾尔族和其他中亚民族的作者。刻书坊在刊行木刻本杂剧时，会在卷首处印制主要人物绣像图。当时的陶瓷工匠借鉴了这些戏曲形象，并将其描绘于瓷器之上，如景德镇的青花瓷、中国南方龙泉窑的青瓷和中国北方磁州窑的白地黑彩瓷都烧制过这类以戏曲故事为装饰的陈设瓷（1—4）。

　　在过去的100年间，"磁州"一词所指范围相当宽泛。从10世纪至今，中国北方许多不同民窑烧造的瓷器（非官窑）都被称为磁州窑陶瓷。其特点在于，北方陶瓷工匠会使用馒头窑来烧制器物，而非南方的龙窑，且以煤作为窑炉的燃料。

1. 杂剧瓷枕，《汉宫秋》中"昭君出塞"场景

队伍中间骑马的女子戴着别致的、高耸的冠饰（即罟罟冠）。这一场景可能来源于马致远（约1251—1321年）编写的杂剧《汉宫秋》。《汉宫秋》为历史剧，表现的是西汉时期王昭君出塞的场景，皇帝把王昭君嫁给匈奴单于以巩固政治联盟。

元，1271—1300年
河北磁县，古相张家造
长41.6厘米，高15.2厘米，
宽17.6厘米
（1936，1012.165）

2. 杂剧瓷枕，《西厢记》中"僧房借厢"场景

这个瓷枕上刻有"漳滨逸人製"字样，漳是渭河的主要支流。场景中，两位僧人立于寺庙前，身后悬有一口钟。一名男子背着一口锅，拿着一把刷子或汤匙，向两位僧人走去。

金，约1200—1234年
河北磁县，王寿明氏造
高16.7厘米，长42.7厘米，
宽16.8厘米
（1936，1012.219）

3. 擒贼图瓷枕

此杂剧瓷枕所绘骑马之人手持的武器独具一格（铁鞭），由此可以判断此人应是尉迟恭将军（如上图所示）。瓷枕上刻有"相地张家造艾山枕用功"字样。

金，约 1200—1234 年
河北邯郸
布伦达·塞利格曼夫人遗赠
（1973,0726.259）

4. 陶瓷酒壶

壶肩上开光内写有"羊羔酒"三个字，可能产于山西、河南或浙江。它的器形较大，说明它是专门为酒馆制作的。酒壶上还有题字"金镫马踏芳草地，玉楼人醉杏花天"。酒壶上画的情景出自杂剧：一面是西汉司马相如升仙桥题柱，另一面画的是尚仲贤（生卒年不详）《柳毅传书》中的故事场景。

元末明初
1280—1398 年
白山贾家造
高 43 厘米，长 37 厘米，
宽 11.2 厘米
（1936,1012.166）

159

4|2 景德镇陶瓷

　　景德镇位于江西，是世界上最早的工业城镇之一。景德镇陶瓷制造有1000多年的历史。其他窑口都没有景德镇这般长期、连续的制瓷历史。元朝诸帝最初在景德镇窑建立官署瓷局，令当地烧制龙纹陶瓷器（1—3）。

　　青花瓷发展过程中的一个关键是从透明的青白釉（3）转变为失透的卵白釉或枢府釉（4）。景德镇的陶瓷工匠还创烧了釉里红和釉下蓝彩瓷器（5—9）。工匠把陶土在转轮拉坯成型后晾干，然后将研磨好的钴颜料溶于水，再对干燥的坯体上色。中国本土的青料所绘花纹颜色暗淡，因此，质量最上乘的青花瓷所用钴料皆是从中东进口。坯体上所绘颜料干燥后，工匠再施以透明釉，装入以柴为炉料的窑炉内焙烧，温度需高达1200℃。烧窑需要7日，冷却再7日，瓷器方能烧成。随后，经过包装行销海内外。"大维德对瓶"（1351年）标志着青花瓷制造的巅峰。青花瓷是有史以来第一件全球化产品，从东京到廷巴克图都争相仿制。

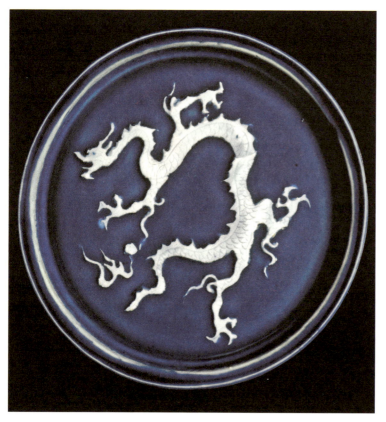

1. 蓝釉露胎浮雕盘
此瓷盘由于使用了通施蓝釉结合白色纹样这一极罕见的技术而闻名。而盘上这条龙纹也许原先曾经使用过描金工艺。这件瓷盘浅而平的造型，可能参照金属器器形。根据瓷盘的质量推测，此为元朝宫廷制作的一套器物中的一件。

元，约1330—1368年
江西景德镇
高1.5厘米，直径15.2厘米
亨利·J. 奥本海姆遗赠
（1947, 0712.231）

2.《霖雨图卷》（局部），张羽材
（创作高峰期 1294—1316 年）
绘

在中国，人们相信龙能通过水控
制天气。因此，龙常出现在云彩
或者波浪之中。最终，龙成为皇
帝权力的象征。

手卷，纸本墨色
元，约 1294—1316 年
纵 26.8 厘米，横 271.8 厘米
大都会艺术博物馆藏，
道格拉斯·狄龙捐赠
（1985, 227.2）

3. 青白瓷龙柄壶

此壶壶身似葫芦，提梁为仿金属
器形的高浮雕龙纹。龙口即壶嘴，
可倾倒液体。此壶或许为砚台磨
墨时加水之用。北京元大都遗址
曾出土过和此器形类似的瓷壶。

元，1280—1368 年
江西景德镇
高 12.7 厘米
（1937, 0716.48）

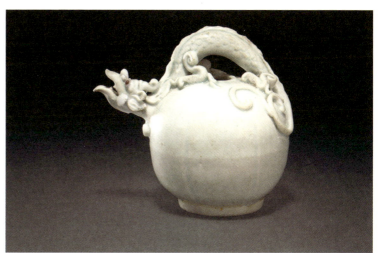

4. 白釉菱花口盘

此盘造型灵感来自元代同时期的
金属器形，采用模制成型。这种
厚实、失透的白釉瓷器是元代才
发明的。陶瓷工匠减少了釉料中
草木灰的含量，在较厚的胎体上
施釉后采用更高的温度烧制。

元，约 1330—1368 年
江西景德镇
高 5.5 厘米，直径 30 厘米
（1915, 0409.85）

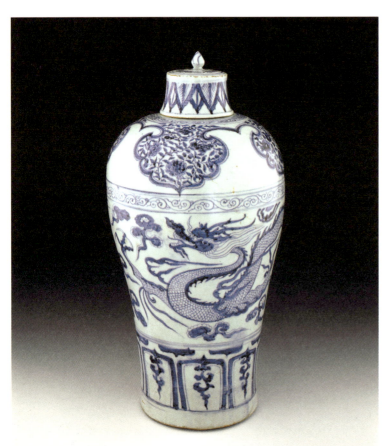

5. 青花带盖梅瓶

此瓶瓶身中央环龙纹，足周以莲叶纹装饰。肩周环如意纹，其中满饰植物纹样。这种图案也出现在装饰蒙古包内外的纺织品和丝绸衣袍上。

元，约 1330—1368 年
江西景德镇
高 44.5 厘米（带盖），
宽 22 厘米
布鲁克·休厄尔遗赠
（1972, 0620.1）

6. 孔雀青花罐

1964 年，在河北保定元代窖藏中出土过这种器形的瓷罐。阿德比尔神庙也藏有类似青花罐。神庙位于里海西约 50 公里处，距离中国 6400 公里。阿拔斯一世在 1611 年将他所有的 1162 件中国瓷器捐赠给了阿德比尔神庙，包括青花瓷、青瓷和白瓷，器物制于 1350 年至 1610 年间。

元，约 1330—1368 年
江西景德镇
高 30.2 厘米，宽 33.4 厘米
布鲁克·休厄尔永久基金捐赠
（1961, 0518.1）

7. 青花鱼龙耳镶银口大罐

这件大罐为釉下蓝彩，装饰有鱼龙形耳，以及牡丹纹。肩饰为神话中的麒麟和凤凰，周围环绕缠枝莲纹。16 世纪时，土耳其匠人给该器物瓶颈镶上了银质配件。

元，约 1330—1368 年
江西景德镇
高 48 厘米，宽 37 厘米
布鲁克·休厄尔永久基金捐赠
（1960, 0728.1）

8. 青花留白菱花口大餐盘

此类大餐盘既外销中东地区，又在整个蒙古帝国内广泛使用。盘上绘有青花地留白莲花。尖瓣为模制成型。

元，约 1330—1368 年
江西景德镇
直径 45.8 厘米，高 7.6 厘米
奥古斯塔斯·沃拉斯顿·弗兰克斯爵士捐赠
（Franks.1670）

9. 青花留白菱花口大餐盘

从此盘可以看出元代景德镇陶瓷装饰纹饰种类繁多，每个盘子都独一无二。而在其后的明代，宫廷定烧的瓷器倾向于更为标准化的生产。这类大餐盘往往配有半球形金属网罩或金属盖，与我们在一些绘画中所见一致。

元，约 1330—1368 年
江西景德镇
直径 42 厘米，高 7.4 厘米
罗伯特·查尔斯·布鲁斯捐赠
（1951, 1012.1）

4|3 元代漆器

元代漆器装饰工艺有平漆（1），嵌螺钿，及剔红（3）、剔黑（4）等雕漆工艺。漆器上的动植物纹饰，同瓷器、纺织品和金属器一样，来源于水墨画。我们只有把漆器侧身正对光线，才能欣赏到雕刻的精妙之处。以图2中的漆盘为例，所雕岩石由多色漆层堆叠而成，精细雕刻的同心波纹线表示水，而天空则以水平线来表现，所有的花卉和植物都是立体的。

元代，工匠的地位较前代有所提高。这是因为蒙古统治者非常重视整个帝国的能工巧匠，使当时的工匠具有较高的流动性。从朝鲜半岛的新安沉船我们可知道，元代漆器也曾远销海外。1323年，该船原计划从中国出发前往日本，船上装有雕漆漆器，其中就有一个牡丹纹盖罐。

1. 瓜棱红漆盘

甘肃漳县元代汪世显家族墓出土了与这个漆器相似的红色平漆盘，同时出土的还有一个与之配套的盏托。

约 1200—1300 年
中国南方
直径 21 厘米
布鲁克·休厄尔永久基金捐赠
（1968, 1219.2）

2. 水景天鹅雕漆盘

与宋代相比，元代漆器纹样与当时的绘画联系更为密切，也更复杂、更写实。在这里，朱漆表示水面，刻工用循环往复的曲线表现水面的涟漪起伏。口沿一圈纹饰，9 个菱口处各刻有一种不同的花，一圈中共刻有 9 朵不同的花卉。

约 1250—1350 年
中国南方
直径 43.1 厘米
布鲁克·休厄尔永久基金捐赠
（1962,0716.1）

3. 孔雀牡丹雕漆盘

雕刻上立体感较强的纹饰是元或明早期雕漆器的特征。叶子边缘、花卉和雌雄孔雀羽毛线条圆滑。工匠通过不同的线条，来表现不同的质感，例如，孔雀身上紧密的羽毛和鸟翼上的长羽。

1300—1400 年
中国南方
高 3.9 厘米，直径 32.6 厘米
哈利爵士与加纳夫人捐赠
（1974,0226.14）

4. 鸳飞莲池剔黑漆盘

这件漆器层层剔刻，直至露胎。成对的禽鸟、花卉和植物，都是元代最流行的主题。盘外侧有卷云纹，盘底部有红色款识。

1300—1400 年
中国南方
高 3.2 厘米，直径 30 厘米
哈利爵士与加纳夫人捐赠
（1974,0226.13）

4|4 古画收藏

元朝末年，王渊（创作高峰期约 1328—1350 年）创作了一幅令人赏心悦目的《水墨栀子图》（2）。200 多年后，富商项元汴（1525—1590 年）收藏了含有此画的册页。项元汴是浙江北部嘉兴一位著名的收藏家、鉴赏家。他收集了千余件作品，并对自己拥有的画品记录成册，还记下了收购价格。书画家纷至沓来，欣赏其收藏品，再融入他们自己的绘画风格，推动了摹古、复古的潮流。谢楚芳（创作高峰期 14 世纪）在 1321 年所绘的精致手卷《乾坤生意图卷》（1）是英国人收藏的第一幅中国传统绘画作品。当时英国国王乔治三世派马戛尔尼带领使团首次访华（1792—1794 年），觐见乾隆皇帝。这幅画也许是 1794 年由马戛尔尼使团从中国带回英国的。画面看似花草旺盛、昆虫灵动、春意盎然，却暗藏着枯萎、被蚕食的植物和潜窥巧伺的捕猎者。

2.《水墨栀子图》，王渊绘

这幅画原为植物册页，画上有多位收藏者的题跋和钤印。通过这些文本内容，我们可以了解王渊是如何构思这幅作品的，同时代文人对画作的评价，以及在他死后这幅画作的流转情况。

册页，装裱成挂轴，纸本墨色
元，约 1328—1350 年
纵 38 厘米，横 62.6 厘米
（1983, 0705, 0.1, Ch.Ptg.Add.441）

1.《乾坤生意图卷》，谢楚芳绘

这幅特别精致的花蝶图是谢楚芳所作的已知、现存的唯一一幅作品。跋尾展现了这幅画作隐含的意义，大自然生机勃勃，而一派美景之下隐藏着为生存而进行的丑恶斗争。根据文字记载，这幅画作自 1797 年起就收藏于英国。

手卷，绢本设色
元，1321 年
纵 28.1 厘米，横 352.9 厘米
布鲁克·休厄尔永久基金和艺术基金会捐赠
（1998, 1112, 0.1.CH, Ch.Ptg.Add.704）

夏花軟以春花朦
一白可人香更多
汪是滿林開薔薇
此枝我欲映江波
泊成

隴得溪南六月游
山華榮二白雲浮
臨流杜開尋句
隔葉蕊蕊黃東昭

何慶香風開六出
小枝橫玉亞窗斜
分明奪得媵神巧
細搗玄雲染雪花
希孔

蒙古大汗认为自己是宇宙的统治者（转轮王），在世俗和精神世界都无所不能。因此，元朝皇帝对各种宗教兼容并蓄，尤其与藏传佛教僧人关系密切。佛教、伊斯兰教、印度教、摩尼教和也里可温教（包括景教和天主教）与地方信仰并存。今天，宗教造像（2）仍是我们了解元朝多元化宗教观的最佳媒介。这一时期，直到1400年，中国曾有大量清真寺、教堂和佛教寺院存在，但是保留下来的极少。例如，元大都（北京）原有100多座寺庙，但其中只有尼泊尔建筑师、艺术家阿尼哥（1244—1306年）营造的妙应寺（俗称白塔寺）保存至今。我们已无法完全了解这些宗教建筑的规模和内部陈设的富丽堂皇（1、3），也很难理解"全神图"的存在（4）。除了佛教和道教，"四神"等一些远古信仰，也融入了当时的信仰体系。

1.《十八罗汉图》之第十三位罗汉因揭陀，佚名

阿罗汉（arhat）为梵文术语，中文即"罗汉"，是佛陀身边得道的修行者。罗汉活在凡间，启发和帮助人们更好地理解佛法。有些罗汉造像不似中国人，表明他们来自佛教发源地印度。《十八罗汉图》可能绘于宁波，其中之二现藏于上海博物馆，还有一幅由美国弗利尔美术馆收藏。

挂轴，绢本设色
元，1345年
宁波
纵126厘米，横61.5厘米
布鲁克·休厄尔永久基金捐赠
（1962,1208,0.1）

2. 罗汉木雕像

此僧人身着长袍，耳垂厚重，这在佛教中象征着智慧。由此可见，这尊造像应当为罗汉像。他双目微敛，眉毛突出、浓密。造像前侧可以开启，里面可藏经书或供品。

元，1280—1368年
高53.3厘米，长37.5厘米，宽24厘米
布鲁克·休厄尔遗赠
（1969,0722.1）

3. 鎏金佛护法头像

曾经遍布中国的无数佛教寺院和庙宇留下了令人震撼的遗存。这个巨大的鎏金头像应是佛教护法立像残件。护法像原高超过两米，应为一对或四尊护法像之一。

元，1300—1350 年
高 83.8 厘米，宽 43.1 厘米
布鲁克·休厄尔永久基金捐赠
（1960, 0729.1）

4.《华严经变相图》摹本，原作为李公麟（约 1049—1106 年）绘

此图卷并不完整。作者用墨线勾勒轮廓再微施淡墨渲染，描绘了数百佛教和道教人物。佛陀在画面中央，各组佛道教人物旁有榜题标注人物身份。

卷轴，纸本设色
约 1200—1300 年
纵 34.6 厘米，横 1244 厘米（画芯）；纵 35.5 厘米，横 1647.6 厘米（卷轴）
（1963, 1214, 0.3, Ch.Ptg.Add.337）

4|6 河北、山西民窑

　　从 10 世纪到今天，中国北方一直存在众多民窑（非官窑）。景德镇地区所产瓷胎施透明釉，即可烧制出白净釉色。而北方的瓷土颜色偏暗沉，必须在坯体上施白色化妆土后，才宜在表面绘画和题字（1）。陶瓷工匠也会在存储酒、醋等的大型器物上施黑色铁系釉（2），并在厚厚的釉层上剔刻出生动的人物或花朵图案（3—5）。

1. 八思巴文美酒铭四系瓶

八思巴文，是蒙古人的书面语，并用于转写汉文，由西藏喇嘛八思巴（1235—1280 年）创制。在八思巴文创制前，蒙古曾用畏兀儿字母书写蒙语。此四系瓶上的褐色斜体八思巴文的意思为"一瓶美味的葡萄酒"，让人联想起广告语。

元，约 1271—1368 年
山西或河北
高 26.7 厘米
乔治·尤摩弗普洛斯捐赠
（1927,0217.1）

2. 黑釉瓶

这件黑釉瓶可通过耳部穿系于马鞍上进行运输，其底部模糊的题字指示了它的容量。工匠在釉料中加铁至饱和来获得这种厚而有光泽的黑釉层。

金或元，1115—1368 年
山西
高 32 厘米
弗朗西斯·戈尔丁遗赠
（2016,3041.1）

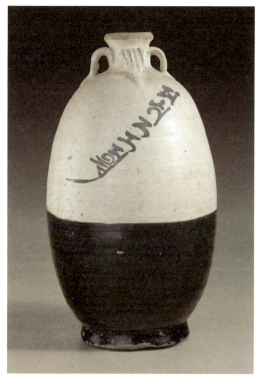

3. 黑釉剔花执荷童子纹瓶

这件球形黑釉瓶上剔刻执荷童子
和牡丹纹，并剔出年代款识"大
德八年（1304 年）七月"。图 2
与此瓶皆为山西制造，而山西以
酿酒和醋闻名。

元，1304 年
山西大同
高 25.4 厘米
（1936，1012.168）

4. 黑釉剔花罐

山西陶瓷工匠在黑釉上剔花，露
出白地，对比鲜明。他们从自然
界中获取纹饰的灵感。特别的是，
器身环绕卷草纹和花卉纹，且纹
饰毫无重复。此罐可能为储酒所
用，可将布捆系于颈部封口。

元或明，1300—1400 年
山西
高 36 厘米，直径 33.3 厘米
哈维·哈登捐赠
（1930，0719.56）

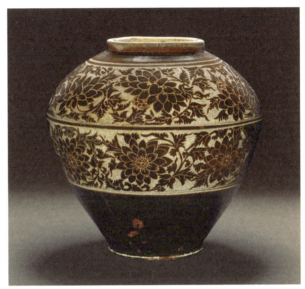

5. 黑釉剔花大罐

此罐大而厚重，为拉坯成型。罐
体由两部分组成，工匠用稀陶土
将两部分坯体粘在一起后再行烧
制。考古学家在河北张家口宣化
区挖掘出了一件类似剔花器物，
但是器形较小。

元或明，1300—1400 年
山西
高 35 厘米，直径 36.5 厘米
（1911，1025.11）

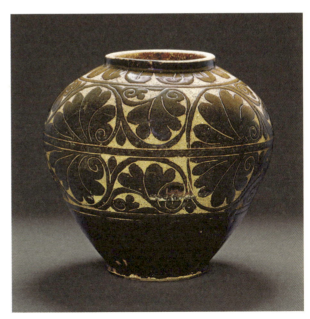

朱棣：
永乐皇帝

永乐皇帝朱棣（1360—1424 年）自 1402 年至 1424 年在位，他无疑是明代中实力最强、影响最大的皇帝之一。他是明朝开国皇帝朱元璋和马皇后的四子。永乐皇帝以忽必烈为楷模，渴望开创蒙古帝国般的盛世。当朱棣还是燕王时，他在南京长大，后就藩燕京（北京），居住在 100 年前建造的元大都旧宫殿内。

永乐皇帝曾多次参与和不同蒙古势力的战争，成长为一名身经百战的统帅和成熟的军事战略家。1399—1402 年，朱棣发动了血腥的"靖难之役"，他打着"清君侧，靖国难"的口号，从他的侄子建文帝朱允炆手中夺取了皇位。朱棣登基后，便采取措施，使自己符合伦常祖制的天子地位。永乐皇帝统治时期，实行中央集权制，进一步强化皇权。他在位期间还营建了诸多规模浩大的皇家工程。

永乐皇帝统治期间，中国的首都从南京迁移到北京。迁都北京有利于巩固国家北部边防。此后 600 多年，北京一直是中国的首都。他主张南征越南北部和广西（即安南），又 5 次御驾亲征漠北蒙古诸部（分别在 1410 年、1414 年、1422 年、1423 年和 1424 年），最后死于北征途中。他还改善了与东面朝鲜、日本和琉球群岛的关系，并与西部一些中亚国家建立了外交关系。除了战场上的功业，他大力支持前往东南亚、中东和非洲的海上使团，派遣郑和（1371—1433 年）等人开辟通往西洋的航线，扩大了明帝国的影响力。

在永乐皇帝画像（1）中，他是一位威风凛凛、体格健壮的军事英雄。根据 1420 年一位中东特使对永乐皇帝的描述："朱棣身高中等；他的胡子长短适中，而中间两三百根胡须形成两三撮卷，拖曳到他所坐的椅子上。"在画像中，他坐于大殿的宝座之上，戴着黑色纱帽，穿着窄袖黄色龙袍，龙袍前后和双肩上绣有金龙。这些龙纹的中央恰与皇帝的头部正对。在画中他身着便服，而在重要的官方场合则需穿戴礼服。

在文化上，永乐皇帝乐于接受外来事物，具体表现在内宫选召、饮食、音乐、建筑、宫廷陈设、服装，以及信仰方面。在画像中，他就佩戴着镶嵌进口珠宝的金腰带。宝座下的地毯装饰不仅吸收了中亚、藏式和伊斯兰艺术元素，而且还有中国团龙纹饰和藏传佛教吉祥八宝纹饰。

1. 永乐皇帝画像

挂轴，绢本设色
明，约 1403—1435 年
北京
纵 220 厘米，横 150 厘米
台北故宫博物院藏

明代纸钞（1）一般由桑树皮和其他植物纤维制成，非常有韧性。纸钞较大，为方便日常使用可折叠起来。中国纸钞也流播于境外，这部分纸钞由官方使节，如郑和在西洋航行期间，分发至各国。但这些纸钞只能在中国消费或购买中国物品。虽然 1400 年至 1450 年纸钞的价值急剧下跌，但是直到 15 世纪末依然在流通。明初期，朝廷一年分夏、秋两季征收粮食作为税赋。到 1436 年，政府开始以银两形式征收江南的土地税（2）。除了小规模交易，纸钞已失去作用。中国铸造钱币有标准划一的钱面文字，如图 3 的"永乐通宝"铜钱。"永乐通宝"大约在 1410 年，明朝迁都北京后，才开始铸造，但发行极广。钱币用模板大量铸造，可用绳穿在一起。官员的俸禄以粮食兼以宝钞、钱币支付。这一政策在货币制度稳定且没有通货膨胀时，还可确保通行。

1. 纸钞

明早期发行的大明宝钞以标准化印行，钞面加盖朱文官印。大明宝钞皆署洪武年号，即使在后来的永乐和宣德年间也是如此。

明，1375 年发行

江苏南京

长 34.1 厘米，宽 22.2 厘米

艾米莉·乔治娜·辛格利捐赠

（1942,0805.1）

2. 刻字银锭

虽然白银对明朝政府来说至关重
要，但多由地方银局经营开采，
铸成的银锭可以支付税收等。此
银锭上铸"内承运库 花银伍拾
两 嚴一等"字样（1865.9 克），
出土于湖北钟祥梁庄王（1411—
1441 年）和他的妻子魏妃合葬墓。

银（99.5% 纯银）
明，约 1424—1441 年
湖北
长 14.8 厘米，宽 11 厘米，
高 5.2 厘米
湖北省博物馆藏

3. 铜钱

考古学家在肯尼亚也发现了类似
15 世纪初的铜钱。铜钱也许是
由中国船只运到非洲，或者经中
东商人之手，几经辗转到了那里。

明，1403—1424 年
北京
直径 2.5 厘米，重量 3.23 克
（GC.370）

　　真武大帝是明代受到大众祭祀的神祇，又称"元圣仁威玄天上帝"*。人们普遍认为，真武大帝是北方之神（2），并因其所具荡魔终劫的能力而得供奉。图1这尊大型青铜真武像，身披盔甲战袍，胸甲上刻龙纹，戴宝石腰带，赤脚，披发。永乐皇帝把自己在"靖难之役"中取得的成功归于真武大帝的庇佑，并因此建造了诸多寺庙来供奉他，其中包括湖北武当山顶宫观庙堂建筑群（3）。而人们在那些地方看到的真武大帝容貌与永乐皇帝颇为相似。永乐皇帝通过瑞应景象确立了自己统治的正统性。后来，嘉靖皇帝对武当山进行过大规模整修。道教其他受普遍信仰的神像，也经常出现在山形神龛上（4）。

1. 真武大帝青铜造像
这是现存最大的真武大帝铜像。
真武大帝是明朝护国安邦之神。

明，约 1416—1439 年
江苏南京
高 133 厘米
山中株式会社捐赠
（1908, 0725.2）

* 真武大帝有许多尊号，此为其中之一。——译注

2. 真武大帝瓷像

对真武大帝的崇拜不仅限于宫廷，也是民间的普遍信仰。真武大帝又称北方之神、玄武大帝，龟蛇相绕是其重要标志。

明，约 1522—1600 年
中国北方
高 20.8 厘米
奥古斯塔斯·沃拉斯顿·弗兰克斯爵士捐赠
（Franks.2441）

3. 武当山真武大帝铜像

明，约 1522—1566 年
高 117 厘米，宽 112 厘米
（1990, 1219.1）

4. 龙泉窑青釉道教神龛

此神龛中，真武大帝、三清和道教诸神一起出现。在民间信仰中，认为这样能同时受到这些神灵共同的庇佑。
龙泉窑在元至明早期（1271—1450 年）曾烧制神龛。这尊令人印象深刻的神龛上刻有"永樂丙戌楚節吉旦"（1406 年）字样。

明，1406 年
浙江龙泉窑
高 50.3 厘米，长 25 厘米，宽 17.5 厘米
大维德爵士捐赠
（1929, 0114.1）

4|9 紫禁城

明朝时期，北京的皇宫是世界上最大的宫殿建筑群，占地约 72 万平方米，即紫禁城（1）。它是明朝的政治中心，是皇帝举行朝会、大典的地方，同时，也是皇帝和家眷的住所。经过多年的规划，紫禁城的建设工程最早开工于 1417 年。永乐皇帝仿照其父亲位于南京的皇宫，在北京元大都宫殿旧址基础上进行了扩建、改建。1421 年，北京正式成为首都。那一年，紫禁城宫殿建筑因失火而遭到严重损毁。直到 1445 年，才完成全部修缮工程。

紫禁城的建筑木材来自四川、山西、江西、湖南、湖北和浙江等全国各地。在北京当地设立瓦厂和砖厂，并从全国各地征集匠役，其中还包括安南战争中所获 7000 名战俘。室内陈设则来自全国各地作坊和其他国家的进贡。出生于大越国（今属越南）的宦官阮安（？—1453 年）主持参与了紫禁城的营建工程。

1.《北京宫城图》，朱邦（创作高峰期 1480—1520 年）绘

紫禁城沿南北纵轴线建造，前三大殿，后私人区域（即后三宫）。幸有这幅紫禁城俯瞰图，让我们可以从大殿南面的钟鼓楼方向向远处望去，直到祥云遮蔽的建筑物，那里便是皇帝的居所。

立轴，绢本设色
丰溪款，加盖“朱邦之印”和“酣齁無夢閒章”
明，约 1480—1580 年
纵 204 厘米，横 114 厘米
日本收集
（1881, 1210, 0.87.CH）

新建成的紫禁城内陈设有各窑口生产的陶瓷器。如永乐和宣德皇帝下令河南禹县钧窑制造的玫瑰紫花盆（1—3）。园丁们在这些鼓钉纹花盆中种植小型植物和花卉，装点室内外。图4这幅15世纪的卷轴表现的正是皇帝在皇宫赏花行乐，侍从和宫女服侍在侧的场景。而画中就有类似花盆。花盆底部一般都刻有数字，可能是标记尺寸，也可能有助于将它们与相应的花盆托进行匹配。

1. 鼓钉纹花盆，刻数字"七"
15世纪初发明了用双模来制作花盆的新技术，与当时御用红釉瓷器一样，花盆釉以氧化铜为着色剂。

明，1403—1435年
河南禹县
高7厘米，直径18.8厘米
乔治·尤摩弗普洛斯捐赠
（1920,1027.1）

2. 长方鼓钉纹花盆，刻数字"十"

虽然在中国境内外考古发掘中从未发现此种器形的花盆，但类似花盆却存世不少。花盆上面常有18世纪的铭文，从而可知花盆原来安置的宫殿。这表明花盆为皇家定制，在各宫花园里留存了数百年。

明，1403—1435 年
河南禹县
高 14.8 厘米，宽 20.5 厘米
（1937, 0716.56）

3. 菱花式鼓钉纹花盆托，刻数字"九"

200 多年来，曾有学者认为用玫瑰紫釉钧窑花盆种植花草的传统始于宋代。而上海和深圳的科研人员用热释光技术对器物进行了年代鉴定，确定器物年代为明代早期。因此，对这些花盆的分析研究成为一个很好的案例，即考古学与科学技术相结合可以改变学者传统断代和判断归属的方式。

明，1403—1435 年
河南禹县
高 6.1 厘米，宽 20.5 厘米
洪基贞（音）捐赠
（1925, 0717.1）

4.《四季赏玩图》（局部）中的钧窑花盆，佚名

明朝皇帝喜欢盆栽植物和园林花境，正如这幅卷轴局部表现的宫廷中季节性的消遣娱乐。画面前部中间为景德镇制青花花盆，两侧蓝色花盆为钧窑官窑所制。

卷轴，绢本设色
明，约 1426—1484 年
纵 35 厘米，横 780 厘米
私人收藏

4|11 明代佛教寺庙

明代朝廷与佛教寺院之间一直过从甚密。明朝的建立者洪武皇帝朱元璋曾在约 17 岁至 24 岁之间出家为僧。因此，朝廷后来大量捐供支持佛教寺庙整修（1）。

皇家对佛教的提倡，促进了新的宗教习俗及宗教形象的形成，有些一直延续至今。明代寺院僧尼众多：1440 年，有 5.1 万僧尼，到 1451 年时又新增了 5 万人。15 世纪中叶，仅在北京就有千余座佛教寺院。明朝初期，朝廷遵循元朝先例，仰承藏传佛教传统，为佛教神祇的呈现创制了多种表现形式（2）。比如，明代职业画师们就为寺院绘制了成套色彩明亮的罗汉图绢画（3）。

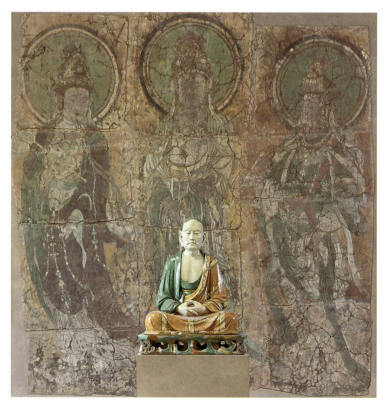

1. 三菩萨壁画
河北行唐清凉寺建于金大定（1161—1189 年）时期。1485 年的碑刻记载，壁画由五台山一寺庙的僧人所绘，始绘于 1424 年。后又分别于 1437 年和 1468 年进行过绘制。

明，约 1424—1468 年
河北行唐
纵 403 厘米，横 400 厘米
乔治·尤摩弗普洛斯捐赠
（1927,0518,0.8）

2. 布袋和尚琉璃像

布袋和尚穿着松垮的黄色僧袍，右手提绿色布袋似乞丐模样。布袋和尚世传为弥勒菩萨或弥勒佛之应化身。座上有铭文："成化二十年（1484 年）仲秋吉日造信士人黉成惠氏化主道济匠人刘镇"。

明，成化年间，1484 年
河南
高 119.2 厘米，长 65 厘米，
宽 41 厘米
约翰·史帕克公司捐赠
（1937, 0113.1）

3.《四罗汉和侍从》，佚名

整幅画作上四位人物身穿中式长袍，头部环灵光，可判断为罗汉。他们立于山坡上的竹林中，身侧有一身穿米黄色长袍仆侍。左下角是两个前来献礼的印度人，身披绫罗绸缎，手持一根象牙和一座山子。应还有另三幅画，与此画共同组成十六罗汉图。

挂轴，绢本设色
明，约 1400—1450 年
可能绘于宁波
纵 170.5 厘米，横 88 厘米（画芯）；
纵 301.2 厘米，横 117 厘米（卷轴）
（1983, 0705, 0.2, Ch.Ptg.
Add.442）

4|12 鎏金铜佛像

明初之后，佛陀造像表现几乎没有变化（1、2）。朝廷遵循元朝旧例，仰承藏传佛教创作佛教造像传统。图1这尊佛立像，可追溯到1396年，据记载：周府委托制作48件青铜器，以报四恩（对母亲、父亲，如来和教义）。而璎珞、华美至极的头冠和臂钏元素则是藏传佛教造像的特征（3、4）。元朝和明初的统治者对藏传佛教青睐有加，因此，允许僧侣参与朝廷政务。

1. 阿弥陀佛鎏金铜立像
这座精致的铸像有着佛陀的标志性特征。他有像宝石堆积成的螺发，长长的耳垂象征着佛陀无穷的智慧，身着衣褶优美的袈裟，掌心向外的手势，右手自然下垂，左臂弯曲做禅定印。

明，1396年
江苏南京
高23厘米
布伦达·塞利格曼夫人遗赠
（1973,0726.81）

2. 阿弥陀佛鎏金铜立像
有些佛像供奉于寺庙中，也有一些由皇帝赐给前来觐见的高僧。这尊雕像的右手臂特别长，象征接引灵魂通往西方极乐世界。佛像长袍边缘装饰图案与明初瓷器上的纹饰相似。

明，1467年
北京
高32厘米
艺术基金会资助购买
（1942,0417.1）

3. 释迦牟尼鎏金铜像

这种鎏金铜光环或曼陀罗式样与
1400—1450 年间木刻版画中的
佛像一致。最近大英博物馆的科
学研究表明，曼陀罗和底座是由
不同的金属制成，为乾隆时期所
另接。这尊造像上刻有"大明永
乐年施"字样，表明铜像曾赐给
西藏朝贡使团或者是供奉于明代
寺庙。

明，永乐年款，1403—1424 年
曼陀罗和底座为乾隆时期制，
1736—1795 年
南京或北京
高 59 厘米（宝座），
高 37 厘米（佛像）
（1908，0420.4）

4. 四臂文殊菩萨鎏金铜像

象征智慧的文殊菩萨左手捧莲
花，上托《般若波罗蜜多（大智
慧）经》及弓。右上方的手持剑，
低处的右手空握（原应拿着箭）。
在元代，忽必烈被视作文殊菩萨
化身，永乐皇帝也自称文殊菩萨
显身，为万邦之君。

明，永乐年款，1403—1424 年
南京或北京
高 19 厘米
沃尔特·利奥·希尔伯格捐赠
（1953，0713.4）

1407 年，西藏高僧噶玛巴（哈立麻）一行受邀来到南京主持法事，永乐皇帝赐予他两根铁制法杖，用于法事。法杖上的金银纹饰采用了大马士革镶嵌工艺（1）。这种镶嵌工艺从中东经西藏或蒙古传入中原。虽然图 2 的鎏金笔套和图 3 的嘎乌盒是在西藏制造，但是深受明朝审美影响。嘎乌盒内装有咒符和冬虫夏草。

1410 年，永乐皇帝下令用汉文和藏文刊印《甘珠尔》。萨迦派贡噶扎西在 1413 年至 1414 年期间到南京觐见永乐皇帝。永乐皇帝将一套装在朱漆盒（4）内的佛经赏赐给了他。佛典道书的编制和印刷意味着，官方认同的宗教修行和传教活动可在民间推行流传。朝廷刊刻佛、道经书，以示虔诚，通过这种皇家与宗教之间的联合，使更多的民众有机会获得官方认可的文本。

1. 金银镶嵌铁制法杖

这柄铁制法杖曾在南京举行皇家法会时使用。后来永乐皇帝将它赐给了主持仪式的西藏高僧哈立麻（即第五世噶玛巴）。如此贵重的礼物当由皇帝诏命制造，杖上铭记了永乐年号。该法杖上使用大马士革镶嵌工艺所嵌的精致金、银纹饰让人联想起绫罗绸缎。

明，永乐年款，1403—1407 年
南京或北京
长 44 厘米
布鲁克·休厄尔永久基金捐赠
（1981，0207.1）

2. 龙纹鎏金铁笔套

明时的西藏人写字不用毛笔，而用竹笔。这件长圆柱形镂空笔套上刻有精美的龙纹。由于当时中原、蒙古、西藏在工艺、材料、纹饰上有着深度的交流，因此，我们很难判断这支笔的制造信息。纹饰细节，如龙角、眼睛、舌头和藏式摩伽罗似的鼻子都雕刻得很精致。

明，1400—1450 年
四川德格
长 42.4 厘米
查尔斯·阿尔弗雷德·贝尔爵士捐赠
（1933，0508.34）

3. 鎏金莲花草卷纹嘎乌盒

永乐皇帝曾出于政治和信仰上的考虑，向西藏高僧寻求建议，并由他们举办法会。15 世纪 20 年代至 40 年代之间，北京的藏传佛教僧人数量在 1000 人到 2000 人。两地的金属制品由此相互流通。

明，1400—1450 年
四川德格
长 9.2 厘米
约翰尼斯·尼古拉斯·施密特和玛丽塔·米德捐赠
（1992, 1214.8）

4. 红漆戗金八吉祥纹经文夹板

1410 年，永乐皇帝下令刊印汉文和藏文《甘珠尔》。刊印宗教经文是一种虔诚的表示。1413—1414 年，萨迦派贡噶扎西觐见永乐皇帝。皇帝赐予他一套《大藏经》，就装在红漆戗金八吉祥纹经文夹板内。1416 年，又将另一套 108 函《甘珠尔》赐予色拉寺，但不及前者精致。每一对红漆经文夹板可以保护 1 函佛经。在上护经板内面阴刻汉、藏文字的佛经名。

明，1410 年
江苏南京
长 72.4 厘米，宽 26.7 厘米，厚 3 厘米
布鲁克·休厄尔永久基捐赠
（1992, 0129, 0.1.CH）

1. 北京明十三陵神道旁的武官
石像生

明代墓葬：
皇帝陵墓

明朝 16 位皇帝中有 13 位死后埋葬在位于北京西北郊的陵园中，即今天的明十三陵。明朝皇帝陵墓是世界上最令人惊叹的皇陵建筑群之一，占地约 40 平方公里。在永乐皇帝宣布迁都北京前 10 年，他就计划在那里修建皇宫和陵墓。因为北京在他夺取皇权之前，就是他的封地，且更靠近北元统治的区域。北元对明朝一直虎视眈眈。当他的皇后徐氏在 1407 年去世时，永乐皇帝没有将她埋葬在当时的首都南京（也即他的父亲明朝开国皇帝洪武帝和马皇后的陵墓所在地），而是诏令官员在北京寻找合适的陵墓区。两年后，他们最终选定一块青山环护、溪水分流的风水宝地作为建造皇陵的区域。

明代还有两位皇帝并未埋葬于此处：一位是建文帝（永乐皇帝夺取了他的皇位，因此建文帝没有帝陵）；另一位是景泰帝，死后葬于北京西郊。瓦剌俘虏了其长兄英宗皇帝后，景泰帝登上皇位，之后，英宗获释，复登皇位，废景泰帝号，因此景泰帝去世后没有入葬明十三陵陵寝。

1540 年，嘉靖皇帝在陵区入口建造石牌坊，以大理石雕刻而成，六柱五间，上饰彩绘，还有浮雕龙、狮图案。如今，石牌坊上的彩绘已剥蚀殆尽。最初，整个建筑群还有外墙保护，如今也已不存。在石牌坊一公里外还有另一个装饰性的入口 —— "大红门"。皇陵附近有一块 10 米高的大型石碑，为 1425 年所制，切割自整块岩石，置于 4.5 米长的石龟背上。它永久标示着永乐皇帝长陵的位置。

十三陵地上和地下部分的营建都有如宫殿一般，通过一条铺石神路（神道）可进入陵区。神道两旁列有成对的石像生（1）。有武臣、文臣和勋臣立像，还有 12 对或蹲坐或伫立的石兽，石兽有狮子、獬豸（马身狮首）、骆驼、大象、麒麟和马等真实或神话动物形象。

目前，明十三陵中，只有万历皇帝长眠的定陵已被完全发掘，且其地下陵墓可供人们参观。此墓中绝大多数物品如纺织品、珠宝和陶瓷器已经移走。只剩下庞大的陵墓和无数的长明灯。长明灯把陵墓照耀得犹如生前的宫殿一般灯火辉煌。长陵（永乐皇帝陵墓）的外部建筑已在原址重建。其上有木柱和黄色琉璃瓦顶，类似紫禁城一样，建在南北轴线之上。位于南京的明孝陵（洪武皇帝陵墓）也可供人们参观。

景泰蓝（1）是一种用铜丝掐成花纹装饰铜胎的技术。工匠们首先用笔墨将纹饰勾画在铜胎上。从铜片上剪下铜丝再将其固定到胎体上，形成花纹。在花纹中填充有五彩斑斓珐琅质色釉，烧成后表面即鲜艳夺目。烧制过程中，先将器物放在约为 600°C 的窑炉内焙烧，冷却时釉收缩，在花纹的空隙再次填入珐琅釉，再行焙烧。这个过程要重复大约 4 次。最后，抛光器物，鎏金铜丝。虽然景泰蓝是明代宫廷专用的装饰技术，但是明代墓葬中却未发掘出任何一件景泰蓝器物。图 2 至图 4 中的景泰蓝器皿可能在皇宫内的祭祀仪式场所存放了数百年之久。

1. 景泰蓝云龙纹盖罐

此罐（现知仅有两件，这是其中之一）口沿上的款识"大明宣德年製""御用监造"，记录了该罐的主人和制作地。此罐为宣德皇帝独享，罐上的精美龙纹，是帝王的象征。

明，宣德年款，1426—1435 年
北京
高 62 厘米，宽 55.9 厘米
（1957, 0501.1）

（左上）

2. 景泰蓝盖盒

通过分析景泰蓝釉料的色彩、结构和浓度，可判断该器物的年代。明代整体所施的颜料层相当厚重，主色调鲜明；而明代早期器物的胎体比之后的器物更为厚重。与青花瓷纹饰相比，景泰蓝纹饰范围十分有限。与其他金属器的比较，也有助于景泰蓝的断代。

明，约 1400—1450 年
北京
高 8 厘米，直径 15.6 厘米
布鲁克·休厄尔永久基金捐赠
（1974, 0916.1）

（右上）

3. 景泰蓝香炉

明代景泰蓝的铜丝是用铜锭锻造而成。其中的铜丝被焊接在一起，因为铜质脆，所以掐丝容易纵向断裂。景泰蓝表面常常因为在加热过程中产生气泡而留有砂眼。

明，约 1400—1450 年
北京
高 14.5 厘米
布鲁克·休厄尔永久基金捐赠
（1971, 0923.1）

（右下）

4. 景泰蓝贲巴壶

这件盛水礼器一直到 18 世纪仍保存在皇宫里，底座在清乾隆时期更换过。虽然在西藏壁画中出现过器形相似的水器，但是景泰蓝似乎仅限于皇家御用。

明，宣德年款，1426—1435 年
基座，清，乾隆年间，1736—1795 年
北京
高 20.3 厘米
哈利爵士与加纳夫人为纪念东方部保管员白瑞特退休，购买后捐赠
（1977, 0718.1）

4|15 明代御用瓷器

　　皇帝会在皇宫内代表国家社稷、黎民百姓举办仪式，祭祀祖先、天地，以及向众神祷告。大型祭祀常涉及数百人，需精心筹划规程并准备祭祀用品。明朝开国皇帝洪武皇帝打破传统，规定"祭器皆用瓷"，以瓷器来取代青铜礼器。在瓷器上以帝王年号作为款识始于永乐皇帝（1）。使用的字体如同古老的甲骨和青铜器上的铭文一般。

　　永乐皇帝为纪念父母，于1412—1431年间在南京建造大报恩寺。他邀西藏高僧举办大斋，法会上就使用了仿西藏金属器造型的白釉僧帽壶（2）。还有盛放祭天食物酒饮的红釉碗（3）、盘、红釉高足碗（4）等。高足碗（5）通常配有金质或银质盖和托。

1. 甜白釉暗龙碗

"永樂年製"年款为宫廷书法家沈度（1357—1434年）的篆书，与甲骨文和商朝青铜器上的金文一脉相承。唤起了与古老历史之间的连接，从而确立了永乐皇帝统治的合法性，满足了他长期以来的愿望。

明，永乐年款，1403—1424年
江西景德镇
高7厘米，直径21.8厘米
奥古斯塔斯·沃拉斯顿·弗兰克斯爵士捐赠
（Franks.1）

2. 甜白釉划花僧帽壶

僧帽壶延续了元代器形风格，西藏金属器中也发现有类似器物。永乐皇帝下令制作了这批瓷器，用于其父母的普度大斋。他邀第五世噶玛巴（哈立麻）在南京操办普度大斋，为明太祖和马皇后"荐福"，并册封他为"大宝法王"。

明，永乐年款，1403—1424年
江西景德镇
高19.4厘米，宽19.2厘米
（1952,0512.1）

3. 鲜红釉碗

永乐年间，官窑铜红釉烧制技术
臻于完美，代表了永乐时期礼用
瓷中的最高等级。据我们所知，
只有在明代的永乐和宣德年间烧
制的红釉才有如此纯正的色调。
到正统年间，就已不见鲜红釉瓷
器。最近有研究认为，这种釉色
不是以纯氧化铜为呈色剂，而是
在釉料中还加入了铜屑。这类铜
红釉的烧制技术在 1450—1700
年间已经失传，后来才又得以恢
复。

明，宣德年款，1426—1435 年
江西景德镇
高 8.5 厘米，直径 18.5 厘米
亨利·J. 奥本海姆遗赠
（1947,0712.321）

4. 釉里红暗花留白高足碗

永乐年间，景德镇官窑监造工对
陶瓷器的质量控制非常严格。考
古学家在景德镇珠山挖掘出数块
高足碗残片，其纹饰、形状均与
所展示的这件高足碗类似，可惜
它们的红釉色呈色失败。此杯内
壁有暗花纹，红地上留白双龙戏
珠纹饰，在龙眼睛部位点钴蓝。

明，永乐年款，1403—1424 年
江西景德镇
高 10 厘米，直径 15 厘米
布鲁克·休厄尔遗赠
（1968,0423.2）

5. 青花留白高足碗

该碗外壁上饰有神话传说中的 9
种海兽，腾跃在深蓝色的波涛中，
足饰波浪纹。这些海兽的描述见
于刘向（前 77—前 6 年）编订
的《山海经》，和藏传佛教也有
关联。

明，宣德年款，1426—1435 年
江西景德镇
高 13 厘米，直径 15.6 厘米
白兰士敦捐赠
（1938,0712.1）

4|16 明代御用金、银和宝石

　　当时的中国会从缅甸和斯里兰卡进口红宝石、蓝宝石和绿松石，然后由宫廷工坊银作局负责珠宝镶金。银作局是在宫中制作珍贵金银器饰的机构。明朝宫廷男性和女性都佩戴珠宝，如戒指、手镯、腰带、耳环、珠宝装饰的帽顶（4）、发钗和头饰，等等。这些宝石也用来装饰奢侈品，例如，镶嵌金器（1），或装饰皇帝宝座，甚至缝于丝绸枕头两侧的枕顶（3）。梁庄王是宣德皇帝之弟。从湖北梁庄王朱瞻垍（1411—1441 年）和王妃魏氏（？—1451 年）（2）合葬墓中出土了许多这种宝石镶金的珠宝器物。其他王侯墓里也出土过类似的器物。

　　明初，朝廷控制黄金的供应，用严格的法令限制皇亲国戚对黄金的使用。大多数金器出土于贵族墓（2）和他们最亲密的随从墓中。明晚期，朝廷降低了对黄金的控制，金器的使用范围就变得更为广泛一些。银器（5）与金器造型相似，但用银所受限制较少。随着时间的推移，工匠还把金、银器熔化，可能重铸成新式的器形或者用来制作其他珠宝等物品。因此，相对而言，今天遗存的金、银器物相对较少。

1. 镶宝石金执壶
这件金器阴刻五爪龙，在凸起部位镶嵌半宝石。皇帝们喜欢绚丽的物品和建筑，这种审美品味与之前元朝蒙古贵族相似。

明，宣德年款，1426—1435 年
南京或北京
高 21.7 厘米，宽 20.8 厘米
费城艺术馆藏，约翰·T. 莫里斯基金购买
（1950-118.1）

2. 金执壶
梁庄王和王妃魏氏是这件金执壶的主人。由银作局用纯度 86.73% 的黄金打造。

明，1425 年
江苏南京
高 26.4 厘米，口径 6.4 厘米，足径 9.2 厘米，重 868.4 克
湖北省博物馆藏

3. 镶宝石金枕顶

这是一对枕顶中的一件，云纹中饰两条金龙和一颗火红宝珠。枕顶边缘穿孔，方便枕顶系在枕头上。枕顶纹饰用錾刻、镂雕手法制造出浮雕效果，并镶嵌有从南亚地区进口的半宝石*。

明，宣德年款，1426—1435 年
北京或南京
宽 14.4 厘米，长 18 厘米
（1949，1213.1-2）

4. 金镶蓝宝石帽顶

15 世纪早期，皇族男性的珠宝装饰也十分华丽。此帽顶原先应缝在帽子上端。精致的金底座上镶嵌了一颗巨大的蓝宝石原石，周围以其他宝石点缀。嵌有小型宝石的底座为金色如意卷草纹，此类纹饰也出现在元青花上。

明，约 1424—1441 年
南京或北京
高 3.9 厘米，底径 5.1 厘米
湖北省博物馆藏

5. 银盏托

这个银盏托中央刻有精美的灵芝纹，四周环绕着四季花卉。在1500—1600 年，景德镇瓷器中也时不时出现相似的纹饰。

明，约 1500—1600 年
直径 15 厘米
奥斯卡·拉斐尔遗赠
（1945，1017.195）

---

* 即硬度较低的宝石，如碧玺。——译注

大漆是从漆树树干部位收集的树液或树脂，朱漆（1—4）则是用一种常见的汞矿石，即朱砂加入大漆着色而成。明代的剔红雕漆器物需要刷漆达100余层。雕刻完成后，纹饰边缘还要使用兽骨、角或陶土研磨成的粉末进行抛光。曾有约5000名中国南方漆器工人入京，为宫廷漆器作坊"果园厂"劳役4年，这是当时明初税制的组成部分。"果园厂"设立后，由浙江嘉兴西塘人张德刚掌管。另一名来自嘉兴的包亮也在宣德年间主持过该作坊。

1. 人物题字剔红漆盘

在这个莲瓣形盘上，一名男子正带着仆人走向一幢建筑。两名仆人一人手持灯笼，一怀抱古筝。楼宇中的男子则享受着温暖的美酒。他的仆人在火盆处温酒壶，他旁边的桌子上搁着酒杯和水果。远处一派美景，边缘处刻四季花卉。背面刻有"内府甜食房"字样和永乐年款。但大多数漆器上，都没有留下使用场所和用途信息。

明，永乐年款，1403—1424年
直径 34.8 厘米
哈利爵士与加纳夫人捐赠
（1974,0226.20）

2. 露台人物剔红漆盒

明代宫廷设有 24 个衙门掌管内廷事物，其中至少有两个部门——内官监（管理宦官的）和御用监（管理皇室物品）生产高质量的剔红漆器。内官监有10 个工坊，其中之一就负责制作精美的漆器，如家具和食盒。明初期的绘画中就绘有皇家郊游时，宦官捧着这种装有食物的大漆盒。

明，永乐年款，1403—1424年
高 15.5 厘米，直径 37 厘米
（1939,0621.1）

3. 竹节剔红花瓶

中国雕漆在日本受到高度赞誉，并逐渐成为日本茶道用具的一部分。据文献记载，永乐皇帝曾将漆器作为礼物赠赐日本室町幕府。1403年，中国曾赠送日本纺织品、戗金漆家具和58件剔红漆器。这58件剔红漆器形制和尺寸各异，包括漆盒、碟、碗、盘、托盘、花瓶和镜奁盒。此外，日本文献还记载了中国分别于1406年、1407年、1433年和1434年赐予室町幕府的一系列礼物的清单。

明，永乐和宣德年款
1403—1435年
高11厘米，
哈利爵士与加纳夫人捐赠
（1974,0226.17）

4. 滕王阁剔红盘

此盘上描绘了675年江西南昌市滕王阁上举办的文人宴会场景。王勃亦参加了此次盛会，并写下《滕王阁序》。漆盘背面便镌刻了王勃所作的《滕王阁》诗。

明，1489年（弘治二年）
平凉王铭刁
直径19厘米
（1980,0327.1）

4|18 中东贸易和宫廷审美

外国使者经常出使明朝两京（南京和北京），呈送贡物并接受赏赐。与此同时，中国官员也时常出访外国（1）。北京设有"四夷馆"，专事翻译少数民族及邻国语言文字，官方文本也被翻译成多种语言颁布。1405年，郑和开始了首次远航，他先后7次奉命出航西洋，以彰显明朝的军事力量，扩大朝贡体系，建立贸易关系。每次远航的随船人员有2.7万余人，船队有五六十艘大型宝船和数百艘较小型的船只，航行历时两年。

除人员外，船上还装运着中国奢侈品，如瓷器（2）和丝绸，用以交换印度的宝石、非洲的黄金和异域动物、中东的玻璃器和金属器，以及东南亚的香料和木材。中国史书中对历朝历史的不断重释，让人不由得产生了中华历史自成一体的连续感，而对物质文化的研究，则反映了明朝与异国相互交流的情况。朝贡、贸易和外交吸引了海内外众多不同文化背景的人们与明朝开展交流。通过这种接触，来自异域的器形和纹饰也在明朝宫廷内变得大为流行（3、4）。

1.《狮子和它的饲养人》，任可吏（创作高峰期1450—1500年）绘

明朝皇帝会将来自异域的动物安置在皇宫附近的"豹房"之内。他们豢养并陈列这些遥远地区的珍禽异兽，以展现自己富有四海的影响力。使节们也会把动物作为贡品献给皇帝，比如著名的长颈鹿是从非洲东部经孟加拉，再运到北京。画作上包着头巾、胡须浓密的男子便是一位来自中东的饲养人，献与成化皇帝两头狮子，画中为其中之一。

挂轴，绢本设色
明，1480—1500年
可能绘于北京
纵163.4厘米，横100厘米（画芯）；
纵254.2厘米，横104厘米（装裱）
罗德里克·维特菲尔德教授捐赠
（2014,3032.1）

2. 青花瓶、抱月瓶和梅瓶

这些器物中央均为花鸟纹，即雀鸟栖于树枝之上的纹饰。这类花鸟纹与当时小幅画作，如扇面和册页上的鸟雀、昆虫、植物风格极为相近。在中东的玻璃器和金属器中，也有抱月瓶形制的器物存在。而梅瓶肩部万花筒般的锦纹在中东的金属器上也可见到。

明，1403—1424 年
江西景德镇
高分别为 33.5 厘米；30.8 厘米；
33.2 厘米
大维德爵士中国艺术基金
（PDF, A.614；PDF, A.612）
沃尔特·E.安嫩伯格捐赠
（1972, 0621.1）

3. 青花如意耳荔枝纹抱月瓶

荔枝树种植于中国南方，它在北方则因温度较低，而无法生长。此树一年四季常青，春天会开如器物纹饰所绘一般的小花朵。花谢后，很快树上便会结出表面凹凸不平的红色果实。明朝时期人们会饮荔枝酒。它的果实还有吉祥的寓意，代表早生贵子的美好愿望。抱月瓶为仿中东玻璃器形。

明，1403—1424 年
江西景德镇
高 25 厘米，宽 22 厘米
亨利·J.奥本海姆遗赠
（1947, 0712.325）

4.《荔枝山雀图》局部,佚名（又传为宋徽宗所作）

卷轴，绢本设色
明，约 1500—1600 年
纵 26 厘米，横 281 厘米
比阿特丽丝·贝特森捐赠
（1926, 0410, 0.1）

4|19 中东金属器和中国瓷器

永乐皇帝和宣德皇帝都支持海上贸易，并派使团出使中东、非洲等地。明朝与埃及、叙利亚、伊朗和其他国家互相交流，使来自中东异域风格的器形和纹饰在宫廷内变得十分流行。景德镇瓷器的生产中融入了中东金属器和玻璃器的功用和装饰风格（1—5）。图中这些白瓷和青花瓷或许就是两者文化交融的产物，它们也可能仿自元朝遗留在北京宫殿内的古物。永乐皇帝在元朝宫殿遗址上建立新都，同时接管了元朝收藏的绘画及镶嵌金属器和玻璃器等遗产。明代的中东风格到15世纪30年代晚期，逐渐式微。

1. 镶嵌带盖金属壶

帖木儿帝国，1450—1500年
阿富汗赫拉特
高16.5厘米，宽14厘米
约翰·亨德森遗赠
（1878, 1230.730）

2. 青花花浇

此花浇有一个"S"形耳，形如矫健的龙口咬杯沿，龙尾卷向背部。这种器形来源于中东金属器，但传统的莲花纹和波浪纹则完全为中式。它的足部有一圈圆形装饰，每个圆形纹饰四等分，纹饰之间以竖线条相隔，颇为特别，或许也为中东风格。

明，永乐年款，
1403—1424年
江西景德镇
高14厘米，宽14.2厘米
E. B. 哈弗尔捐赠
（1950, 0403.1）

3. 藏式青花带盖执壶

此壶十分别致，壶嘴呈螭龙形，它的尾部延展为大型卷草纹，连接着壶颈和器身。壶执为西藏摩羯式样，咬在壶颈部，身体和尾巴化为扁平的执手。

明，宣德年款，1426—1435 年
江西景德镇
高 19 厘米（带盖），
宽 17.6 厘米
（1936, 1012.94）

4. 中东风格青花执壶

此执壶器形仿自中东金属器。虽然景德镇常以 12 世纪的瓷器为原型烧制瓷器，但是此壶所仿并不似 12 世纪的器物。从历史和地理角度看，反而更接近于 15 世纪中亚或阿富汗器物风格。

明，永乐年款，1403—1424 年
江西景德镇
高 32.4 厘米，直径 32.4 厘米
布鲁克·休厄尔遗赠
（1963, 1219.1）

5. 嵌铜、银黄铜壶

1150—1250 年
阿富汗赫拉特
高 38 厘米
（1848, 0805.1）

4|20 与印度的青瓷贸易

中国的青瓷（1—3）在印度、中东和非洲非常流行。浙江龙泉窑生产的瓷器坚固耐用，胎体厚实，能经受住运往印度洋及其他更远地区的远洋颠簸。传说如果青瓷接触到有毒食物就会裂开。这一传说给作为饮食器皿的青瓷又增添了一丝魅力。到 15 世纪晚期，随着青花瓷越来越受到欢迎，厚重的龙泉瓷就此走向衰落。龙泉窑失去了宫廷的支持，其产品质量逐渐下降。

图中看到的这些青瓷，都来自督窑官严格监烧龙泉瓷时期。14 世纪晚期和 15 世纪早期，龙泉窑和景德镇官窑御用瓷有类似纹饰。建造在蜿蜒山坡上的龙泉窑一次能烧制上百件瓷器。这些龙泉窑所用燃料便来自当地山上的木材。纵观中国历史，陶瓷通常并非某地最重要的产品，就像龙泉地区的铸剑技术比瓷器更有名，只不过，这些剑在当今博物馆中几无遗存。

1. 牡丹青釉碗

这件青瓷碗刻画了牡丹纹，线条流畅。牡丹花在中国象征着荣华富贵，是瓷器纹饰的重要主题。底部用阿拉伯语刻下了曾经的收藏者姓名"赛义德·穆罕默德"。

明，1400—1450 年
产于浙江龙泉地区，1864—1883 年从印度收集
高 13 厘米，直径 34.2 厘米
布鲁克·休厄尔遗赠
（1963,0520.10）

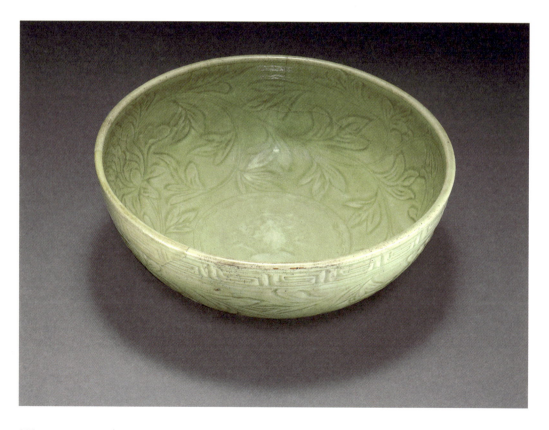

2. 孔雀青釉大餐盘

此盘中央刻画了一只孔雀在牡丹树下，尾羽收拢，单足站立在一块岩石上。内壁画缠枝莲纹。烧制时间约在 14 世纪晚期到 15 世纪早期，烧制质量很高，其纹饰在景德镇烧造的青花瓷上也有出现。

明，1368—1424 年
浙江龙泉地区
高 6.4 厘米，直径 51 厘米
伊斯拉·克利夫顿·昂斯莱夫人捐赠
（1971,0406.1）

3. 牡丹刻花青釉盘

15 世纪早期，浙江龙泉窑、河南钧台窑、江西景德镇窑，这三个瓷窑都为朝廷生产定制的瓷器。这一时期，龙泉和景德镇都使用极其相似的纹饰。这一点表明，明朝保留了元代从中央朝廷提供的纹饰书上驳样的传统。要烧制这样一个大盘而不变形，难度极大，因此，留存极少。

明，1403—1424 年
浙江龙泉地区
高 10.5 厘米，直径 64 厘米
巴兹尔·格雷遗赠
（1989,1016.1）

4|21 成化宫碗

明初期，宫廷瓷器由工部管理和监制。陶工们在远离北京的景德镇兢兢业业，利用新技术创造出有史以来最精美的瓷器。瓷器烧制在当时变得日趋标准化，成品间差别很小，这表明朝廷对官窑的监管力度更大。御窑画工在陶瓷表面用浓淡不同的钴蓝绘制人物、缠枝花叶图案。成化年间钴料研磨得十分精细，容易均匀涂覆，与14世纪和15世纪初相比，不易因青料不匀而导致烧成后青花色调深浅不一。

鉴赏家们专用"宫碗"一词，特指景德镇创烧的一类品质上佳的青花碗。这类瓷碗装饰上倾向于大面积留白，施透明釉，以显露瓷胎的洁白。成化皇帝一直对景德镇御窑厂的生产十分关心，图中这些宫碗即出自御窑厂。考古学家在成化年间的官窑遗址中发现了大量废弃的瓷器碎片，由此可见宫廷对瓷器生产的标准要求极高。御窑生产的瓷器带有皇帝年号，不得进入市场流通，瑕疵品必须打碎销毁。同样，紫禁城内的发掘也揭示了成化年间瓷器纹饰的丰富多样，令人惊叹。图中这些精美青花碗（1—5）是当年精品的部分遗存。

1. 萱草纹宫碗

萱草原产于东亚地区。《诗经》和古代植物药典中记载，它有解愁忘忧的作用。

明，成化年款，1465—1487年
江西景德镇
高7厘米，直径15厘米
布伦达·塞利格曼夫人遗赠
（1973,0726.362）

2. 瓜藤纹宫碗

成化皇帝特别喜欢这种瓜瓞设计。因为瓜和藤象征着多子多福，"瓜瓞绵绵"寓意着子孙昌盛、绵延之意。

明，成化年款，1465—1487年
江西景德镇
高7厘米，直径15.4厘米
布伦达·塞利格曼夫人遗赠
（1973, 0726.363）

3. 木槿（即黄蜀葵）宫碗

从盛开的五瓣形花和锯齿状叶掌等特征可判断，碗上纹饰为黄蜀葵花。永乐年间（1403—1424年）的青花瓷上首次出现了黄蜀葵，此处为仿古纹饰。已知还有两件器物有相似图案，仅有细微不同。

明，成化年款，1465—1487年
江西景德镇
高7厘米，直径15.2厘米
威妮弗雷德·罗伯茨夫人为纪念她的兄弟阿奇巴尔德·白兰士敦捐赠
（1954, 0420.4）

4. 莲纹宫碗

莲花在中国艺术中代表夏季，在佛教中意喻纯洁。一些莲花纹饰以自然形态呈现，但此碗上为缠枝莲纹，可能参照了丝织品图案。

明，成化年款，1465—1487年
江西景德镇
高5.5厘米，直径15.3厘米
沃尔特·塞奇威克夫人遗赠
（1968, 0422.35）

5. 青花宫碗

此碗外壁纹饰似萱草纹，但又缺少雌蕊。特征明显的五瓣花朵，又看似代表美丽和优雅的夹竹桃。但夹竹桃花簇生成团，并不是单株盛开。此碗花卉纹饰特别，而且至今未在景德镇出土或者出版物中发现有类似物品。

明，成化年款，1465—1487年
江西景德镇
高7.2厘米，直径15.2厘米
亨利·J.奥本海姆遗赠
（1947, 0712.182）

4|22 百子图

百子图来源于"文王生百子"一说。传说周文王有 100 个儿子，其中 99 个为亲生，另有一养子。从宋代起，婴戏图便是中国绘画和装饰艺术的常见主题。在明代，百子图表达了人们多子多福的愿望。百子图主题在各类器物上都有出现，其中包括纺织品、漆器、瓷器（1、3）、木版画、绘画（2）和墨锭等。画中孩童蓄发三撮，前额一撮，脑袋左右侧各一，其余剃去。虽然这种发型在西方很少见，但在今天中国仍然可以见到。而西方绘画中的儿童常常满头鬈发。

1. 婴戏图青花碗

百子图寓意多子、富有和快乐。成化皇帝在 18 岁时登基，子嗣稀少。他的宠妃万贵妃比他大 17 岁。有传言说自从她流产后，就派宦官给其他怀孕的嫔妃下毒，确保宫里没有其他女性能诞下将来继承皇位的孩子。

明，成化年款，1465—1487 年
江西景德镇
高 10.5 厘米，直径 21.9 厘米
A. W. 白兰士敦和威妮弗雷德·罗伯茨夫人为纪念 A. D. 白兰士敦捐赠
（1953, 0416.2）

2.《百子图》，佚名

这幅卷轴每个场景都描绘了一群嬉戏的孩童，预示着他们长大以后能学识过人，富贵荣华。在这幅图中一侧，5个男孩聚在精致的庭院中，围坐在一方垫上习字。

卷轴，绢本设色
明，约1500—1644年
横784.8厘米，纵24.1厘米
（1881, 1210, 0.96.CH,
Ch.Ptg.157）

3. 百子图青花带盖罐

在中国传统观念中，有许多孩子尤其是男孩，被看作家族兴旺、完成传宗接代的基本要素。男孩越多越好。虽然在这个罐子上所绘孩童看似随意玩耍，但是他们玩的游戏多有象征性的寓意，预示着未来事业有成。

明，嘉靖年款，1522—1566年
江西景德镇
高46厘米（带盖），
直径39厘米
艾维·克拉克夫人捐赠
（1973, 0417.1.a-b）

中国园林

　　中国园林的设计理念改变了 18 世纪英国花园的风格。在此之前，英国长期流行规则的"法式"花园，布局对称，道路笔直齐整。18 世纪中叶，乾隆皇帝却又反而着迷于欧式花园，在北京建造的避暑园林圆明园里引入了西式古典园林风格。那时，中国和西方国家之间还互相交流植物品种，比如，英国就从中国引进了菊花、连翘、茉莉花和牡丹。

　　江苏的苏州以古典的私人园林而闻名。只是这些花园并非任人参观，因为它们都是私人娱乐和社交聚会之所。亭台楼榭和假山奇石是中国园林的基本组成部分，此外还包括题于奇石之上的诸如楼阁雅名或诗句等书法作品。

　　水域和植物也是中国园林的重要组成部分。在古典私家园林中，水域不以喷泉样式呈现，而是体现出自然的情趣。水面的桥廊也尽显蜿蜒曲折。花园中的景色通过墙垣、洞门和花窗隔分，营造出空间意境。花园布局不讲究对称，而尚移步换景，以景怡人。

1. 上海豫园
始建于 1559 年（嘉靖三十八年），我们今天仍可参观。

自汉代以来，自然风景便出现在中国艺术之中。从 10 世纪起，绘画艺术中最杰出的代表就是山水画。11 世纪文献记载的文人山水画理论，流传至今。

为了在大幅山水画中强调自然景观的宏大，画作上往往添加人物形象。蒋嵩（创作高峰期约 1500 年）的《携琴访友图》（1）上极小的人物形象，使欣赏者联想起人类生命的短暂，以及树木、山水的长久。山水画中，画家会使用不同笔触和浓淡施色，表现距离、尺度和空间。明代画家唐寅（1470—1523 年）便尤其擅长创作大气恢宏的江南风景画（2）。

中国绘画的基本方法是师古、摹古。例如，文徵明（1470—1559 年）的《寒林图》（3）就颇有元代画家倪瓒（1301—1374 年）的风格。同其他年代一样，这些画作通常会几经易主，而后来的收藏者则会在画上留下题跋和钤印。

1.《携琴访友图》，蒋嵩绘

此画是明代浙派画家的代表作之一。以蒋嵩为代表的明代画家继承了北宋著名画家的巨幅山水画风。这幅画的前景中有一文人，童子肩背囊琴相随。跟他们经过的高山相比，人物显得格外矮小。画家增添极小的人物形象，便使得峻岭和溪谷显得尤为突出，显示了风景永恒，而人类只是匆匆过客这一主题。

挂轴，绢本设色
明，约 1500 年
江苏南京
纵 148 厘米，横 90 厘米（画芯）；
纵 267.5 厘米，横 96.7 厘米（卷轴）
亨利·J. 奥本海姆遗赠
（1947, 0712, 0.4, Ch.Ptg.
Add.228）

3.《寒林图》，文徵明绘

文徵明和他同时期的很多文人画家一样，都喜欢研究前人画作，在师古与创新中完善自己的作品。这幅画为文徵明 73 岁时所作，当时其夫人过世，友人李子成登门哀悼。文徵明和李子成在致哀回礼过程中，谈到李成（李营邱）旧作，故作此画赠之。李成擅画秋冬树木。尽管松树是坚定、永恒的友谊和希望的象征，但文徵明此时已如寒林虬枝，垂垂老矣。

挂轴，纸本墨色
明，1543 年（嘉靖二十二年）
江苏苏州，吴院
纵 90.5 厘米，横 31 厘米（画芯）；
纵 222 厘米，横 61 厘米（装裱）
布鲁克·休厄尔遗赠
（1965, 1101, 0.1, Ch.Ptg.
Add.351）

2.《西山草堂图》，唐寅绘

这幅风景画完美地描绘了河上升腾的雾气间，青山上，苍木参差和茅草小屋的景象，令观者动容。横幅卷轴形式比挂轴形式表现得更加详尽。欣赏时，一般从右往左打开卷轴，使景随人，逐渐达到高潮。

卷轴，纸本水墨
明，1499—1523 年
纵 31.2 厘米，横 146.3 厘米（画芯）；纵 32 厘米，横 876.8 厘米（画轴）
布鲁克·休厄尔永久基金捐赠
（1965, 0724, 0.7, Ch.Ptg.
Add.345）

4|24 文人、白丁和文星

　　儒家文化倡导文人是有学识之人，其行为应该为社会树立道德模范。若偏离正确的道德准则只会导致公众的鄙夷（1），失去朝廷恩典，丢掉个人官职，最终导致国家礼崩乐坏。相比之下，儒家则将大量没有受过教育的白丁视为鲁钝荒唐的愚夫，一言不合则会拳脚相向（2）。在中国古代社会，人们认为身居高位的士大夫阶层因为文星（保佑考生考取功名的神祇，如文昌星和魁星）高照，而获得更高的地位（3）。

　　对一个成年男性来说，获取功名、领取俸禄，是他本人和家庭经济来源的重要保证。科举考试有乡试、会试和殿试，考查考生对经、史、子、集的了解及解读能力。从理论上讲，任何有聪明才智之人都能中试，而那些最为聪慧之人则能担任最重要的职位。虽然官员有责任向皇帝或大臣谏言，告诉他们是否偏离正道，但这种坦诚直言很可能引火烧身，招致贬黜甚至更糟的际遇。

1.《陶谷赠词》，佚名

这幅明代画作描绘了讽刺官吏丑陋的一则轶事。因为陶谷（903—970年）出使南唐时态度傲慢，道貌岸然，韩熙载便派家姬秦蒻兰伪装成驿卒之女引诱他。陶谷（图中坐者，旁边是文房用品）迷恋秦蒻兰弹奏琵琶时的美貌和才情，于是作艳词一首。第二天，在招待陶谷的宫宴上，秦蒻兰当众以此词唱曲，陶谷狼狈不堪，暴露了他的道德缺失。

挂轴，绢本设色
明，约1500—1600年
纵170.5厘米，横104厘米（画芯）；纵272厘米，横130.5(装裱)
(1929, 1109, 0.1, Ch.Ptg.Add.68)

2. 《流民图》，吴伟绘

明代中期画家吴伟（1459—
1508 年）擅作人物山水画。成
化和弘治年间，他在宫廷画院任
职，后因不为皇帝所喜，被迫离
开画院。他本人亦好酒贪杯，以
幽默的手法生动地描绘了街头酒
醉酩酊的乞丐打架的情景。

卷轴，纸本设色
明，约 1459—1508 年
湖北
纵 37.3 厘米，横 546.5 厘米（画
芯）；纵 38.5 厘米，横 1023.5
厘米（卷轴）
布鲁克·休厄尔永久基金捐赠
(1965, 0724,0.8, Ch.Ptg.
Add.346)

3. 《文星》，丁云鹏（创作高峰
期约 1584—1628 年）

挂轴，纸本水墨画
明，1596 年
纵 117.5 厘米，横 46.4 厘米
F. E. 威尔金森捐赠
(1936, 1009, 0.129, Ch.Ptg.
Add.170)

公元前 221 年，东亚已经开始使用通行的标准化书面语。中国、日本、朝鲜、越南北部都使用文言文，扩大了中国哲学、历史、诗歌和戏曲的影响范围。这些国家的文人可用书面语言交流，而不需要学习彼此的口头语言。方言对外人来说几乎不可理解，不过，中国不同地区的人们依然能够在不懂当地方言的情况下进行书面交流。在中国官僚体系中，擅长书写的人才尤易获得高官厚禄。伟大的书法作品不仅指书写的笔墨技巧精湛（2、3），同时还包括所书诗文本身的意蕴，两者相通相融才是艺术的最高境界。所谓的"文房四宝"就是指笔、墨（1）、纸、砚。此外，文人还会购置漂亮的笔洗、水盂、砚滴、印章和印泥盒等文房用具。

1. 百雀（爵）图墨

这块墨锭设计了谐音双关语，"雀"通"爵"。墨锭另一面如同跋文，描述了正面的《百雀图》。同时，记录了制墨日期（1621 年）和制墨人——出自著名制墨家族的程君房（又名程幼博，创作高峰期 1522—1566 年）。

明，1621 年
程君房制
高 1.7 厘米，直径 13.5 厘米
（1938, 0524.670）

2. 张瑞图诗轴

张瑞图（1570—1644 年）出生于中国南方，与董其昌（1555—1636 年）、邢侗（1551—1612 年）、米万钟（1570—1628 年）并称"晚明四家"。此诗轴书写别具奇逸之态，笔多为侧锋。这首诗献给一位姓"杜"的诗人：

独啸层岩第一峰，
松梦向晚若为容。
遥看飞鸟林间度，
正忆归僧月下逢。
隔树天低三五尺，
当轩云抱百千重。
蒲团坐种万缘寂，
列洞风传几处钟。

挂轴，缎本墨色
明，约 1600 年
可能写于福建
纵 188 厘米，横 53 厘米（画芯）；纵 246 厘米（卷轴）
布鲁克·休厄尔永久基金捐赠（1963, 0520, 0.5, Ch.Ptg. Add.333）

3.《宝剑行》，范景文书

范景文（1587—1644 年）出生于中国北方都城北京西面，是一名官员、诗人和画家。他于 1644 年官至工部尚书兼东阁大学士。可悲的是，他的成功非常短暂。同年，李自成起义军攻破北京，明崇祯皇帝自缢，他为表示对明朝皇帝的忠诚，以身殉国。

卷轴，纸本墨色
明，约 1600—1644 年
北京
纵 43.6 厘米，横 542.5 厘米
布鲁克·休厄尔永久基金捐赠（1977, 0509, 0.3, Ch.Ptg. Add.415）

4|26《三国演义》

　　历史小说《三国演义》是 14 世纪作家罗贯中（约 1330—1400 年）的作品，与《水浒传》《西游记》《红楼梦》并称"中国四大名著"。明清时期，这些小说的木刻版画流传广泛，故事中的场景也常出现在漆器和瓷器之上。

　　《三国演义》是历史演义小说，其中一回讲述了刘备"三顾茅庐"邀请隐居的谋略家诸葛亮辅佐他的故事。陶瓷工匠在装饰图 1 的青花大罐时，特意选择了诸葛亮看到刘备到来的场景。图 2 香炉上出现的则是《三国演义》中的另一个故事。

1. 青花大罐，"三顾茅庐"场景图
画面中诸葛亮正在楼阁上向外眺望，刘备等三人正骑马前来，他们身前有携着剑和囊琴的两个仆人，身后则跟随另三个仆人，分别挑着食盒、酒坛和装满食物的竹筐。

明，1457—1464 年
江西景德镇
高 34 厘米，直径 36 厘米
（1937,0716.79）

2. 青花簋形香炉《赵云单骑救主》
画面上两名战将手执长矛策马飞
奔，正追逐在马背上怀抱幼主的
赵云，后者正向雉堞城墙中的月
洞门赶去。底部有款"天启五年
吴名冬香"，表明此器物于 1625
年制作，由吴冬香捐奉。

明，1625 年，
江西景德镇
高 12 厘米，直径 19.2 厘米
（1971, 0622.1）

4|27 明代人物嵌螺钿漆器

明代由于使用木制雕版印刷小说话本、戏曲唱本，促进了文学的传播。人们对绣像插图的广泛兴趣还反映在漆器、纺织品和陶瓷装饰上，比如自然景观中的山水人物（4）、楼台人物（1）或文人雅行（2）等，都是当时流行的题材。黑漆嵌螺钿漆器因所需制作时间较短，所以制作成本比朱红或黑漆雕漆略低一些。嵌螺钿漆器使用的贝壳采集自中国南海，漆工会把小片珠光母贝镶嵌在漆器上，做出奢华的纹饰。工匠会通过雕刻、镶嵌等工艺，在漆器表面呈现超乎想象的复杂图案和质感，如图3中所见的精致的三层漆食盒，每一层可装不同的珍馐美馔。

1. 嵌螺钿八角托盘

考生取得功名衣锦还乡是当时流行的装饰图案。男子在殿试中取得好成绩，就保证了他未来可以获得丰厚的俸禄，给家族提供庇护。

明，约 1500—1600 年
高 7 厘米，直径 41.4 厘米
哈利爵士与加纳夫人捐赠
（1974,0226.58）

2. 嵌螺钿长方形漆盒

盒盖上面描绘的是文人聚会场景：品画、读书与饮酒。盖面装饰上的屋顶瓦片和镂空栏杆，有着不同的质感，突出了细节，制作非常精美。

明，约1500—1600年
高7.6厘米，宽33.8厘米，
长22.9厘米
哈利爵士与加纳夫人捐赠
（1974，0226.57）

3. 嵌螺钿分层漆食盒

明，约1500—1600年
高21.8厘米，直径24.7厘米
哈利爵士与加纳夫人捐赠
（1974，0226.59）

4.《锦衣夜行人物图》嵌螺钿托盘

工匠将彩色的贝壳珠光层，切割成极小的片状，制作出这个托盘与众不同的细部。比如，骑马者所着长袍即用长方形螺钿片拼贴而成。工匠观察入微，描绘出比如竹子和柳树，这些不同的植物。盘子边缘部分装饰了佛教传统吉祥纹饰：双鱼、吉祥结、法轮、宝伞和莲花，还有特别的星形图案。

明，约1500—1600年
长18.6厘米，宽18.6厘米
哈利爵士与加纳夫人捐赠
（1974，0226.56）

4|28 明代硬木和髹漆家具

17世纪蓬勃发展的国内经济，推动了明代新式家具的出现。明代硬木家具的特点是：线条简洁，时至今日魅力依旧。木工不使用钉子，而是用榫卯将木构件紧密结合在一起，制成家具。黄花梨（1、2）和紫檀是制作桌案、橱柜和椅凳框架最常用的木料。

剔红、剔黑漆家具原只为皇室御用。到明末，可使用的阶层范围变得更为广泛。对于皇家贵胄而言，黑漆嵌螺钿或朱红戗金漆器是较为便宜的替代品。在明代家具中，还有许多被设计成可便携移动的式样（3）。

1. 黄花梨官帽椅
这些椅子因框的造型似朝廷官员的官帽而得名。

明，1550—1600年
高104厘米，座位高50厘米，座位宽61.5厘米
维多利亚与艾尔伯特博物馆藏，约翰·阿迪斯爵士捐赠
（FE.54-1977）

2.《陶谷赠词》局部，佚名
这幅局部绘画中官员陶谷就坐在官帽椅上。今天我们可以直接欣赏到的明代家具，都有着流畅的外形、利落的线条。不过，如画中所示，古代桌椅上其实都盖有华丽的织物。

挂轴，绢本设色
明，1500—1600年
纵170.5厘米，横104厘米（画芯）；纵272厘米，横130.5厘米（装裱）
（1929, 1109.0.1, Ch.Ptg. Add.68）

3. 漆木箱

这件可移动的漆木箱上原有锁插，可关锁箱门。箱盖上为吉祥的庭院婴戏图，正面描绘了一位取得功名的文人衣锦还乡的景象。打开柜门，掀开箱盖，各种不同尺寸的抽屉展现在眼前。这些抽屉都装饰有精致的嵌螺钿植物花枝。

明，1600—1644 年
中国南方
高 30.4 厘米，长 30.7 厘米，
宽 23.5 厘米
哈利爵士与加纳夫人捐赠
（1974, 0226.63）

4|29 明代墓葬陈设

在明代，墓葬明器都按照民间建筑式样，使用陶土和石材制成模型。发掘明代坟墓，有时就像掀开了精致的玩偶之家的"屋顶"。墓中所有的陶俑皆以生活化状态呈现，有的忙于日常工作，有的伴随着演奏者和旗手，排成仪仗队列，向死后的世界宣告死者的身份地位。这种随葬陶俑、建筑物模型和奢侈品的传统起源于大约两千年前。死者的亲属还可为其定制上釉（1、2）或彩绘（3）陶制明器。

1. 明代食物供品

明代，人们的饮食比当时西方人更加丰富多样。这套做成浮雕样式的供品模型中，有羊羔、猪、兔、鱼、鹅、石榴、蜜桃、菱角、烧饼和馒头。烧饼和馒头表明这套模型出自中国北方，面条和馒头在北方是十分普遍的食物。

明，1450—1600年
陕西
直径约 11 厘米
伊迪丝·切斯特·贝蒂女士捐赠
（1927, 1214.1-10）

222

2. 彩绘陶宅院模型

这套出土的宅院大门内置影壁，
用来辟邪并遮蔽厅堂以防外人窥
视。最后面是谷仓，两侧是厢房
和厨房。这些模型原本覆盖了一
层粉白色化妆土，上面有红、黑、
绿彩低温烧制的彩绘。现彩绘已
基本脱落，只有雕刻的缝隙中还
残留着彩绘颜料，这些彩绘原本
用于保护陶宅表面。

明，1522—1600 年
中国北方
最高 29 厘米
（1937, 0716.7-12）

3. 陶桌椅模型

明，1522—1600 年
中国北方
高 9 厘米（椅子），
6.5 厘米（桌子）
（1937, 0716.6.a-b）

明朝中后期（1487—1644年），善男信女掀起一股捐款建造祠堂、佛寺和道观的热潮（3）。寺庙长期需要资金资助修缮建筑，以吸引更多的游客和香火。因此，僧侣们常向缙绅们发起善款募捐的呼吁（1）。

人们相信建筑屋顶是连接现实世界和超自然世界之间的平台，所以许多屋顶上装饰流行的陶瓷神像或文星神像脊饰（2、4）。那些制造脊饰的作坊通常在建址附近。脊饰塑像也用于寺庙内部，如大型阎王的下属和判官之类的陶瓷造像（5）。

1. "莲池会" 观音像龛

造像上的一长串铭文，让我们知道烧制这尊祈愿观音像的委托人和制作信息。这尊观音像是为山西一间观音阁所作，烧造时间为1573年，为 "段氏" 家族供奉之物。

明，万历年间，1573年
山西
高52.6厘米，长31.5厘米，宽18厘米（含底座）
（1988，0728.1）

2. 天神立像

人们认为，在建筑物上装饰神话中具有神力的造像可以保护建筑，远离灾害。这尊为佛教的护法神韦陀造像，背后有铭文，记录着烧造时间为天启七年（1627年）。

明，1627年
山西
高80厘米，长26厘米，宽16厘米
（OA+.530）

3. 龙纹琉璃砖

这组华彩釉琉璃砖构成了大型的高浮雕、蓝黄釉行龙纹饰，游弋在莲花间。它们多年来都用作花园屏风。原先，应是山西一建筑的正脊装饰。因为龙能控制水，可以使建筑远离火患。

明，约1480—1580年
山西
宽39厘米，长244厘米
何鸿卿爵士捐赠
（2006，0503.1.1-20）

4. 关帝脊饰

这尊塑像可能是历史上著名的武圣关帝。他是三国时期（221—280 年）的英雄人物，罗贯中所作历史演义小说《三国演义》让他千古留名。脊瓦制造于 16 世纪，上面有文字"東一"，告诉建造者应放置在屋顶的具体位置。绿、黄色釉比其他的脊瓦更闪闪发亮，表明它们所受环境损害较少。

明，1490—1620 年
山西
高 42.5 厘米，长 33 厘米，
厚 13.8 厘米
（1937, 0716.107）

5. 彩釉阎王下属和彩釉判官塑像

左边这尊女性陶瓷像面色苍白，手里拿着薄薄的一卷善事簿，上面记录了生前行善的人名。右边的男性判官面部和双手呈绿色，黄色长须，耳垂厚重，双目圆睁，嘴唇赤红。他一手拿着厚重的卷宗，上面记录了生前行恶事之人，使得卷宗十分沉重，另一手拿着一支毛笔。这些造像原先可能是立于寺庙中阎王两侧。在中国，传说地府有十殿阎罗，灵魂须经过层层审判。可能十殿里都有类似的彩釉造像。

明，约 1522—1620 年
中国北方
高 148 厘米，宽 36 厘米，
厚 20 厘米（吏员）；高 136 厘米，
宽 39 厘米，厚 31 厘米（判官）
（1938, 0524.115）；
艺术基金会和大英博物馆之友捐赠
（1917, 1106.1）

4|31 明代仿古青铜器

　　明版的宋代青铜器辑录在 16 世纪广泛流传。最受欢迎的是 1092 年由吕大临编写的《考古图》和宋徽宗敕撰的《宣和博古图》(1119—1123 年)。《考古图》主要收录了青铜器铭文。这些雕版印刷的著作收录了中国早期青铜器精华。过去，只有王公贵胄和富裕之人才能拥有青铜器物。而现亦然，农民在田作时发现的早期贵族墓中的古代物品，它们最后的命运不外乎售卖，之后被人收藏和研究。不过，诸如青铜鹅形香炉（1）和爵式香炉（2）等器物，也是我们重新认识古代青铜器形制的重要媒介。

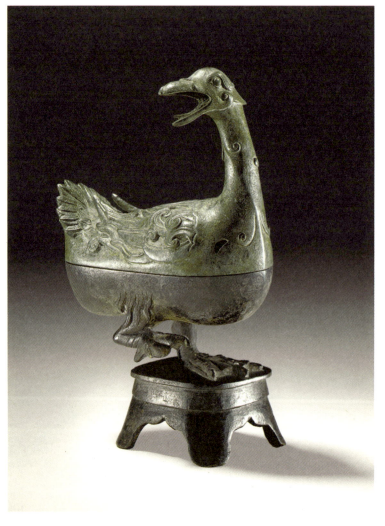

1. 青铜鹅形香炉

鹅形香炉在汉代便有生产，明代的工匠从刊印的古董辑录中获取制作灵感。明诗中就有对鹅形香炉的描述，通常的用法是在炉内点燃芳香草或木料制成的香粉或香丸。

明，1400—1500 年
高 18.5 厘米
(1986, 0715.4)

2. 青铜爵式香炉

焚香具有神圣的目的，能使人与神、仙逝之人进行交流。此三足青铜香炉仿古代青铜爵器形，上面有铭文"萬曆甲寅年柳茹貢氏祠堂造"（1614年）。

明，1614年
河南
高 16.5 厘米
捐赠人 J. E. 伯奇夫人为艾尔弗雷德·克莱的侄女。克莱氏的收藏成立自 1867—1877 年（1927, 0307.1）

明前半期（1368—1500 年），玉石原料主要来源于河床。但从 16 世纪起，人们开始从高山上开采玉石矿，玉石产量和玉器数量也随之增加。玉杯（1—3）象征着巨大的财富，因为其制作耗费甚多。这些物品属于当时的首辅严嵩（1480—1567 年），1562 年因贪腐等罪名皇帝下令查没其家产，卷宗显示查抄出 311 个玉杯。

这些玉器受到大约两千年前古玉形制的启发，展示了明后期的尚古潮流。古代青铜器、漆器和玉器辑录（4）的传播，激发了明朝士大夫阶层对古物释读的愿望。

1. 螭耳玉杯

此龙柄杯由玉石琢磨而成。杯耳为神兽螭龙或无角龙式样。此直腹双螭耳玉杯形制颇似古代青铜簋。

明，约 1500—1644 年
高 18.5 厘米
哈利·加纳爵士纪念基金购买
（1982,0528.1）

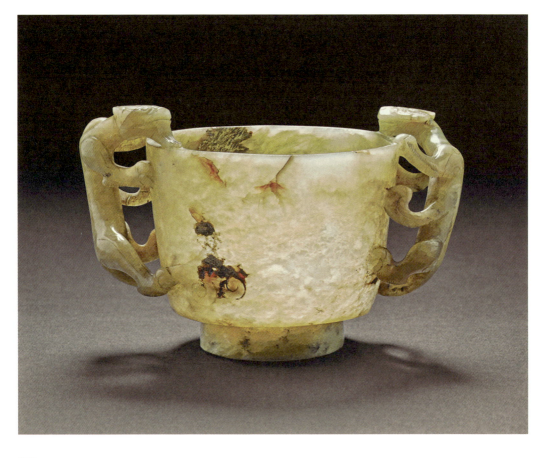

2. 仿古玉杯

此玉杯纹饰融合了三种古代特征。一是，表面交错的凸饰仿东周时期的青铜礼器纹饰。二是，高筒形的杯身和下方三兽足仿西汉时期的漆器和金属器。三是，兽形杯耳似古代玉带钩造型。

明，约 1500—1644 年
高 8.8 厘米
哈利·加纳爵士纪念基金购买
（1982, 0528.2）

3. 合卺杯

制玉工匠仿青铜器辑录的图像制作了这件玉杯，并打造了凤形杯耳。

明，约 1500—1644 年或之后，
高 8.9 厘米
（1937, 0416.178）

4.《合卺杯图》

这幅图来自《西清古鉴》一书。此书为乾隆皇帝所收藏青铜器的辑录，共 40 卷。编撰时间从 1749 年到 1755 年，记录了 1529 件皇家收藏品。

中国国家图书馆藏

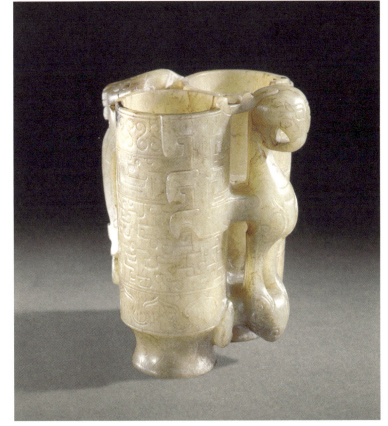

4|33 明代玉带

从上古时期开始，玉在中国文化中就具有永生的含义。人们认为在身体重要器官对应处佩戴玉带，可以延长佩戴者的寿命。佩戴玉带有着严格的律法规定（2），元及明初的玉饰（1300—1500 年）多为高浮雕纹饰，拥有更丰满的纹饰（3），比明末玉器边缘更加光滑、圆润。

考古学家在数座王侯墓中都发掘出了玉带和珍贵的白玉。大英博物馆收藏的玉带板上就雕刻着矫健的龙形。在江西南城益宣王（朱翊鈏，1537—1603 年）夫妇合葬墓中也出土了类似玉带，但上面的图案为波纹（1）。从该墓中还出土了素白玉带，这些玉带板原先缀在布带上，但纺织品材料很难保存下来。有时玉带板会用黄金或者鎏金青铜框镶边，然后再连接或系在一起（4）。

1. 玉带板

这些长方形和桃形的玉带板上刻有龙和四季花卉纹饰。玉带板反面穿孔，可以缝在布带上，松垮地束于腰间。蛇形龙浮雕纹饰，边缘不甚圆滑，表明它们为 16 世纪藩王或者高官所有。

明，约 1520—1600 年
最长的玉带板长 15.4 厘米
（1989,0613.1.1-16）

2.《杏园雅集图》局部（杏园聚会上重要官员穿戴的玉带）

谢环（约 1370—1450 年）在聚会后所绘《杏园雅集图》。

卷轴，绢本设色
约 1437 年
纵 37.1 厘米，横 243.2 厘米
大都会艺术博物馆艺术部购买，狄龙基金资助
（1989.141.3）

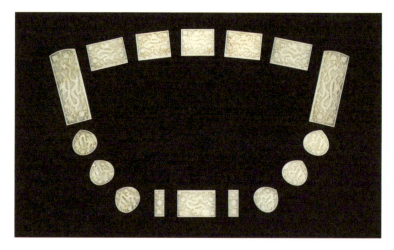

3. 螭龙玉带板

我们通常很难精确断定玉器的年代。如果玉器缺乏历史或者出土信息，就如这块单独的玉带板（它原应为一整套玉带中的一块），我们就只能通过器物风格来推测年代。在元和明初，各种材质的雕刻纹路都较为深刻，强调立体感。此玉带板边缘光滑圆润，内为减地浮雕。刻有长耳的螭龙纹，其有着狮子似的鬃毛，光滑的肌体和分叉的尾部。相较而言，图 4 的龙纹则有角、鳞片和蛇形身体。

约 1300—1450 年
长 8.4 厘米
詹姆斯·希尔顿遗赠
（1930，1217.37）

4. 金镶龙纹玉带板

这块正方形的玉带板原属于一套明中期质量上乘的玉带，背部镶金。龙以后腿而立，底边角上有大朵牡丹花纹。到明中期和晚期，纹饰相对较浅一些。不过，我们还是能从这块玉带板上看到非同寻常的细节，比如龙背上有序排列的鳞片。

明，约 1500—1600 年
长 6.3 厘米，宽 7 厘米
沃尔特·利奥·希尔伯格捐赠
（1955，0718.45）

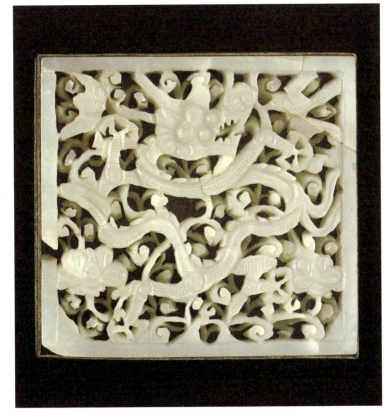

4|34 神仙牙雕

　　尽管商王妻子妇好墓中（约前 1200 年）曾出土了一些雕刻复杂的象牙制品，但我们这里所展示的象牙则制作于其后几千年的明代（1）。16 世纪和 17 世纪左右，中国东南沿海港口城市繁荣起来，匠人开始使用进口象牙制作牙雕。象牙雕刻业便在此基础上开始发展。元代以前，中国没有雕刻宗教牙雕的历史，这是一类受国外市场刺激才产生的新兴手工业。中国工匠以欧洲雕刻为蓝本，为西班牙人（在菲律宾建造）的基督教堂制作象牙人物雕像。他们的技艺高超，引得越来越多的天主教传教士专为澳门、马尼拉和果阿新建的东方教堂定制刻有耶稣和圣母玛利亚的牙雕祈祷像。在福建，漳州雕工也借鉴西方牙雕形式，为中国本土的王室贵胄制作深受西方造型影响的中国神像。象牙材质相对柔软，容易雕刻，所以工匠们能够在脸部和衣袍上雕刻出令人赞叹的细节。随着时间的推移，象牙会变成浅棕色。有时工匠也会给象牙雕上色或染色。

1. 象牙雕像

这组象牙雕像中居首位的是道教神仙铁拐李。铁拐李通常以身形消瘦，眼睛凸出，拄拐（铁拐杖）跛行的形象出现。作为道教八仙之一，铁拐李的传说广为流传。传说他能灵魂出窍，然而一次他的灵魂离体太久，以致仆人以为他已死去，便将他的肉体焚烧。当他的灵魂归来时，已经没有肉体可以栖息，只好进入一个刚去世的瘸脚乞丐体中。居次吹箫的雕像是韩湘子，也是道教八仙之一。第三个是钟离权，是八仙中成仙较早的一位。他的标志是能

使人起死回生的扇子，这把扇子上趴着的乌龟象征长寿。最后一个雕像是张果老，手中拿着卷轴，但大多数时候他都手持渔鼓。张果老在历史上确有其人，也位列道教八仙之一。

明，约 1580—1644 年
福建漳州
高为 29 厘米；19 厘米；29.8
厘米；30.5 厘米
L. E. S. 戴维士女士捐赠
（1952, 1219.6-9）

4|35 外销青花瓷

16 世纪 20 年代，景德镇首次为欧洲商人烧造仿制欧洲餐具器形和纹饰的定制瓷器。1516 年，葡萄牙商人来到中国，开始与中国直接进行贸易。这成为外销青花瓷生产的催化剂。在此之前，欧洲与中国贸易一般通过中东中间商进行。后来，荷兰和英国商人的出现，极大地扩大了欧洲与中国的贸易往来。

图中这些餐具改变了欧洲人的用餐习惯和家庭装饰风格（1—4）。在中国瓷器大批量进入欧洲之前，他们主要使用锡釉或铅釉陶器用餐。中国瓷器特别之处在于高温烧制、手感细腻、色彩鲜艳光亮。青花瓷所受欢迎程度之高，引发欧洲和美洲新大陆竞相探寻陶瓷生产秘诀，并使用当地较差的材料进行仿制。海外沉船上数以万计的瓷器证明了这一贸易规模之大（4）。明晚期，这类以中央图案为中心，有辐射状开光纹饰的青花瓷，称为克拉克瓷。图 2 这件器物上的纹饰，虽然是为葡萄牙客户定制，但是后来也出现于伊朗制作的"玻璃砂"（fritware）碗上，可谓殊途同归。

1. 青花克拉克大盘

这件瓷盘之所以极为珍贵，有两大原因。首先，瓷盘巨大。瓷窑内烧制直径大于或等于 50 厘米的器物时，避免碎裂和变形就显得极其困难。因此，如此大尺寸的器物烧造量小，遗存下来的则更少。其次，图案特别。画面中野兔蹲在河边，一只猛禽正盘旋着冲向它准备捕食。在 1613 年的"白狮号"沉船中也发现过一件相近尺寸、边沿开光图案相似的瓷盘，只是中央为鸳鸯图。

明，约 1580—1620 年
江西景德镇
高 9.5 厘米，直径 50.3 厘米
奥古斯塔斯·沃拉斯顿·弗兰克斯爵士捐赠
（Franks.191）

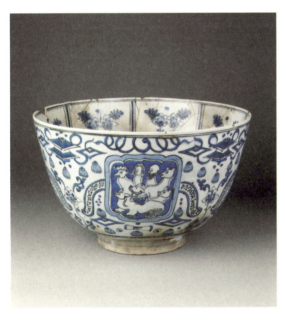

2. 青花克拉克纹章大碗

青花碗（上图）外壁绘纹章形盾牌，盾牌中绘有一头七首怪兽和拉丁谚语"智者眼中无新鲜事"。1620—1650 年，伊朗在当地的"玻璃砂"器窑仿制过一个类似大碗（左上方图）。它也出现在荷兰画家威廉·克莱兹·海达（1594—1680 年）绘的《早餐静物》油画中（右上方图）。

明，1600—1620 年
江西景德镇
直径 34.6 厘米
A. D. 帕斯莫尔捐赠
（1957, 1216, 19）

伊朗仿品：

1620—1650 年
高 19.5cm，直径 32.5cm
维多利亚与艾尔伯特博物馆藏
（2904-1876）

威廉·克莱兹·海达油画：
1638 年
德国汉堡美术馆藏
（Inv 5504）

3. 荷兰风格青花啤酒杯

这对青花酒杯纹饰完全来自中国，而器形则仿荷兰炻石或玻璃啤酒杯造型。说明中国的行商曾将欧洲器物图或者器皿样品带到景德镇，按式样仿制成瓷器。1635 年，当时驻守安平古堡的总督就将一批车床旋制的彩绘木质器样送到中国。1636 年，科隆所产的炻器酒杯也引入了景德镇。

明，1635—1644 年
江西景德镇
高 19.5 厘米
奥古斯塔斯·沃拉斯顿·弗兰克斯爵士捐赠
（Franks. 155）

炻石啤酒杯：
1591 年
科隆锡格堡
高 25 厘米
（1855, 1201.179）

4. "哈彻" 沉船青花瓷

20 世纪 80 年代，在中国南海发现了一艘装有 23000 件青花瓷的无名亚洲沉船。两件卵形罐盖上年款显示时间为 1643 年，让考古人员得以准确推算沉船时间。这艘船的目的地也许是印度尼西亚，船上装有陶瓷、香料、丝绸和其他贩卖给荷兰人的货物。因为，荷兰东印度公司在巴达维亚（今印度尼西亚雅加达）建有办事机构。

1643 年
江西景德镇
高 12.5 厘米，宽 13.5 厘米（夜灯）；
高 13 厘米，宽 19 厘米（茶壶）；
高 4 厘米，直径 19.5 厘米（碟）
（1984, 0303.3; 24; 16）

清（爱新觉罗氏） 1644—1911 年

姓名	在位时间	年号	庙号
福临	1643—1661 年	顺治	世祖
玄烨	1661—1722 年	康熙	圣祖
胤禛	1722—1735 年	雍正	世宗
弘历	1735—1796 年	乾隆	高宗
颙琰	1796—1820 年	嘉庆	仁宗
旻宁	1820—1850 年	道光	宣宗
奕詝	1850—1861 年	咸丰	文宗
载淳	1861—1875 年	同治	穆宗
载湉	1875—1908 年	光绪	德宗
溥仪	1908—1911 年	宣统	

5

清：最后的王朝

公元 1644 年至公元 1911 年

清朝是中国历史上最后一个封建王朝。1644年，中国东北的满族推翻了衰弱的明朝。随着明朝末帝的自尽，清朝拉开序幕。1644—1830年，被称为"18世纪的长时段"。这一时期见证了清朝在康熙、雍正和乾隆统治下相对繁荣的时期（1—3）。

一些学者认为，清朝在"19世纪的长时段"（1830—1911年）内则是中国内忧外患时期，其间发生了两次鸦片战争（6）、太平天国起义和义和团运动，并最终爆发辛亥革命，于1911年推翻了清王朝的统治（7）。另一些学者则认为，这个过渡时期乃是现代中国诞生的催化剂。有清一代，中国领土大为扩张，覆盖了今天我们所知的中国疆域。清朝与欧洲、俄国和美国进行直接贸易，将中国艺术风格的器物输入西方，并将欧洲风格的器物引进中国。

500 年来，在最后一位皇帝退位前，紫禁城既是皇家宫殿，又是中国的政治权力中心。其中的建筑物沿着一条南北中轴线布局，这象征着皇帝统治的中央位置，而皇帝通常被称为天子。在皇帝后宫的许多房间里都有精巧的架子 —— 多宝格，专为陈设古玩器物。圆明园和颐和园，是北京先后建造的两座消暑夏宫，在离北京东北约 200 公里处的承德也修建了避暑山庄。这些避暑宫殿的设计反映了皇帝广泛的品味，在某种意义上也体现了清帝国的缩影。国家祭典则在紫禁城内举行，有时也会在紫禁城之外，诸如天坛举办。

18 世纪的长时段里，欧洲人把中国看作理想化的国度，将中国商品视为奢侈品的典型（5）。西方对中国风尚的喜爱包含了中国、日本和南亚地区的视觉艺术品。而同样，中国人也喜爱欧洲

1.《弘历观画图》，郎世宁（1688—1766 年）等绘

挂轴，纸本设色
清，1746—约 1750 年
纵 136.4 厘米，横 62 厘米
北京故宫博物院藏

2.《乾隆皇帝大阅图》，郎世宁绘

挂轴，绢本设色
清，1739 年
纵 332.5 厘米，横 232 厘米
北京故宫博物院藏

3.《乾隆佛装像唐卡（文殊菩萨）》，郎世宁等绘

唐卡，绢本设色
清，约 1768 年
纵 113.6 厘米，横 64.3 厘米
美国弗瑞尔美术馆、塞克勒美术馆及史密森学会，华盛顿：查尔斯·朗·弗瑞尔基金，匿名捐献（F2000.4）

或欧洲风格的物品,如欧洲(还包括南亚和中东地区)的绘画、建筑、园林等。商人、外交官和传教士(尤其是耶稣会传教士)的流动,在促进物质交流方面起了至关重要的作用。这些交流对当时中国和西方国家的视觉艺术有着深刻的影响。耶稣会士在向中国朝廷传播欧洲哲学、科学和艺术方面发挥了重要作用。利玛窦(1552—1610年)和他的同伴罗明坚(1543—1607年)于1601年来到明朝紫禁城;德国耶稣会士汤若望(1592—1666年)是清朝第一位皇帝的科学顾问;南怀仁(1623—1688年)为清宫廷制作了欧洲的武器和科学仪器。另外,法国国王路易十四世也曾派法国耶稣会士到康熙皇帝的宫廷,进行数学方面的交流。

相比之下,19世纪的长时段中,现实主义开始大行其道。这一世纪,中国发生了巨大变化,其中既有暴力冲突、外国涉华,也包括了铁路、电力、摄影和电报等新技术的引入。西方的压迫和清政府的软弱,最终导致了"百年屈辱"。这近一个世纪中发生了一系列战争,如第一次鸦片战争(1840—1842年)、第二次鸦片战争(1856—1860年)、太平天国起义(1850—1864年)、

4. 从英国开往中国的舰队,《罗切斯特日志》(1710年8月27日)

纸本墨色
大英图书馆藏

5. 广州的外国购物者,出自某外销水彩画局部(1723—1735年)

纸本水粉画
纵41厘米,横31厘米
瑞典隆德大学藏

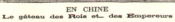

EN CHINE
Le gâteau des Rois et... des Empereurs

6. 《瓜分中国：" 西方帝国在瓜分中国 "》，刊登于《法国小日报》（1898 年 1 月 16 日）

彩色平版印刷
纵 46 厘米，横 33 厘米
法国国家图书馆藏

7. 末代皇帝溥仪（1906—1967 年）和妻子婉容

北京故宫博物院藏

中法战争（1884—1885 年 ）、中日甲午战争（1894—1895 年 ）、义和团运动（1898—1901 年 ）、八国联军侵华战争、日俄战争（1904—1905 年 ）等。清政府未能成功处理这些灾难性的战争，不可避免地失去了 " 天命 "。1911 年辛亥革命爆发，推翻了清朝统治，结束了中国两千多年的封建统治。

5|1 中国正统派绘画和"四王"

董其昌（1555—1636年）（1）是明末的画家、书法家和思想家。他的画论对后世画家和清代文人画产生了深远影响。他提出了南北宗论，将中国画分为文人画和院体画。这个分类尽管稍显简单生硬，未能真实反映画家背景和身份的变化，但它却从根本上区分了源自不同作画目的所产生的绘画风格。此外，董其昌还提出了营造动态山水画布局的范式，以及描绘山水木石的特殊画法。

"四王"是清初期四位正统派文人画家的概称，因四人皆为王姓故称，即王时敏（1592—1680年）（2）、王原祁（1642—1715年）（4）、王鉴（1598—1677年）（3）及王翚（1632—1717年）（5），同为苏南人士。王原祁是王时敏的孙子，王鉴和王时敏为同龄好友，王翚则师承王时敏和王鉴。明清画家喜通过临摹宋元时期名家画作提升作画境界，摹古是传统的学画方式。王时敏等人也收藏了许多宋元时期的古画。

1.《山水画》，传董其昌绘
这幅作品题有唐代诗人王维的诗句："泉声咽危石，日色冷青松。"董其昌通过三段式构图，由近及远地呈现了山水景色。书法一直是画作必不可少的部分，可营造书画同赏的氛围。值得注意的是，这幅画的真伪存疑。

挂轴，纸本墨色
纵 95.5 厘米，横 41.3 厘米
布鲁克·休厄尔遗赠
（1963, 0520, 0.4, Ch.Ptg.
Add.332）

2.《山水画》，王时敏绘
王时敏从摹古入手，一生醉心于师法元代画家黄公望（1269—1354年）。黄公望的画作是他创作这幅山水画的灵感来源。王时敏掌握了早期画家的风格，并将其简化为创作范式和笔墨技法。

挂轴，纸本墨色
1654 年
纵 177.8 厘米，横 57.1 厘米（画芯）；纵 245.8 厘米，横 89.5 厘米（装裱含轴头）
布鲁克·休厄尔永久基金捐赠
（1960, 1008, 0.1, ChPtg.
Add.311）

3.《仿巨然山水画》，王鉴绘

10世纪五代画僧巨然（生卒年不详）擅长江南山水画。这幅传统文人墨画便模仿自巨然，又在笔墨中融入了董其昌的绘画理念，即他提出的"南北宗论"。

挂轴，纸本墨色
明至清，约1620—1677年
纵130.5厘米，横49.5厘米（画芯）；纵272.5厘米，横71.8厘米（卷轴）
（1978,0626,0.2,Ch.Ptg.Add.402）

4.《仿黄公望山水画》，王原祁绘

这幅画的题跋表明，王原祁试图掌握五代画家巨然和董源（934—约962年）的画技精髓，而元代画家黄公望便取法自这两位前辈画家。因此，他选择临摹了黄公望的画作。王原祁还提及自己在"葭翁年长兄"的帮助下，揣摩半月而画成。

挂轴，纸本墨色
清，1687年
纵132.2厘米，横51.4厘米
布鲁克·休厄尔永久基金捐赠
（1976,0405,0.2,Ch.Ptg.Add.392）

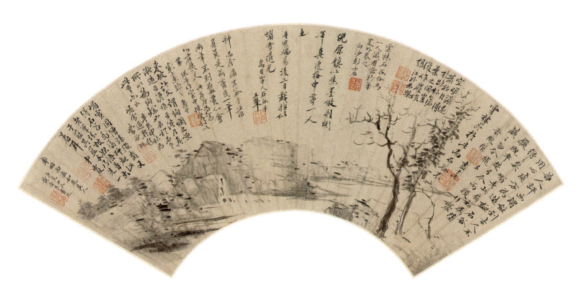

5.《仿倪瓒山水画》，王翚绘

王翚这幅扇面仿自元代画家倪瓒（1301—1374年）画作，在此基础上又增加了原创内容。倪瓒是元四大家之一，擅长疏林坡岸。王翚及同时代画家的题字填满了扇面空白处。王翚还奉诏携弟子等绘制了关于康熙皇帝的《康熙南巡图》。

扇面册页，纸本墨色
清，1671年
横28.5厘米
让－皮埃尔·迪博斯克捐赠
（1972,0918,0.4,Ch.Ptg.Add.375）

5|2 清代个性派画家

画僧髡残（1612—约 1673 年），曾驻锡于南京牛首山幽栖寺。他在《四季山水图册》（1）上的题跋表明，自己长期生活在山林之间，远离世俗生活。他于《秋景山水图》上写道："烟波常泛艇……"在《冬景山水图》上则题"清溪大居士枉驾山中，留榻经旬"。他绘制了这 4 幅册页后，于 1666 年将它们送给了友人。这些册页是他个人绘画风格的很好体现。

石涛（1642—1707 年）（2）原名朱若极，广西桂林人，明皇室胄裔。1644 年明清易代时，他因年幼，幸免于难，在寺庙里隐姓埋名长大。之后，他出家为僧，漫游名山大川。最终，他离开佛门，成为一名道士，在扬州定居。他和髡残一样属个性派画家。清代个性派画家是相对于正统派画家而言的。他不同寻常的画风为同时代人所认可。

（本页）

1.《四季山水图册》:《秋景山水图》（上）《冬景山水图》（下），髡残绘

髡残为四季分别作了 4 幅山水画，《秋景山水图》和《冬景山水图》是其中的两幅，后装裱为卷轴。《春景山水图》现藏于美国俄亥俄州克利夫兰艺术博物馆，《夏景山水图》现藏于德国柏林科隆东亚艺术博物馆。这一套作品是 1666 年髡残为友人程正揆（1604—1676 年）所作。程正揆也是一位诗人和画家。画作上的题字相当耐人寻味，如"烟波常泛艇，石洞挂云瓢。不识此间意，何人咏采樵"。

册页装裱为卷轴，纸本设色
清，1666 年
纵 31.8 厘米，横 65 厘米（画芯）；纵 35.1 厘米，横 894 厘米（卷轴）
布鲁克·休厄尔遗赠
（1963, 0520, 0.3, Ch.Ptg. Add.331）

（对页）

2.《南方八景图》，石涛绘

石涛才华出众，拥有多重身份、职业与别号。石涛是清代艺术家里具有非凡远见之人。他是明宗室后裔，承受了国破家亡之痛。八景册页描绘了南方山水美景。

册页，纸本设色
清，约 1662—1707 年
纵 52.3 厘米，横 34.6 厘米（册页）
布鲁克·休厄尔遗赠
（1965, 0724, 0.11.1 - 8, Ch.Ptg.Add.349）

1 东山

2 天印山

3 幕山大观亭

4 飞来峰

5 岳阳楼

6 雨花台

7 水西山

8 采石矶

247

5|3《西厢记》

自 14 世纪中叶开始，景德镇陶工擅用戏曲、小说故事图案装饰青花瓷罐。明清之际，陶工们也会用半透明颜料绘制生动的人物场景。大约 1720 年，通过与欧洲的相互交流，景德镇引入了新的不透明颜料，可以调制出令人惊艳的粉色和白色调。陶工使用这些颜料可以在釉上绘制各种颜色的图案，完美展现细节。图 1 大瓷盘上的女性服装和墙面细节就展现了他们高超的技艺，瓷盘上的图案出自中国古典戏曲名著《西厢记》。该作品由元代剧作家王实甫于元贞、大德年间（1295—1307 年）编写，现存多个刻本（2、4），并经常出现在中国的通俗绘画中。以《西厢记》为题材的瓷器也出口到了欧洲等地。不过，欧洲人并不理解这些对中国人而言非常熟悉的图案（3、4）的含义。

1. 陶瓷餐盘
盘中纹饰为《西厢记》第三本的场景，青年书生张生为了见心上人崔莺莺，正爬过花园围墙，崔莺莺则由丫鬟陪着。崔莺莺是相国之女，与张生相爱。然而，张生必须考取功名，才能获准迎娶莺莺。

清，约 1723—1750 年
江西景德镇
直径 55 厘米
R. 索姆·杰宁斯捐赠
（1975, 1208.1）

2.《西厢记》（雕版印刷，17 世纪明崇祯刻本）

木刻版画，纸本墨色
中国国家图书馆藏

3. 家具瓷饰板

这块陶瓷饰板两侧有长方形插孔，表明它应是椅背或者屏风的装饰板。饰板中央身穿华服的千金小姐坐在车里，由丫鬟陪伴。一位穿草鞋、戴竹笠的车夫弯着腰推着车子。年轻英俊的骑马男子望着小姐，旁边是他的书童。这一场景取自雕版印刷的《西厢记》。它表现的是张生在长亭和崔莺莺告别，动身赴京赶考。

清，约 1723—1750 年
江西景德镇
高 27 厘米，宽 15.7 厘米
奥古斯塔斯·沃拉斯顿·弗兰克斯爵士捐赠
（Franks.524.+）

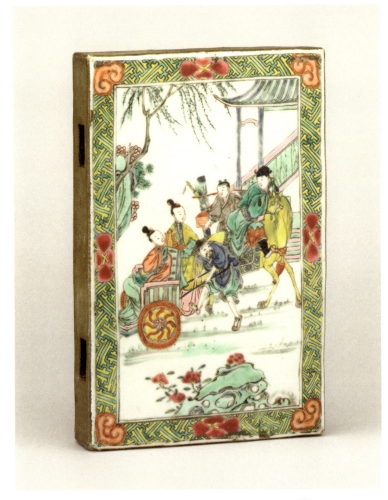

4.《西厢记》（17 世纪明木刻本）

木刻版画，纸本墨色
台北故宫博物院藏

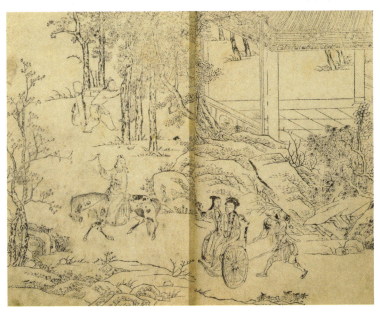

5|4 道教绘画

　　中国宗教体系融合了多种信仰。其中儒家、佛教和道教的哲学、信仰在中国影响范围最大。传统地方宗教常与这些主流宗教彼此贯通。汉代时，佛教方从印度引入中国，比儒家晚 500 年。北魏统治者大力提倡佛教，并以之作为国教。而道教是中国本土宗教，《道德经》为其经典著作，一般认为其作者为公元前 6 世纪的老子。

　　儒家思想认为：一个有文化的人应当入仕做官，以身作则，确保人们遵守社会礼仪和社会等级。相比之下，道教和佛教有诸多相似之处，都提倡无为而治，隐世而居，与自然达到和谐统一。道教更是传统文人画（1）和宫廷画家设色册页（2）中的常见主题。

1.《蓬莱洲》，袁江绘

巨幅山水画法在宋末沉寂 700 多年后，再现于 18 世纪。南宋宫廷楼阁画曾运用"界画"的技巧描绘令人赞叹的细节，而这一技巧同样再现于袁江（约 1670—1755 年）的画作之中。画中所绘的蓬莱仙岛上，宫殿金碧辉煌，乃仙人所居。蓬莱仙境的确切位置仍有争议，很多人认为它是山东海岸线附近东海中的一个岛屿。

挂轴，绢本设色
清，1723 年
纵 186.5 厘米，横 102.6 厘米
（1953, 0509, 0.5, Ch.Ptg.
Add.283）

2.《神仙册》，冷枚绘

冷枚（1677—1742 年）为山东籍宫廷画家，擅长人物画。他大约从 1700 年起，康熙皇帝在位期间，任职于宫廷画院，并和其他画家一同为贺康熙帝六十大寿献作。这 12 幅绢本设色册页展现了冷枚绘制道教神仙的精湛技艺。

册页，绢本设色
约 1700—1742 年
中国北方
纵 42 厘米，横 38 厘米
（1910,0212,0.576.1-12,
　Ch.Ptg.198）

1.《雍亲王题书堂深居图屏·博古幽思》
此图为 12 幅《雍亲王题书堂深居图屏》之一，为清雍正皇帝为雍亲王时命画家为圆明园所作。图中展现了清前期家具和陈设的特点，以及女子服饰等时代特征。

挂轴，绢本设色
约 1709—1723 年
纵 184 厘米，横 98 厘米
故宫博物院藏

紫禁城生活

北京紫禁城在晚近 500 年的时间里，一直是权力和政治的中心，也是明清两朝皇帝、家眷和仆役们的居所。寻常之人若非诏见，则不得进入紫禁城之内。永乐皇帝在元代宫殿旧址上修建了明代宫殿，其建筑却极少保留至今。今日的紫禁城里大多数建筑为清代所建。由于木构建筑容易发生火灾，在过去几个世纪里，紫禁城里很多建筑都经过重建或修葺。现在的紫禁城已经成为博物馆、研究中心、考古遗址，以及世界最著名的旅游景点之一，每年参观人数超过 1500 万。

紫禁城建筑色彩丰富，红墙朱楹、黄绿琉璃瓦、汉白玉台基、石构庭院等，构成了一幅令人赏心悦目的画卷。飞檐翘角的宫殿沿南北中轴线布局，由内外城墙环绕，每一侧城门外还有宽阔的护城河拱卫。三大殿位于紫禁城南部，殿前空间在国家举行大典时，可容纳满朝文武百官和宫中人员。紫禁城的后宫是皇帝、妃嫔以及皇子公主的私人住所。后宫建筑虽比前殿小，但内中装饰豪华。其他错列的低矮建筑，既有库房，也有朝廷官员和仆役住所。

清朝，皇帝拥有至高无上的权力，通过等级分明的庞大官僚机构管理国家。各地信息则汇总到皇帝所设的军机处。理论上，皇帝即使在宫中，也能通过官僚机构网络，掌握域内上下的任何动态。这便是维持中央集权的有力工具。

为了保持皇家血统纯正，明朝任用太监管理内务。有些男子被迫做了宦官，而有些则出于自愿。太监可能会变得异常富有，并将钱财和货物传给侄子或兄弟。由于明末宦官权力过甚，使清朝皇帝对宦官专权保持了警惕。

清朝皇宫设置内务府管理宫廷内务。紫禁城的军事防卫也非同小可，因此城中还驻有禁军、护卫和密探。此外，紫禁城里也有孔庙、佛寺、道观和供奉其他神仙的殿堂。太庙则不在城内，而位于其东南面。

清代宫廷娱乐有观赏乐舞和大戏，演武、摔跤和花园赏游等也是常见活动。紫禁城中有许多藏书阁和其他文化消遣，包括艺术品和古董收藏。从今天的记载看来，乾隆皇帝在写诗方面费时颇巨，这些诗文也记录下了他的诸多思想。清朝皇帝还喜欢带着王公贵胄和护卫禁军一起围猎。对任何一个皇帝来说，骑马、射箭都是必备技能。

1911 年辛亥革命爆发之前，许多皇帝都曾在紫禁城居住。末代皇帝溥仪退位后，仍住在城中，直至 1924 年。之后，紫禁城改名为故宫博物院。

清代时，江西景德镇御窑烧制的瓷器质量上乘。为了保证质量，皇帝派督窑官在官窑监督瓷器生产。约1720年，中国引进了新的颜料，改变了明代和清代早期水彩般半透明的颜料，从而调制出各种可用于瓷器彩绘中的颜色。景德镇瓷工将上乘的素白瓷送进北京皇宫，借鉴宫廷作坊里耶稣会士所用铜胎画珐琅技术，为瓷器施彩。这些珐琅彩瓷器（1）底部为胭脂红款识，和景德镇瓷器款识完全不同。康熙皇帝首次下令烧制珐琅彩瓷器，之后的雍正皇帝和乾隆皇帝也在内廷作坊烧造出独具特色的御制珐琅彩。同时，景德镇仍持续烧造大量瓷器。

图2中的小碗绘制的一对蝴蝶体现了陶瓷画工的高超技艺。西方收藏家将这种瓷器称为 *famille rose*，中国鉴赏家则称为粉彩或软彩，如图3的乾隆款九桃瓶。

1. 御用碗

内廷瓷器画工受到铜胎画珐琅技术的影响，令这件康熙珐琅彩瓷器上的纹饰、布局、施彩都异常精致。景德镇瓷器常制釉下蓝彩（青花）款识。而这件碗为典型内廷绘制器物，使用釉上胭脂彩款识。另外，"御"字替代了"年"字，为"康熙御製"，在碗外壁饰莲花形开光，黄、粉交替，内书"萬""壽""長""春"。

清，康熙年款，
约1716—1722年
江西景德镇生产瓷器，北京彩绘
高7.7厘米，直径15厘米
雷金纳德·拉德克利夫·科里遗赠
（1936,0413.34）

2. 蝴蝶碗

雍正皇帝希望景德镇御窑生产出质量一流、细节完美的瓷器。清皇宫中收藏了无数宋明时期的瓷器。此外，皇帝们还下令仿制这些精致的瓷器，装饰皇宫，并激发了瓷器新品种的诞生。粉彩碗壁上，蝴蝶的薄翼、细如发丝的触角，以及花朵及蝴蝶采蜜的细节都栩栩如生。底部则书青花"大清雍正年製"款。

清，雍正年款，1723—1735 年
江西景德镇
高 6.9 厘米，直径 13.2 厘米
雷金纳德·拉德克利夫·科里遗赠
（1936，0413.26）

3. 粉彩御用九桃瓶

这件花瓶为乾隆皇帝御制，白地上通体绘一株桃树，足底有六字正方形款识。在雍正、嘉庆和道光年间也使用相似纹饰。因为瓷器上施层次丰富的珐琅彩料再行烘烧，所以颜色显得非常"粉糯"。

清，乾隆年款，1736—1795 年
江西景德镇
高 52 厘米
雷金纳德·拉德克利夫·科里遗赠
（1936，0413.44）

5|6 铜胎珐琅

瓷胎画珐琅出现之前，元代景德镇已掌握了在铜胎或金、银胎上施珐琅的技术。工匠会在金属胎上施一层白色珐琅釉打底，再于表面施彩，避开器物金属边缘，最后在金属边缘进行抛光和鎏金。18 世纪 20 年代，康熙年间，欧洲人将这种装饰工艺传入中国。中国人试烧时，纹饰主题多沿用景德镇瓷器（1）。随着技术的成熟，瓷器纹饰变得更具创造性，有些则类似纺织品图案（2）。

18 世纪，中国有两个铜胎珐琅制造中心。一个是北京宫廷造办处（3、4）。造办处为满足皇家需求，生产的物品工艺极其复杂。另一个在广州（5），同为宫廷生产器物。而南方商业作坊则制作质量高低不同的外销器物，卖给各国东印度公司的欧洲商人。18 世纪 30 年代以后，这些欧洲商人在每年的 10 月到第二年 4 月的贸易季节期间都居住于广州。

1. 铜胎画珐琅梅花碗

虽然梅花是中国传统图案，但很少在红地瓷器上出现。该碗纹饰裹足（瓷胎珐琅彩碗足部一般光素无纹），碗内侧施松石绿彩。足底方框内书青花"康熙御製"款。口沿和圈足鎏金。

清，康熙年款，1716—1722 年
北京造办处
直径 15.4 厘米
F. J. 艾伯特捐赠
（1939，1014.1）

2. 铜胎画珐琅绿地花卉碗

传教士将石灰绿引入宫廷作坊。石灰绿由铜加入锑酸铅制成。尽管中国的锑酸铅蕴藏丰富，然而中国陶工很少使用这种矿物。欧洲人则用它作为玻璃、釉料及油画中的亮黄颜料。这件器物其他装饰与图 1 相似，底部款识几乎相同。

清，康熙年款，1716—1722 年
北京造办处
高 8.4 厘米，直径 15.6 厘米
F. J. 艾伯特捐赠
（1939，1014.2）

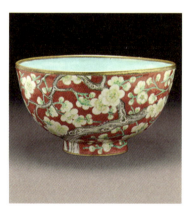

3. 鹌鹑和麦穗纹小花瓶

中国语言是有音调的，许多不同的汉字有着相同的发音。千年来，中国人充分运用这一特点，制造了丰富的视觉化双关语。这里的鹌鹑和麦穗便是"岁岁平安"的双关语。虽然花瓶图案为中式，但绘制工艺却来自欧洲。底部为"乾隆年製"款识。

清，乾隆年款，1736—1795 年
北京造办处
高 12.4 厘米
雷金纳德·拉德克利夫·科里遗赠
（1936，0413.46）

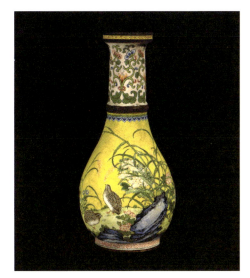

4. 画珐琅袱系纹盖罐

这个罐子肩部为袱系纹，装饰以蝙蝠和桃（寓意长寿）等吉祥图案。瓶颈则环饰灵芝纹。宫廷匠人使用了 18 世纪早期的新颜料：松石绿、宝蓝、浅绿、深绿、胭脂红、粉红和明黄。其上描绘的山茶、铁线莲和玫瑰正竞相怒放。

清，乾隆年款，1736—1795 年
北京造办处
高 10.3 厘米
奥古斯塔斯·沃拉斯顿·弗兰克斯爵士捐赠
（1886，0306.3）

5.《圣经》故事图案带盖杯

广州工匠仿英国银器形制作铜胎，胎上施白色珐琅釉，再进行精心彩绘。这个带盖杯上所绘美妙场景来自《圣经》—— 天使报喜。天使加百列出现在圣母玛利亚面前，告知她即将感孕并生下上帝之子。

清，约 1736—1795 年
广州
高 14.5 厘米，直径 12.3 厘米
雷夫·亚瑟·巴韦尔遗赠
（1913，1220.164）

5|7 清代玻璃

中国玻璃制作始于东周时期，当时嵌玻璃器物和彩色蜻蜓眼器物皆属奢侈品之列。在唐代，进口玻璃与佛教密切相关。唐代本土制造的玻璃，易随着时间推移腐蚀或产生裂纹。至清代，从 1696 年起，玻璃工艺得以复兴。清康熙时期在德国耶稣会士纪里安（1655—1720 年）指导下建立了玻璃厂，由德国和法国传教士在作坊内操持生产。1721 年，玻璃器烧制得非常成功，文献记载，康熙帝向教皇赠送了 136 件北京制作的玻璃器和两箱珐琅彩器物。

清代在北京生产的典型玻璃器有：不透明黄色玻璃瓶（1）、直颈青瓷色玻璃瓶（2）、白套红玻璃钵（3）、仿雄黄玻璃器（4）（这种错视的装饰效果与瓷器装饰西洋化的风潮有关），还有呈透明的宝蓝色玻璃器。18 世纪至 19 世纪，套色玻璃也非常流行。套色玻璃是将一色玻璃罩在另一色玻璃上，然后雕刻花纹。威尼斯进口玻璃在朝廷很受推崇，今天的北京故宫博物院和台北故宫博物院中仍有相关藏品。造办处分为两个机构，一个是专供宫中用度的"养心殿造办处"，位于紫禁城养心殿，后又在圆明园设分支机构；另一个是设于内务府北侧的"内务府造办处"，又称"匠作处"。

1. 不透明黄色玻璃瓶

此瓶为宫廷作坊所做，雍正皇帝御制，简洁的器形和明亮的黄色尤具现代风尚。足底刻双重方框"雍正年製"款。

清，雍正年款，1723—1735 年
北京造办处
高 10.7 厘米，直径 10.9 厘米
（1873, 1215.1）

2. 不透明青瓷色玻璃瓶

青瓷（蓝－灰－绿色调）是历史上的巅峰之作。这件花瓶仿宋徽宗御用汝瓷釉色。和图 1 相似，这个花瓶也为北京宫廷作坊制造，有同样的款识。

清，雍正年款，1723—1735 年
北京造办处
高 22.2 厘米
奥古斯塔斯·沃拉斯顿·弗兰克斯爵士捐赠
（1888, 0515.4）

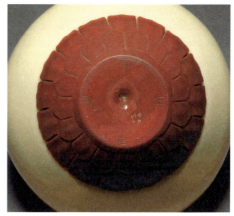

3. 白套红吉祥纹玻璃钵

玻璃工匠在白色玻璃上罩一层暗红色玻璃，然后再雕花纹。在圈足饰双层莲瓣纹，口沿一周饰团寿纹和花卉纹。底部镌刻"乾隆年製"款识，四字作上下左右排列的古币式款。学者认为此钵为佛坛上的盛水器。

清，乾隆年款，1736—1795 年
北京造办处
高 12 厘米
（1869，0620.18）

4. 六棱玻璃酒壶，玻璃碗及杯

汉斯·斯隆爵士（1660—1753年）是一位物理学家和收藏家。他的藏书和收藏品构成了大英博物馆的馆藏核心。玻璃底部信息显示制造时间为乾隆初年，制造地为北京。当时人们喜爱仿西洋物品以及具有错视效果的器物。这些物品正满足了当时中国人的品味。玻璃器具有雄黄般斑驳的纹理，而雄黄则是一种与炼金术和长生不老术有关的矿物。

清，约 1723—1750 年
北京造办处
瓶高 16.2 厘米
汉斯·斯隆爵士 1753 年遗赠
（SLMisc.1696［瓶］，SLMisc.1695［碗］，SLMisc.1697.a-d［杯］）

清代宫廷漆器使用了雕漆、填漆，以及彩漆等工艺，比明代髹漆工艺更为繁复。宫廷作坊集聚了一批江南漆器名匠。他们既熟悉传统纹饰，又会设计新的器形，以满足 18 世纪皇帝们多变的喜好。例如，乾隆皇帝下令制造精美的剔红漆器并饰以鎏金铜配件。这些漆器中有些作为食盒，有些为花瓶，还有碗、托盘和柜子等。乾隆皇帝还下令为佛教寺庙和仪式制造了许多仿西藏金属器风格的器物（1）。

这一时期的宫廷漆器中，还运用了脱胎漆器技术，漆工可以制作出以丝帛为胎的轻若无物的漆器，既可光素无纹，也可典雅、精致，比如脱胎朱漆菊瓣式漆盒。而仿纺织品纹样制造的镶嵌彩绘漆器（2），则反映了人们对欧洲和中国传统纹饰的兴趣。此外，工匠也会用犀角和象牙之类珍贵的有机质材料雕刻与一些漆器造型相仿的器物。北京故宫博物院所藏清宫档案中，详细记录了这些重要物品的创作细节和参与制作的所有工匠姓名。

1. 西藏龙纹多穆壶
这是清代皇宫定制的一对精美剔红龙纹多穆壶，曾用来盛放藏式酥油茶。酥油茶是在茶砖熬成的浓茶中，倒入少量的酥油和盐而制成的一种饮品。这种管状造型和摩羯纹饰（神话动物）在西藏铜器和木器中也有出现。

清，乾隆年款，1736—1795 年
北京造办处
高 51.6 厘米，宽 23 厘米
罗伯特·怀利·劳埃德遗赠
(1958, 0729.3-4)

2. 八方瑞盘

这款八方瑞盘是填漆漆器的典型代表，展现了 18 世纪东西方融合的纹饰。盘侧有凤凰和仙鹤在云纹中交替出现，盘上还饰有团寿纹。虽然凤凰、仙鹤和团寿纹都是中国传统的吉祥图案，但盘内孔雀羽和花卉纹，如万花筒般的排列方式却别具欧洲风情。盘底刻描金字样为 "大清乾隆年製 八方瑞盤"。

清，乾隆年款，1736—1795 年
北京造办处
直径 37.7 厘米
哈利爵士与加纳夫人捐赠
(1974, 0226.77)

5|9 清代景泰蓝

皇宫内有数百个房间，有些用于举行朝会，有些则为皇室及家眷的私人住所。到 18 世纪为止，景泰蓝在外殿（1）和内廷（2）中都广受欢迎。工匠们为了将宫殿装饰得富丽堂皇，创造了许多新奇的器形。大约在 1720 年，粉色和玻璃白应用到景泰蓝和瓷器装饰上，大大扩展了景泰蓝装饰的色彩范围。跟明代的器物相比，清代景泰蓝釉质更为光滑，掐丝也不再脆弱易断。清代掐丝通常用植物胶粘在铜胎上，不会溢胶。而明代器物上却会偶尔发生溢胶现象。除京城，扬州和广州两地，也一直在制作珐琅类器物。由于晚清年间缺乏皇室支持，北京景泰蓝制作开始衰退，宫廷作坊逐渐停止生产。

1. 景泰蓝香炉

这一对大型香炉是乾隆皇帝下令仿商周时期三足鼎制作而成，其中使用了清代颜料。两件器物都有中国传统长寿纹饰，如梅花鹿。香炉足部饰以精美的仙鹤（象征永生）造型。这些器物原先或许是和其他景泰蓝器物一同放在外殿中，为宫殿增光添彩。

清，乾隆年间，1736—1795 年
高 101.5 厘米，直径 55 厘米
H. S. E. 范德彭特爵士捐赠
(1931, 0414.1-2)

2. 宝物挂屏

宫廷匠人制造了许多类似图中所示装饰后宫之用的立体挂屏。此画框中有景泰蓝葫芦花瓶,上面以红色写着"大吉"二字。在花瓶中插以岁寒三友(松、竹、梅)和麦穗。挂屏中还有双玉环吊坠、青铜香炉、象牙盒与瓷瓶。这些物品并非绘画而成,而是使用了嵌玉和点翠工艺,制造出一种令人惊叹、细致入微的错视拼贴效果。

清,约 1700—1800 年
北京造办处
高 111 厘米,宽 36 厘米,
厚 4 厘米
(OA+.7143)

　　清代，照明工具主要有三种：灯笼、烛台和油灯。所有这些都可以固定在高处，放在地板、桌案，或拿在手中。今天，在春节和中秋节期间，全世界的唐人街还是会张灯结彩。

　　虽然纸灯笼在中国有着悠久的历史，但宫殿则需要更耐久、奢华的照明工具。从图 1 这幅苏州仿宫廷版画的《百子图》上，我们就可以看到夜晚屋檐上间隔地挂着灯笼照亮檐廊。18 世纪的灯笼极少遗存下来，而这件来自承德避暑山庄的彩绘羊角灯（2）向我们展示了灯笼光线的柔和玲珑。落地灯（3）和蜡烛（4）也可提供照明。

1.《百子图》，筠谷绘，张星聚制版

挂轴，彩色雕版印刷
1743 年
江苏苏州
纵 98.2 厘米，横 53.5 厘米（纸张）；纵 228.5 厘米，横 77.9 厘米（装裱）
布鲁克·休厄尔永久基金捐赠
（1991,1031,0.1）

2. 描金彩绘羊角灯
乾隆、雍正和康熙都下令制作过这种葫芦形大羊角灯，可能是用于承德避暑山庄。灯上有精致的彩漆、描金细画的蝙蝠和牡丹吉祥图案。

清，约 1700—1750 年
承德或北京
高 61 厘米
伊丽莎白·因弗纳恩夫人捐赠
（1942,0714.1）

3. 青铜灯座

这对大型青铜灯座以跨越岩石的独角山羊为造型，是为承德避暑山庄而作。这些神兽套着缰绳、挽具，铺着鞍鞯，背驮花瓶。灯座下配以红漆底座。

清，约 1735—1795 年
北京或承德
高 56 厘米
伊丽莎白·因弗纳恩夫人捐赠
（1942，0714.5）
伊丽莎白·因弗纳恩夫人遗赠
（1957，1219.1）

4. 蜡烛和蜡模，拿着蜡烛和灯笼探案的画面局部

蜡烛和蜡模上都有五爪龙纹环绕，作云龙戏珠纹。龙是皇家象征，表明蜡烛曾经为宫廷照明之用。

蜡烛：
1830—1880 年
高 17.3 厘米，直径 5.4 厘米
奥古斯塔斯·沃拉斯顿·弗兰克斯爵士捐赠
（As 1894，0108.3）

蜡模：
1830—1880 年
高 17 厘米，直径 4.3 厘米
（As 1893，0320.81）

画面局部：
1800—1900 年
纵 23 厘米，横 18 厘米（画芯）；

纵 40.5 厘米，横 55.5 厘米（装裱）
查尔斯·黑兹尔伍德·香农遗赠
（1937，0710，0.335）

5|11 清代军事

清代士兵的构成复杂，包括来自许多不同文化和地域的民族 —— 满族、汉族、蒙古族、朝鲜族、维吾尔族、藏族和俄罗斯族等。这些士兵以八旗为编制。杭州和苏州作坊负责为清廷制作军服，不同级别士兵的制服有着明显区别（2）。威廉·亚历山大曾随英国马戛尔尼使团访华（1792—1794年），对中国生活图景的各个方面做了详尽的观察与绘图记录，并在回国后出版，其中包括对中国武器和甲胄（3）的描述。英国使团代表国王乔治三世与乾隆皇帝互赠的礼物中，包括了燧发枪等武器。中国朝廷官员将礼物清单都记录在案。

清代的主要战争包括平定台湾叛乱、安南（越南北部）之役、廓尔喀（尼泊尔）之役和镇压湘黔苗族人起义（1）。乾隆皇帝下令制作了一系列战争铜版画，并御笔题序，以庆祝这些战争的胜利。画稿由欧洲传教士、意大利人郎世宁（1688—1766年）、法国人王致诚（1702—1768年）、波希米亚人艾启蒙（1708—1780年）和意大利奥古斯丁传教士安德义（？—1781年）等人创作并在巴黎制成了铜版画。北京画匠嗣后临摹了这些铜版画，使其得到广泛印刷与传播。

1.《平定苗疆得胜图》，冯宁绘

《平定苗疆得胜图》计有16幅画，这是其中第十四幅，上有乾隆皇帝御笔题序。乾隆为了记录生平最重要的战役，令宫内欧洲画家绘制画稿，再送到巴黎制成铜版画。之后，中国画家根据欧洲版画进行了仿制。苗族人多次起义反抗清朝，数千名士兵（包括许多苗族人）在镇压中身亡。

版画，纸本墨色
清，约1798—1803年
中国
纵51厘米，横88.5厘米
（1868, 0328, 0.540）

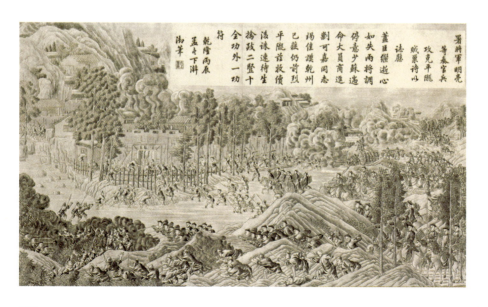

2. 锁子锦甲胄

这款仪式用甲胄由上衣、下裳和头盔组成。身甲包括一件无袖短袍、左右肩甲、左右护腋、前遮缝和左遮缝。甲胄锦面，石青色缎缘，通身布满规则的镀金铜钉，保持里衬平整。上衣原悬有前后护心镜。银色头盔，镶嵌宝石，带有丝质护颈，顶端原有盔缨已佚。头盔边沿刻有梵文起到护佑平安的作用。紫禁城每年都会举行多次大规模校阅，数百名士兵在此进行军事演练。

清，1780—1820 年
杭州或苏州
高 172 厘米（下裳底部到头盔顶部），宽 45 厘米（胸部，包括肩甲）
（OA+7426-7427）

3. 《各种武器装备》，威廉·亚历山大绘

威廉·亚历山大从远东回国后的 10 年里，陆续出版了他在中国清朝亲历的纪实画稿。这幅图画展示了许多仪式和武器。军事用品与宫廷餐具器皿和其他装饰物大有不同，即使在中国的博物馆也很少见。因此，这些记录特别有价值，向我们再现了 18 世纪清朝的军事情况。

画册，纸本水彩画
清，1793—1796 年
纵 23.5 厘米，横 18.2 厘米（单页）
（1865, 0520.270）

清朝时，人们会通过佩戴珠宝来彰显地位和财富。就材质而言，玉和黄金最为珍贵。

玉饰品中间穿孔，可缝缀于衣服或头饰上，但并不用于系束衣物（1）。在清代，人们连接衣襟时不用纽扣，而是使用盘扣。

等级森严的服饰制度规定了人们帽子上所能装饰的黄金重量和东珠数量。清代宫廷妃嫔特别喜欢佩戴累丝黄金首饰（2）或仿古首饰（3）。普通女性也会戴许多黄金头饰和珠宝头饰（4）。有些女性则喜欢在无名指和小拇指上佩戴护甲套（5）。

1. 玉饰

这些精心制作的玉饰品大多为花朵式样。其一为蝙蝠式样，为视觉化双关语，同"福"的意思。5 个花瓣的是梅花，象征春天和青春。双菊象征长寿。工匠们在玉饰品的中间穿孔，方便缝在服饰上做装饰。

清，约 1700—1900 年
最大高度 5 厘米
布鲁克·休厄尔遗赠
（1981, 1113.15-19）

2. 累丝金手镯

这对手镯采用铰接和卡扣设计，因此极易佩戴。原先手镯上各有一块专用于隐藏搭扣的宝石。在手镯外侧使用了有寓意的图案和金色编织纹做装饰。手镯制作工艺精湛，佩戴舒适度应该很高。

约 1600—1800 年或更早期
可能制作于北京
直径 7.2 厘米
（1937, 0416.237-238）

3. 金项圈

这件黄金项圈很难断代，因为相似的工艺风格在历史上延续了很长一段时间。它制作精美，开口处的瓜棱形端饰方便佩戴。

1600—1800 年或更早
可能制造于北京
宽 20 厘米
（1937,0416.236）

4. 珍珠红宝石金钗

富贵人家的女子喜用美丽的饰品固定高发髻，如双股长发钗。这支发钗上一颗天然珍珠镶嵌在累丝金花中心，另一花心则镶嵌红色的宝石。宫廷嫔妃的画像中，她们往往同时插戴多支簪钗，且钗纹饰各不相同。发钗双股之间的钱币图案是典型的清代特征，钱币寓意财富。

清，1700—1800 年
可能制作于北京
长 12.7 厘米
（1938,0524.273）

5. 金护甲套

满族女性有在小拇指和无名指上戴护甲套的习俗。清代贵族女性喜欢蓄长指甲，以示她们无须劳动。护甲套随指甲弧度而稍微弯曲。图中的这组梅花镂空纹饰的护甲套，质量不算上乘，不太可能为清皇室所有。

清，1850—1879 年
可能制作于北京
长 8 厘米
奥古斯塔斯·沃拉斯顿·弗兰克斯爵士捐赠
（AF.64）

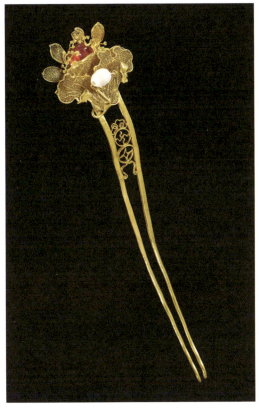

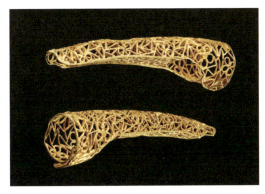

5|13 收藏家乾隆

18 世纪的中国皇帝对收藏和鉴赏古董，显得尤为热衷。乾隆或许是史上最热爱收藏及在文物上题跋的皇帝（1）。乾隆在位 60 年，不仅如此，他还是一位多产的诗人，并将自己所有藏品信息编印成书。据说，乾隆皇帝（算上代笔）共创作了有 43630 首诗作，其中许多是他为自己的藏品所作的题跋，这些诗作、题跋（3）留在了御制仿古器物之上。清朝诸帝对宋代瓷器青睐有加，其中以汝窑为最（4）。

商代和西周（5）的青铜器收藏占清代皇宫所藏大部。这些器物在经过精心挑选后，还派专人对其铭文进行了钩摹和编目。虽然清代青铜器形仿古，但它们表面通常镶嵌金、银。乾隆皇帝还令景德镇御窑制作陶瓷，由宫廷作坊进行仿古装饰（2）。

2. 犀角杯

人们认为犀角具有辟邪的作用，故而颇受珍视。宫廷匠人将这件犀角的下端雕刻成古代酒器"觚"的造型，上端雕花卉纹杯。

清，约 1700—1800 年
高 22.5 厘米
奥古斯塔斯·沃拉斯顿·弗兰克斯爵士遗赠
（OA +1127）

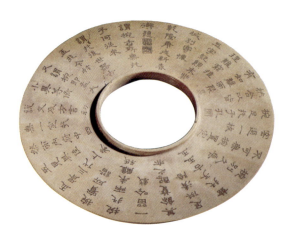

1. 乾隆题诗玉璧

1790 年，是乾隆在位的最后一年，他为此玉璧题诗并镌刻其上。诗作阐述了他对这件玉器功能的猜测：他认为这是一件玉碗托。这首诗也收录在他的作品集中。乾隆皇帝收集了许多宋代瓷器，其中有碗托和此件玉器尺寸、器形相近，可能出于这一原因，他

才有了上述的揣测。由于他没有合适的玉碗（在商代没有此形制器物）与这件"碗托"相配，所以他选了一件定窑白釉碗替代，也题刻御诗一首，与此玉"碗托"配对。此件定窑瓷碗收藏于北京故宫博物院。事实上，这件玉器是约公元前 1200 到公元前

1046 年的商代礼器玉璧，其原始功能尚不明确。

约公元前 1200 — 前 1046 年，题词为 1790 年于北京
厚 1 厘米，直径 15.5 厘米
（1937,0416.140）

3. 脱胎朱漆菊瓣式盒

这件漆盒胎薄体轻，并非木胎，而系夹纻胎技法制成。它的造型模仿菊花，素雅的朱漆表面让人联想起古色古香的平漆漆器。漆盒底部刀刻填金，为乾隆御制诗一首："髹作法前明，踵增制越精。攒英如菊秀，一朵比花轻。把手初无觉，映心似有情。设云十人谏，惭愧不期生。丁酉新正月中瀚御题"（1777 年）。

清，乾隆年款，题诗于 1777 年，制于 1777 年左右
北京
高 10.8 厘米，直径 24.4 厘米，重 30 克
哈利爵士与加纳夫人捐赠
（1974,0226.55）

4. 汝窑盘

这件汝窑盘经历过一场宫廷火灾，所以其釉有瑕。底部刻有乾隆皇帝题字："赵宋青窑建汝州，传闻玛瑙末为油。而今景德无斯法，亦自出蓝宝色浮。乾隆己亥夏御题"（1779 年），并有"古香"藏印。

北宋，1086—1125 年，题字 1779 年
河南宝丰县清凉寺
高 3.4 厘米，直径 18.4 厘米
（1936,1012.150）

5. 青铜卣

乾隆皇帝收藏的古代青铜盛酒器。青铜盖内铭文主要关于周王对数人婚姻的安排。这件器物的重量、尺寸和铭文全都辑录在 1749 年编纂完成的《西清古鉴》40 卷中。这部大型谱录收录了清代诸帝收藏的一 1500 余件青铜器。

西周，约公元前 1000—前 900 年
高 25 厘米（含提梁）
布鲁克·休厄尔永久基金捐赠
（1988,0422.1）

清朝皇帝和王公贵胄的桌案上，通常会摆放精致的文房用具和娱乐、把玩物件（1）。各种山水题材山子，尤其是玉山子，因能寄寓情怀，承载了当时文人雅士的燕闲雅趣，是他们十分钟爱的物件。

自古以来，印章都是个人身份或官方权力的标志与象征。印章与书法密切相关，因此印章篆刻并非一般的匠艺，而是文人们向往追求的艺术。清朝皇帝便有多枚印玺，方便他随处钤用。

皇帝之印有时是为了铭记新殿或新园落成（2）之类重要时刻，而特意刻制。在中国，画作上的钤印增加了艺术品的审美价值，是绘画赏鉴历史的重要部分，同时也记录了收藏者或者收藏处的信息。乾隆印章出现在许多书画上，以示为其收藏、鉴赏，有些奉命之作还专为其印章留白。在乾隆的碧玉册（3）中，每块玉牌分别以不同篆体刻"循连环"回文。虽然掌握不同字体和字形是传统文人书法的重要组成部分，但这种描金玉册却为皇家独有。

1. 文房用具漆盒

这件描金漆盒内装有书写工具、一套象棋和其他文房用品。1736—1820 年，某位清皇室之人下令制作了这套用具。漆盒内每一层都有隔断可置物品，其中有三倍放大镜配象牙柄、玳瑁眼镜配皮盒、豆荚玉雕等当时罕见的奇珍异宝。

清，约 1723—1795 年
北京
高 8.5 厘米，长 25.6 厘米，宽 16 厘米
奥古斯塔斯·沃拉斯顿·弗兰克斯爵士捐赠
（1891,0617.13）

2. 玉玺

这枚玉玺是 1764 年乾隆皇帝为即将落成的园林（即著名的圆明园）御制。玉玺上铭刻"萬壽山清漪園"，印台四面边款为乾隆题诗。它的大小、材质和交龙钮是清朝皇帝玉玺的典型特征。玉玺底部刻有"乾隆甲申春御製"（1764 年）款识。

清，1764 年
北京
高 10 厘米，宽 12.8 厘米，
长 12.8 厘米
亨利·克里斯蒂捐赠
（Christy.3572）

3. 碧玉册

这部碧玉册保存在一个木盒当中，包含 7 块精心刻字描金的长方形碧玉牌。时间可追溯到"乾隆戊辰"（1748 年）。从铭文"乾"和"隆"字可判断为乾隆皇帝所有。碧玉上以不同古汉篆字刻回文，并述有字体笔法出处。

清，1748 年
北京
长 19.3 厘米（每册页）
亨利·克里斯蒂捐赠
（Christy.3573）

273

5|15 清代国家仪式

虽然清朝皇帝并非神灵，但在人们眼中，他们是承天授命的天子。在清朝诸帝统治期间，国家权力延及属国，遍及天下。皇帝必须花费大量时间，代表子民观摩或参与祭祀天地日月和祖先的国家祭典。其中有些仪式非常重要，例如在天坛或太庙举行的仪式，须由皇帝亲自参与，而其他则可由朝廷官员操办。而皇室祭祖仪式则促进了清朝统治的合法性，仪式所需的大型祭台搭建于重要位置，上面陈设五供（五件套），包括一只鼎式香炉，以及烛台、花觚各一对（2）。

科举考试和国家、州县、乡镇各层仪典制度巩固了儒家思想的核心地位。孔庙（文庙）（1）、关帝庙（武庙）无疑是清代最重要的寺庙。今天，我们能在孔庙中看到孔子塑像，而在最初，孔庙中祭祀的只是一座刻有这位伟大思想家姓名的牌位。

1. 北京孔庙铜钟

此铜钟为北京孔庙（上图）所用青铜鎏金编钟之一，人们可将其悬挂在漆木钟架上，用木槌敲击演奏。中国的铜钟没有铃舌，通过敲击钟的正鼓部和侧鼓部，可产生不同音阶。铜钟刻有表示铸造日期的铭文："雍正壬子春日制"。

清，1732 年
北京
高 31.5 厘米
(1989，0309.2)

2. 皇家祭台

乾隆皇帝下令制作了这套气势恢宏的青铜五供，包括花觚和烛台各一对，香炉一只。五供为仿古器形，一字形排开，中间摆放香炉，香炉两侧摆放烛台，最外侧为花觚。它们的尺寸、皇家款识及纹饰表明它们出自大型祭庙，原先可能陈放在雕花大理石祭台上。

清，乾隆年款，1736—1795 年
北京
高 94.5 厘米（香炉）；高 110 厘米，直径 50 厘米（烛台）；高 96 厘米，直径 48 厘米（花觚）
（OA+.7057.a-e）

清朝统治者来自中国东北的满洲，他们像历代帝王一样，希望自己身兼世俗世界和精神世界至高无上的统治者。清政府一方面与西藏宗教领袖（1）保持密切关系，巩固皇朝政权；另一方面，也通过军事战争，大大拓展了清帝国领土。乾隆时期沿袭雍正和康熙的宗教信仰，对藏传佛教尊崇有加，大大提高了藏传佛教的影响力。

承德避暑山庄最初于康熙年间（1703 年）开始建造，在乾隆时期又进行了扩建（3），整个工程耗时 89 年。乾隆帝在承德避暑山庄内仿建了各地建筑和景观，比如仿西藏布达拉宫的建筑，涵盖全中国 72 个著名建筑和山水景色，象征了他所统治的领土。承德的寺庙礼堂都经过精心布置，其中也包括佛陀极为精致的微型坛城宫殿（2）。

在郎世宁为乾隆皇帝绘制的《乾隆佛装像唐卡》中（见第 241 页），皇帝被描绘成大智文殊菩萨的化身。乾隆还下令制作过绘绢本、刺绣唐卡（5）（藏传佛教绘画、刺绣或堆绣等），以及藏传佛教佛像和法器，如白海螺、佛教吉祥八宝（6）、法铃和金刚杵（7）。

1. 干漆阿弥陀佛像
阿弥陀佛在佛教禅宗中有着很高的地位。这尊坐莲阿弥陀佛像，采用脱胎工艺制成，漆工将浸过漆的纺织品裹在木胎或陶胎上，再一层层刷漆和颜料，待干燥后，再将内胎去除。佛像里存放着藏文经卷等物，以及咒语和一位藏族供养人洛桑班觉的名字和供奉日期（1692 年）。

清，1692 年
高 32 厘米
F. V. 阿普尔比捐赠
（1983, 1010.1）

2. 坛城（曼陀罗，代表佛陀居所）

乾隆皇帝下令制作了一系列景泰蓝坛城（微型宇宙）模型，以在承德避暑山庄藏式建筑中使用。这件嵌珊瑚景泰蓝坛城制作于1772年，其檐下铃铛为玉和银质。坛城内的佛像可能由半宝石制成，已佚。

清，1772年
可能制造于北京
高 56 厘米，直径 41 厘米
（1991, 0328.1）

3. 承德建筑饰件

这尊释迦牟尼像建筑饰件为19世纪时从承德征集而来，釉色呈黄、绿、蓝色。其头部可转动，能调整角度，使人们从下往上看时，佛像显得更为逼真。制作此类人物建筑构件的窑厂，也为紫禁城和其他皇家宫苑生产瓦饰和墙砖。

清，约1700—1800年
承德
高 54.5 厘米，长 33 厘米，
宽 28.5 厘米
奥古斯塔斯·沃拉斯顿·弗兰克斯爵士捐赠
（Franks.1614）

4. 鎏金青铜曼陀罗

这件鎏金青铜曼陀罗，即佛陀法界，形制仿印度，八瓣莲花形。它的中心是威猛的密宗本尊胜乐金刚。他与明妃金刚亥母结合在一起，周围环绕约 20 尊小佛像。每瓣花瓣上有两三尊小佛像。花瓣外侧刻有各种宝物符号，有马、象、金轮、香炉、宝瓶、杵、宝伞、绫罗、金幢和珠宝等。

清，1600—1800 年
可能制造于北京
高 25.6 厘米，直径 22 厘米（打开状态）
汉弗莱斯女士为纪念爱德华·汉弗莱斯捐赠
（1939, 0118.1）

5. 大威德金刚唐卡

大威德金刚牛首蓝身，脚踏水牛，矗立于火焰之中，以凶恶之相护持佛法，伏恶护善。他是文殊菩萨的愤怒身，手持骷髅杖，以骷髅为头冠，身体四周也围绕着骷髅。他阳具勃起，脚踏水牛，而水牛正对着身下裸身之人即阎魔（死神）发情，突出密宗中大威德金刚所拥有的能量，能消尽障魔。原先有 8 幅唐卡合为一组，这是其中之一。

清，约 1700—1800 年
北京
高 117.5 厘米，宽 68.3 厘米
路易斯·克拉克捐赠
（1961, 1014, 0.5）

6. 佛教吉祥八宝

这组鎏金八吉祥供器，代表了相传释迦牟尼成就正觉时进奉的宝物。八吉祥图案常出现在佛画像或塑像前的祭坛上。从左到右分别是金轮、白海螺、尊胜幢、宝伞、妙莲、宝瓶、金鱼和吉祥结。

清，1700—1900 年
高约 17.1 厘米
（1880.134-141）

7. 法铃、金刚杵及法器套

鲛皮（鲨鱼皮）套中装有青铜法铃和金刚杵。这些物品通常为佛教僧侣在法事和冥想中使用。

清，1700—1900 年
高 23 厘米，宽 15 厘米（法器套）；高 19 厘米（法铃）；长 14厘米（金刚杵）
（As 1910, 0623.15.a-c）

5|17 四季花卉及寓意

　　清代，铁画（1）一般不悬挂在外廷大殿内，而是用来装饰内廷。铁画匠人将熟铁锤锻成"墨线"，衬以白底，好似泼墨素绢或纸。虽然清代有数地制造铁画，尤以安徽铁画最为著名，但这组工艺上乘的铁画，应为宫廷内所造。

　　中国自古以来就有以动、植物纹饰作为富含寓意的象征符号，四季花卉图是其中最受欢迎的艺术主题。动、植物纹饰有时组成了视觉化的双关语（这种双关的产生和中国语言特性有关，因为汉字中有许多写法不同，但发音相同的字符）。有些中国画家创作的花卉主题作品，和欧洲的花语一样，有着特定的含义，如海派画家任薰（1835—1893年）的《四季花卉》（2）。海派画家活跃于19世纪末的上海，其绘画作品来源于现实生活或以古代神话为主题。这些设色画虽不是高格调的正统水墨画，却因或多或少挑战了传统画法，而颇受上海地区商人的欢迎。

1. 花卉、昆虫铁画
植物不仅美丽，而且具有美好寓意，适合入画。如第一幅画中，菊花和蚱蜢代表秋天；而绽放的梅花象征冬天，因为它是新年中最先绽放的花。第二幅图中的兰花，象征春天和正直君子。植物旁边的留白也是画作构图的重要组成部分。一般而言，宫殿室内的挂轴画常会替换，而这些铁画悬挂时间则相对更久。

清，约1700—1900年
纵约74厘米，横43.2厘米
詹姆斯·奥林奇遗赠
（1928,0717.16；1928,0717.15）

2.《四季花卉》，任薰绘

任薰，19世纪末上海画家"四任"之一。这4幅挂轴灵感来自早期画家陈洪绶（1599—1652年）。它们的构图十分特别，花卉似从画面中呼之欲出。画作上绘制了盆栽的季节性花卉，既代表四季，也象征了人生旅程。从右往左看，牡丹代表春天；红色的石榴代表夏天；菊花因有无数的花瓣，既是长寿的象征，也代表秋天和迟暮之年；最后一幅画上为松树、梅花和兰花，它们都是冬季的象征，同时象征正直、有文化的人。

挂轴，纸本设色
清，约1855—1893年
上海
纵104.5厘米，横20.5厘米（画芯）
大英博物馆馆筹储备金购
（1985, 0403, 0.1-4, Ch.Ptg.
Add.505）

5|18 彩色雕版印刷

　　12 世纪早期，套色印刷技术就已出现。彩色雕版印刷工艺则是为每一单色刻一小木版，图案颜色的层次变化通过"由浅到深，由淡到浓"逐色套印来达到设想的效果。这与起源于唐代的单色雕版印刷相比，技术过程要复杂得多。

　　这种彩色雕版技术也用于刊印画谱，最著名的莫过于《十竹斋书画谱》和《芥子园画传》。"十竹斋"是画家、书法家和学者胡正言（1580—1671年）在南京的居室名，他主持刊印了《十竹斋书画谱》第一版，这是中国第一本彩色印刷画册（1）。《芥子园画传》与其相似，但更具教学性。在初集中介绍了中国画的概况，并将绘画创作的要素分门别类，系统地介绍了中国画的基本技法，是中国画入门书（2）。

　　木刻版画就有很多以传统工艺技术为主题。康熙曾下诏焦秉贞（著名画家）作《御制耕织图》，展现了水稻种植、养蚕和纺丝的画面。每幅画上均题有康熙御诗，并以他手写字体刊印。《御制耕织图》（3）以 1237 年的宋版《耕织图》为蓝本，于 1696 年刊印。

1.《十竹斋书画谱》中的鸟和竹，凌云翰（字五云）绘

《十竹斋书画谱》按照绘画主题分类为：鸟、果、梅、兰、竹和石等。每个分类呈现了不同的绘画风格。这幅画作上的不同对象，使用了不同的笔墨技法，如石头的苔点、鸟翎毛的深浅明暗，等等。如何体现色彩的深浅浓淡，如竹叶渐变的颜色，是雕版印刷技术最重要的核心技术。

纸质彩色雕版印刷画
1633 年
江苏南京印刷
纵 27.2 厘米，横 25.4 厘米
（1930, 1015, 0.6）

2.《芥子园画传》三集的鸢尾花和石头

彩色雕版印刷《芥子园画传》的二集和三集由王概编绘而成。画中美丽的鸢尾和岩石模仿了册页等小幅画作，画上配有手写体诗及钤印。这幅画作是通过几块不同的刻版套印而成，用柔和的色彩和微小的细节凸显了花瓣丝绒般的质感和绿叶的尖锐挺拔，与粗糙的石头表面形成鲜明对比。

纸质彩色雕版印刷画
清，约 1701 年
江苏南京
纵 27.7 厘米，横 32.1 厘米
（1982, 1011, 0.12）

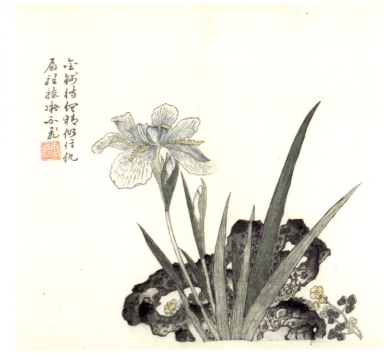

3.《御制耕织图》

画面展现了村庄里的养蚕人祭祀神窦里的蚕神。祭坛上摆放了食物祭品、香炉和两支燃烧的蜡烛。祖孙三代跪拜于祭台前，母女则在门内观望。《御制耕织图》共计 46 幅，此为其中之一。

墨印彩绘
清康熙年间，1696 年
纵 24 厘米，横 24 厘米（画芯）；
纵 40.8 厘米，横 26.9 厘米（单页）
苏富比捐赠
（1949, 0709, 0.1）

广州：
与欧洲贸易的中心

清代，中国与欧洲接触最频繁的地点主要为北京、广州（1），以及俄国边境。1715年，清政府指定广州为对外贸易通商口岸。至1757年，乾隆下令"一口通商"，仅保留广州一处可收泊贸易，还下达了其他一些禁令，如禁止女性进入工场建筑（2）。行商垄断并控制了广州贸易，他们独立经营，又类似行业组织。对于皇帝和国家来说，通过行商可以更高效地向欧洲商人征收关税和通关费用。另外，也可使那些不遵守中国礼仪的西洋人远离京城。

从欧洲驶来的商船巨大，无法驶入珠江内河航道，只能在黄埔下锚停泊。人员和货物转移至小型中国船只，再到达航行的终点广州。行商还提供收费翻译服务。对于远航的船只来说，枪、炮为必备武器，可用来保护船员和货物安全，抵御印度洋和中国南海上劫掠的海盗。因为这些

2.《雷维尔夫人和小姐画像》，佚名

玻璃画
清，约1780年
纵46.7厘米，横41厘米
皮博迪博物馆藏

1.《广州十三行图》（局部）

纸本设色
清，1760—1770年
纵75.5厘米，横799.5厘米
大英图书馆藏

船只都配备武器，所以将欧洲大型船只停靠在广州口岸一定距离之外，也有利于中国地方政府的安全防卫。

西洋商人住在珠江边的商馆区，一国之人同住一起，仓库插有各国国旗作为标识。这些西式建筑可谓中国码头十分显著的地标。商馆建筑经多次重建后，尽管商馆前面的空间仍显局促，但在仓库到住宅间扩建了很长一段通道。除非恶劣天气耽搁回国，外国人一般只在贸易季节的几个月中待在广州。从10月到第二年的4月间，商人们进行交易，签订购买茶叶、香料、丝绸、陶瓷和其他手工奢侈品的清单。西方对饮茶的偏爱和"中国热"的升温，为中国商品出口创造了蓬勃的市场。远航而来的人们除了为东印度公司从事贸易工作，还私下做些生意。他们可以在返航时，携带私人货物，其中一些在印度洋区域就已交易完毕，有的则带回到欧洲以获取丰厚的利润，或当作纪念品收藏，或作为贵重的礼物馈赠他人。

西方的商品在中国市场却难受青睐。怀表、机械玩具、时钟以及其他新奇的商品销路不错，但数量有限。而中国商人偏好欧洲人以白银进行贸易交换，这种不平衡的交易所带来的贸易逆差，最终令西方失去兴趣，无法持续。于是，东印度公司便开始把印度种植的鸦片，通过捐商，大量转输中国。从明代晚期开始，人们就开始以抽鸦片作为消遣。随后的历史对大家来说就更为熟悉，清政府下令严禁，但东印度公司不愿停止走私鸦片，导致了第一次鸦片战争（1840—1842年）的爆发。广州作为中国唯一贸易口岸也被关闭。之后清政府签订了《南京条约》，被迫另外开放上海、宁波、福州和厦门4个通商口岸。

5|19 欧洲贸易

西方新一轮的饮茶风潮在欧洲掀起一轮"中国热"。为应对剧增的茶叶需求，清政府从 1757 年起，将与欧洲的贸易限制在广州口岸（1）。起初，中国通事和买办等主要用葡萄牙语交流，后来也使用简单的英语。一些艺术品中常可见到他们头戴三角帽、身穿长褂的形象。

东印度公司在广州大量购入茶叶、丝绸和瓷器。这些货物通过装备精良的东印度货船运输（2），船上配备最先进的科学仪器（3）。虽然广州当地就能采购到许多奢侈品，但有些货物（如精美的景德镇瓷器）则要跨越万里，运抵口岸。公司准许从事贸易的欧洲人和后来的美国人，在返航时携带私人货物。其中有些是顾客订购的商品，有些则是他们打算回国后进行投机倒卖的货品。私人货物包括西洋画纹饰瓷器、仿欧式器形的瓷器、牙雕、扇子、精美的漆盒、玻璃画和绚丽的墙纸（4）等。

1. 广州"十三行"外景图潘趣碗

此碗上的图案为广州城墙和珠江岸间一带建造的外国商馆。虽然每栋建筑前面的空地很窄，但是商馆占地可延伸至 300 米。根据"行"商的广东话发音，欧洲人称中国商人为"Hongs"。荷兰、英国、瑞典、法国、奥地利和丹麦的东印度公司商馆插上各自的国旗作为标记。

清，约 1780—1790 年
江西景德镇
高 15.7 厘米，直径 36.6 厘米
奥古斯塔斯·沃拉斯顿·弗兰克斯爵士捐赠
(Franks.746.+)

2. 东印度公司船模

英国东印度公司拥有当时世界上最大型的船舶，比起一般的商船，公司船队武器装备更加精良，船员数量更多，也更专业。除货物运输外，东印度公司船上还有公司职员和军队搭乘。直到 1833 年之前，该公司一直垄断着和清政府的贸易特权。此船模型为二等船，与实物比例 1∶36。根据测算，实际船体甲板长 46.5 米，宽 12 米，载重约 1000 吨。

约 1800 年
英国
高 90 厘米（包括底座），长 170 厘米，宽 41 厘米
伦敦格林尼治，英国国家海事博物馆藏

3. 精密航海计时器

这件便携式的精密航海计时器，可以计时和推算经度。亨利·梅里顿船长曾驾驶英国东印度公司的"艾塞克斯"号船前往中国。这是该船上所使用的计时器。1803年4月6日，该船从肯特出发，经由马来西亚开往中国广州。这艘商船返航途中在马六甲海峡与法国海军发生战斗，并幸免于难。1804年8月8日，该船载着价值可观的茶叶回到英国。

1790—1800年
托马斯·恩肖制作，伦敦
高19.4厘米，长20.6厘米，宽21厘米
吉尔伯特·埃德加捐赠
(1958, 1006.1960)

4. 中国壁纸

中国壁纸专为出口欧洲而制作。这张早期的壁纸上画有成对的雀鸟、蝴蝶和碧桃、蔷薇等花卉。原先的背景颜色可能为蓝色，如今已然褪色。后来的壁纸图案更多以中国建筑和人物为主要图案。在18世纪的欧洲，将整个房间装饰成中式风格的潮流蔚然成风。在当时的欧洲豪宅中，无论卧室还是公共空间，都以中国壁纸为高级装饰。

壁纸，彩色印刷
清，约1700—1760年
中国南方
纵211.5厘米，横110厘米（未装裱）
(2006, 0228, 0.1)

5|20 茶叶贸易

与中国进行贸易的团体以东印度公司为主，其中尤以英国东印度公司最为著名。它获得英国皇家授权，拥有和中国贸易的垄断权，从中获取巨额利润，在 1672 年至 1833 年间不断繁荣壮大。到 1833 年，英国政府取消了其专享授权，开始向其他公司开放贸易权利。其实，英国人到了 17 世纪才真正开始饮茶，但到 18 世纪时，饮茶在英国已变成一种潮流。到 1800 年为止，每年从中国出口到英国的茶叶达 2300 万磅。在西方，绿茶、红茶或发酵茶都有各自市场，但人们更偏爱红茶或发酵茶，这可能与它们的保质期有关，它们比绿茶的保质期更长。茶叶非常昂贵，在运往欧洲的长途航行中必须保存在密封的茶叶罐内。广州还有奢华典雅的茶叶罐（1）出售，主要由行商（作为洋人和中国人的中间商）进行售卖。虽然行商的收入很高，但他们也需对外国人的行为负责，在当时而言，这也是一项极具挑战性的工作。

从中国运输茶叶堪称一场冒险，许多船只满载着货物却中途沉没。寻宝者和海洋考古学家已经发现了多艘装载茶具的沉船（2），有些茶具堆叠如同俄罗斯套娃，在大茶具里还套放小茶具。其中彩瓷茶具（3）比青花茶具价格更昂贵。

1. 装有 4 个锡制茶叶罐的黑漆描金盒

这个盒子里的 4 件锡制茶叶罐，配有可拆卸的密封垫。在远航过程中，密封罐盖可以保持茶叶的干燥和芳香。18 世纪 80 年代以降，随着美国和欧洲船只来到中国，开始直接贸易，市场对漆器出口的需求便大幅增加，尤其是黑漆描金或描彩漆器，如桌子、穿衣镜和一些小物件，如珠宝盒、针线盒等。

清，约 1810—1825 年
福建或广东
长 38.5 厘米，宽 26.5 厘米，
高 15.5 厘米
布鲁克·休厄尔永久基金捐赠
(2016，3064.1)

2. "吉特摩森"号沉船上的茶壶和杯碟

荷兰"吉特摩森"号沉没于1751年。潜水员在这艘沉船上发现了图中的茶壶和杯碟。1748年，这艘船开启了处女航行，前往中国、日本和印度尼西亚。它于1750年抵达广州，几个月后满载着中国货物驶往印度。在靠近果阿时，商船遭到海盗的袭击，不过全体船员都幸存了下来，并返回了广州。1751年，该船再次装满茶叶、瓷器和金器起航回国，却在16天后沉没大海。

清，1753年
江西景德镇
高12.4厘米，长22厘米（茶壶）
（1986, 0701.14; 1986, 0701.5）

3. 约翰逊博士茶壶

这件大茶壶的容量超过3.5升，曾属于塞缪尔·约翰逊博士（1709—1784年）（右下画像）。他在1755年出版了第一本英文词典。奥古斯塔斯·沃拉斯顿·弗兰克斯爵士从范妮·帕利泽小姐（1805—1878年）那里购买到这件茶壶，而范妮小姐则获自她父亲约瑟夫·马里亚特议员（1757—1824年）于温布尔顿的府邸中。这位马里亚特先生则是1821年从作家皮奥齐夫人（1741—1821年）遗产拍卖会（在斯特里森举办）上购得。而皮奥齐夫人是茶壶最初主人约翰逊博士的知己。约翰逊在她35岁生日的时候写道："无论我们如何吹嘘和奋斗，生命从35岁开始都会走下坡路……"

清，约1750—1780年
江西景德镇
高21.3厘米，长29.5厘米，宽19厘米
（Franks.597.+）

在欧洲，纹章最初的用途，是用来在战场上区分全副武装的贵族身份。纹章可区分家族和姻亲，以及在家中的长幼次序。16 世纪早期，中国和欧洲开始进行直接贸易，纹章瓷首次出现在中国。通过个人、家庭以及后代定制纹章瓷的历史可追溯瓷器潮流的变化。可供定制的纹章瓷超过 100 种器物，比如大小各异的盘子、汤碗、带盖汤碗和酱汁容器。在某些情况下，订购的往来信件和瓷器也留存了下来，可以让我们了解纹饰设计的交流过程，以及物件价格。

到 18 世纪中期，一些个人订购者（比如贝里克郡的法国家族）所定制的纹章瓷十分精美迷人。瓷器正面的纹饰仿效欧洲版画式图案，底部附以纹章（1）。团体和协会也会定制纹章瓷，如反高卢协会（2、3）。反高卢协会成立于 1745 年，类似于共济会组织，其总部位于伦敦斯特兰德大街上的"勒贝克总会"（Lebeck's Head）酒吧，分支遍布全英国。共济会定制了大量中国瓷器，已知最早的是于 1755 年烧造的陶瓷碗和陶瓷杯（4）。

1.《阿喀琉斯浸礼图》纹章餐盘

阿喀琉斯是古希腊特洛伊战争中的英雄。这件餐盘制造于 1737 年到 1740 年之间，描绘了阿喀琉斯的母亲忒提丝将刚出生的儿子浸于冥河洗礼，确保阿喀琉斯刀枪不入，但忒提丝抓住的脚踵却未经洗礼。纹饰仿自埃德姆·若拉（1688—1738 年）依照尼古拉·乌略格画作所刻的版画（1668—1737 年）。这件餐盘可能是苏格兰贝里克郡最后的法国领主罗伯特·法兰茨（1704—1758 年）定制的，因其底部绘有苏格兰桑尼代克及法兰西领地法兰茨家族族徽。

清，约 1737—1740 年
江西景德镇
直径 41.7 厘米，高 5.7 厘米
（Franks. 892+）

2. 画珐琅水晶纹章，反高卢协会定制

约 1750—1755 年
英国
高 13.9 厘米
赫尔·格伦迪教授和夫人捐赠
（1978, 1002.161）

3. 反高卢协会定制的茶杯

反高卢协会反对从法国进口商品和时装，并极力主张推介英国商品。此茶杯上的纹章图案为英国守护神圣乔治骑在马背上，用矛刺向象征法国的鸢尾花。

清，约 1750—1770 年
江西景德镇
高 4 厘米，直径 7.6 厘米
奥古斯塔斯·沃拉斯顿·弗兰克斯爵士捐赠
（Franks.1415）

4. 共济会潘趣瓷碗和杯

这里的徽章主要由共济会会所最高级别成员的代表符号组成。分规象征总会长，方矩象征会长，水平仪象征高级督导员，铅垂线象征初级督导员。五芒星是所罗门之印。耶路撒冷的所罗门神殿为共济会仪式提供了重要的象征符号来源。

清，1755 年
江西景德镇
高 12.2 厘米，直径 28.3 厘米（碗）；
高 15.8 厘米（杯）
（Franks.741+a；741+）

19 世纪以前，欧洲瓷器厂的产品价廉物美。东印度公司商人将欧洲版画和瓷器，尤其以人物、动物和鸟类为主题的物品，带到中国景德镇进行仿制，做成陶瓷餐具和装饰品。参照人物服饰类版画制作的瓷器似乎倍受欢迎（2—5）。公司船运货物以大量青花瓷和茶叶为主，而这些瓷器则是私人贸易货物的一部分（1），专为西方人定制生产，而不在中国境内销售。欧洲人用它们来装饰房屋，将这些瓷器摆放在特制的柜架和壁龛中，以营造出中国风格的房间或装饰柜。

1. 粉彩鹅形带盖汤碗
椭圆形的汤碗和盖子做成了姿态自然的大鹅造型。带盖汤碗还能做成公鸡、公牛、猪头、鲤鱼等造型，可盛放不同类型的食物，通常在宴会上配套使用。这种瓷碗起源于欧洲瓷器，西方许多工厂也都能烧制。

清，1760—1780 年
江西景德镇
高 34 厘米，长 38.5 厘米，宽 22.5 厘米
埃伦·卡特小姐捐赠，来自 D. D. 斯图亚特藏品
（1931, 0622.8）

2. 犹太女子像

这位女子头戴蕾丝头巾，两边成对，呈翼状罩住头发，这对塑像中的另一件是男性。这个造型来源于早期出版的卡斯帕·勒伊肯版画《法兰克福的犹太男人和女人》。该版画出自亚伯拉罕·艾·圣克莱拉的《新开的世界画廊》。

清，1735—1745 年
江西景德镇
高 42.3 厘米，长 21.9 厘米，宽 11.9 厘米
内莉·艾奥尼迪斯夫人遗赠
（1963, 0422.11）

3.《法兰克福的犹太男人和女人》，卡斯帕·勒伊肯绘

1703 年
纽伦堡
纵 24.5 厘米，横 17.8 厘米

4.《房中的土耳其女子》，尼古拉斯·博纳特绘

纸质，蚀刻版画
1652—1718 年
巴黎
纵 27.4 厘米，横 19.3 厘米
（1871, 0812.4686）

5. 土耳其女人像

尼古拉斯·博纳特的《房中的土耳其女子》描绘的是一位在大型宫殿中的女子。文字描述道："她那黑色的眼睛，她那优雅的姿态，让许多男人将她追求；不幸的是，一个善妒的男人会把她日日夜夜占为己有。"这件瓷像是版画出版几十年后制作的。

清，1735—1745 年
江西景德镇
高 44 厘米，长 27 厘米，宽 16.5 厘米
内莉·艾奥尼迪斯夫人遗赠
（1963, 0422.10）

5|23 欧洲为中国市场制造的钟表

英国为改善中英贸易往来状况，组建了马戛尔尼使团，希望中国能开放更多贸易口岸，并允许英国在北京建立永久使馆。马戛尔尼代表英国国王乔治三世向乾隆皇帝赠送了欧洲最先进的科学仪器和最精致的礼物。中国朝廷官员用英汉两种语言详细记录了礼品清单。

18 世纪，中国成为西方自鸣钟（自鸣钟具有复杂的机械传动的场景和人物、动物形象）的主要消费市场（1）。伦敦企业家如詹姆斯·考克斯、蒂莫西·威廉森和乌里亚米家族都是十分成功的珠宝商和时钟制造商。事实上，皇帝收藏的外国钟表至今仍是故宫博物院最具吸引力的藏品之一。

明代宫廷里的耶稣会士向皇帝介绍了欧洲的科学技术。例如，利玛窦（1552—1610 年）通过赠送时钟博得了皇帝的青睐。到清代，中国已掀起一股喜爱钟表的风潮，表大多为瑞士生产。为中国市场制造的怀表特别装饰了珐琅表壳，边上镶珍珠（2）。19 世纪，中国王公贵族购买瑞士钟表机芯，并给它们配上中国制作的外壳（3）。

1. 音乐自鸣钟
尽管此钟并非马戛尔尼使团送给乾隆皇帝的礼物，但与赠送给他的那些座钟非常相似。座钟上装饰了螺旋形旋转玻璃柱和 8 只跃起的海豚组成的喷泉模型，令乾隆皇帝十分着迷。后来，他还命令欧洲建筑师把圆明园建成西式园林。

1780—1790 年
伦敦
高 76 厘米，长 46.5 厘米，
宽 34 厘米
（1958, 1006.1969）

2. 针对中国市场制造的怀表

1800—1860 年
瑞士弗勒里耶
直径 6.4 厘米
伊尔伯特收藏
（1958, 1201.1647）

3. 紫檀插屏钟

这件座钟融合了东西方风格。钟
的表盘和机芯为瑞士制造，但是
安装在了一台中式紫檀屏架之
内。

1815—1825 年
外壳为中国制造；钟为瑞士制造
高 43.1 厘米
（1958, 1006.2059）

到 18 世纪中、晚期，欧洲与中国之间的交流已变得普遍，越来越多的欧洲人来到中国，并带回许多在中国见闻的一手资料。其中一部分，如威廉·钱伯斯勋爵（1723—1796 年）于 1757 年在伦敦出版的《中国建筑、家具、服装和器物的设计》（1），对英国产生了巨大影响。

居住于京城的传教士不仅带来了西方技术（如玻璃胎画珐琅），还带来了西方习俗，如吸闻鼻烟（烟草粉末制品）。至康熙年间，吸闻鼻烟已成为宫廷中的时尚。这一习俗在 19 世纪，变得更为流行。

中国工匠陶醉于袖珍艺术，而袖珍鼻烟壶恰给他们提供了完美展现技艺的机会。这里展示的鼻烟壶（2）由中国画家绘制，可能制于广州。一面绘英国女王维多利亚（在位时间 1837—1901 年），另一面则是欧洲蒸汽船。尽管鼻烟壶的纹饰模仿欧洲彩色版画，但画面上的人物明显带有中国特征。

1.《中国建筑、家具、服装和器物的设计》中关于服饰的研究，威廉·钱伯斯勋爵著

1742—1749 年，钱伯斯来到中国经商。1748 年，他研究了中国人的生活和建筑，为自己的服饰和设计著作积累了大量素材。这幅图中展现了两位人物，一位穿着冬装，另一位则穿着"明显具有商人特点的"夏装。有趣的是，为丘园设计了中式宝塔的钱伯斯，在这幅图中所画的两位中国男子却都具有欧洲人的特征。

纸本黑色铅笔素描
1757 年
伦敦
纵 22 厘米，横 19.6 厘米
约洛·威廉姆斯遗赠
（1962, 0714.19）

2. 瓷胎画珐琅鼻烟壶,《维多利亚女王执掌政权》

研究者对这件鼻烟壶是否为跨文化产物尚存争议,因其形制完全源自欧洲,纹饰也仿自欧洲版画。然而,这件鼻烟壶却是中国生产,在售予外国买方之前,必由中国工匠和商人清理和经手。鼻烟壶另一面所绘的可能是"康华丽"号。第一次鸦片战争之后,1842年,中英签订《南京条约》,清政府为西方贸易开通了5个通商口岸。该条约正是签订于英国船只"康华丽"号,之后由维多利亚女王和道光皇帝共同批准。

清,道光时期,1821—1850年
(可能是1842—1850年)
江西景德镇
高5.7厘米
奥斯卡·拉斐尔遗赠
(1945, 1017.358)

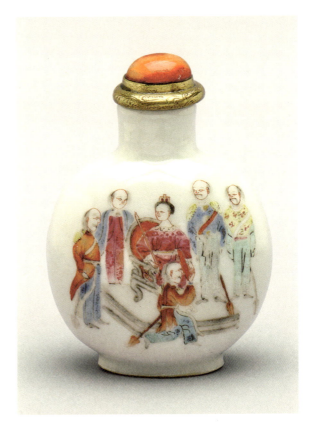

植物品种的交换，以及中国建筑、园林设计的一手资料，对欧洲园林有着深远的影响。商人、外交官和传教士，特别是耶稣会士等人员的流动，在促进交流中起到了关键作用。

许多专家研究了当时将欧洲种子运输到中国，以及用这些植物将圆明园（也称作旧夏宫或者"东方凡尔赛宫"）（3）装饰成西式园林的方式。同时，英国丘园等欧洲园林也通过多种途径引进中国植物品种。

水彩画在当时的出口贸易中占据很大份额，其中就包括欧洲人在广州购买的佚名中国画家绘制的花卉册页（1）。广州的苗圃花市也培育盆栽花卉进入出口渠道（2）。这幅赏心悦目的《爱园图》（4），让我们可以借此想象大型园林绮丽又多变的景色和园内的亭台曲廊。

1. 植物册页中的菊花

2016 年，北京故宫博物院举办了院藏 18 世纪菊花题材文物展，展出的菊花实物和绘画从颜色到形状，都反映了中国菊花的种类繁多。中国种植菊花的历史，至少可以追溯到公元前 7 世纪。1820—1830 年，近 70 个品种的菊花被引入欧洲，其中一部分需要归功于英国博物学家约翰·里夫斯（1774—1856 年）。他在 1812—1831 年曾居住于广州，为英国东印度公司的茶叶专员。他收集了许多植物标本，并委托中国画家精确描绘了相关植物图鉴。

清，约 1820—1850 年
广州
纵 42 厘米，横 30 厘米
大英图书馆移交
（1973, 0918, 0.1.1-158, Ch.Ptg.
Add.379）

2. 广州园艺

这些花盆用于种植，其中填满肥沃的泥土，多以塘泥和肥料混合而成。通过这些花盆，人们便能将植物远洋运输到欧洲各地。商人会选择种植特定的植物品种，用于出口，同时也为本地市场提供其他花卉。

清，约 1800—1860 年
广州
纵 43.5 厘米，横 56 厘米（画芯）
（1860, 1110, 0.258,
Ch.Ptg.395）

3.《养雀笼西面》，伊兰泰（创作高峰期约 1738—1786 年）起稿

乾隆皇帝曾下令制作一套 20 幅《长春园西洋楼铜版画》，此为其中的第六幅。花园的布局构成和规整修剪，为法国宫廷花园的典型特征，这在当时的中国显得颇具异国情调。

清，1783—1786 年
北京
纵 50.7 厘米，横 87.7 厘米
沃尔斯利子爵夫人捐赠
（1916, 0214, 0.1）

4.《爱园图》，汤贻汾（1778—1853 年）绘

中国园林常有小桥、柳树、曲廊和亭榭，这种独特的园林景观通过斯波德陶瓷渗透到英国流行文化之中。英国工匠设计蓝柳瓷的灵感之源，并非来自类似《爱园图》这类传统中国画作的影响，而是受中国外销青花瓷的启发。而传统中国画在外销市场一般难觅，它们在中国本土通常自有拥趸。

清，1848 年
纵 59 厘米，横 160 厘米（画芯）；
纵 59 厘米，横 1580 厘米（卷轴，包括装裱）
乔治·尤摩弗普洛斯，亨利·J.奥本海姆和沃尔特·塞奇威克夫人购买后捐赠
（1938, 1210, 0.1, Ch.Ptg.
Add.177）

1.《慈禧油画像》，胡博·华士绘

布面油画
清，1905 年
北京颐和园
纵 232 厘米，横 142 厘米
北京颐和园藏

慈禧太后

慈禧太后（1835—1908 年），叶赫那拉氏，与英国维多利亚女王（1819—1901 年）同时。她 16 岁时，成为咸丰皇帝的妃嫔，为同治皇帝的生母和光绪皇帝的姨母，两位皇帝皆由她扶上皇位。慈禧太后是中国历史上最有影响力的女性之一，她于 1861 年咸丰皇帝去世之后开始摄政，直至 1908 年。光绪皇帝驾崩次日，慈禧太后薨逝，而她临终前已立溥仪为皇帝。

慈禧太后是一位颇具争议的人物。她的崇拜者认为她致力于政府改革；她的批评者则把她描述成一个铺张浪费、诡计多端的丑陋老妪。图 1 的慈禧肖像画由胡博·华士（1855—1935 年）1905 年绘制于北京颐和园，画上的慈禧比实际年龄小了三四十岁。这位画家还创作了另一幅更加逼真的肖像画，描绘了他第一次见到慈禧时的戏剧性场面：她坐在由 8 个宦官抬着的黄金座椅之上，身边跟着许多宦官随从，其中一些举着仪仗扇。

慈禧太后居住于紫禁城内，却两次被迫逃离。1860 年 9 月，英法联军在第二次鸦片战争中，进逼北京，她随咸丰皇帝及其年幼的儿子逃亡承德避暑山庄，任由外国军队抢劫并烧毁了圆明园。咸丰皇帝不久死于承德。慈禧在 5 岁儿子即位后，发动辛酉政变，清除了咸丰皇帝任命的摄政大臣，开始独掌大权，垂帘听政。1875 年，同治皇帝驾崩，慈禧选定 3 岁的侄子载湉（即光绪皇帝）继承皇位，继续摄政掌权。

1900 年，慈禧与光绪皇帝一同逃亡西安。当时西方军队从天津进军京城。慈禧曾一度招抚义和团，因此担心外国军队报复，故而逃离北京城，美其名曰"西狩"。英、美、德、法、俄、日、意、奥八国联军击败义和团之后，便开始在紫禁城大肆劫掠。

1901 年《辛丑条约》签订后，慈禧从西安长途跋涉回銮京城，一路上主要乘坐轿子，部分路段则乘坐比利时设计和管理的专列火车。回到京城后，她将紫禁城向传教士和外国人开放，邀请他们参加在紫禁城举办的宫宴。慈禧作为一位中国帝制晚期的重要人物，经历了复杂的宫廷生活和难以置信的政治动乱。慈禧太后和英国女王维多利亚颇有几分相似，她见证了中国巨大的现代化进程，包括引进电力、电报通信，以及铁路建设的兴起。

今天的博物馆里保留了许多慈禧太后的正式照片和个人书画作品，以及特别定制的宫宴瓷器。这些瓷器的纹饰部分来源于她的画作，器物上常有矾红彩"大雅斋"和"天地一家春"款，器底则有矾红彩字"永庆长春"。

5|26 战争和清朝的灭亡

在 19 世纪的长时段中，武力冲突、外国势力的插手和清政府的软弱，让中国经历了多场战争。1860 年，第二次鸦片战争爆发，其间英法联军以复仇的名义，火烧圆明园并大肆掠夺。当时，这场浩劫的目击者，苏格兰士兵（后为殖民地总督）亨利·洛赫（1827—1900 年）记录道："被风吹起的烟云，像一块巨大的幕布，笼罩在北京上空。"这片巨大的"乌云"暗喻着接下来中国面临的形势。

当时中国人口大部分为农民。义和团运动（1）则是 19 世纪末 20 世纪初中国发生的农民起义。以"扶清灭洋"为口号的义和团运动始于山东省，并很快传到了京城。在慈禧太后的幕后支持下，义和团围困使馆区（北京天安门东面）50 余天，直到英、美、德、法、俄、日、意、奥八国联军占领并洗劫紫禁城方才告终。中国长达两千年的封建统治，在无望、赢弱的清政府和全国各地爆发革命起义的合力之下，最终宣告结束（2）。1912 年 1 月 1 日，中华民国成立。

〔本页〕

1. 彩绘义和团人物像

1900 年 1 月，慈禧发布上谕，表示民间秘密组织也是国家一体（可共同对外），即意味着维护、支持义和团运动。"义和团"即"义和拳"，成员认为自己武艺高强，刀枪不入。从 1900 年的 6 月 20 日到 8 月 14 日，义和团围困使馆区，慈禧、光绪皇帝和朝廷官员则逃往西安并留居一年。

清，约 1900 年
中国北方
最高 19.7 厘米（骑马塑像）
M. L. 普尔夫人捐赠
（1962, 1023.1.a-e）

〔对页〕

2.《武汉大事图画》第一版

这张罕见的平版印刷报纸报道了 1911 年 10 月 10 日的武昌起义（湖北武汉）。其中记录了有关革命的 12 件事，两侧为其中的领导者和英雄像，有袁世凯（1859—1916 年）、黄兴（1874—1916 年）、黎元洪（1864—1928 年）和汤化龙（1874—1918 年）等人。

海报
1911 年
上海
纵 63.5 厘米，横 55.9 厘米
E. S. A. 马蒂捐赠
（1967, 1016, 0.5.3）

303

6

现代中国

公元 1911 年至今

对任何人来说，想要仅仅通过物件、时效性很强的物品（传单、海报等）和艺术品来讲述 20 世纪的中国或者其他任一国家的历史，都是一项巨大的挑战。与古代相比，20 世纪的历史离我们更近，有太多可供筛选、提炼的素材，而且其中诸如引进新科技和改善女性教育（1）等主题，也并非中国独有。不过，中国城市在 20 世纪中发生了最引人注目的经济、社会和政治变化（2），这种变化使城市生活与农村之间形成了鲜明对比。

自清朝灭亡后，中国历经板荡。1912—1928 年，北洋军阀统治时期，政局极为动荡。国民党领袖孙中山（1866—1925 年）于 1912 年在南京宣誓就任临时大总统。然而不久之后，就把大总统位让给了北京的袁世凯（1859—1916 年）。袁世凯野心勃勃，曾一度称帝复辟。两次世界大战对中国也产生了巨大的影响。在第一次世界大战（1914—1918 年）期间，日本侵占了山东省，并怀有进一步侵略中国领土之野心。1919 年，北京大学等高校师生 3000 余人在天安门前集会示威，要求拒绝在《凡尔赛条约》上签字，抗议日本侵占中国，五四运动爆发。1931 年，九一八事变后，日本很快侵占整个中国东北地区，成立伪满洲国，并于

1. 慕贞女子中学毕业生
19 世纪 50 年代，西方传教士在中国开办女子教育，培养了众多大家闺秀。20 世纪初，在清朝政府和贵族们的支持下，女子教育成为现代化改革的焦点。

1907 年
北京
耶鲁大学神学院图书馆藏

2.《雨后》,张佩义（1939— ）
绘

远眺北京紫禁城屋顶，远处的建
筑高耸入云，还有几座尚在建造
之中。现代化建筑上方出现的彩
虹象征着希望。这幅版画反映了
中国的高速现代化和大规模建
设，以及 20 世纪 80 年代中国
改革开放政策所激发出的人们对
更美好生活的希冀。

彩色雕版画
1983 年
纵 52.5 厘米，横 69.2 厘米(画芯)
(1987, 1224, 0.35)

3.《南湖日出》,施汉鼎
（1930— ）绘

1921 年，中国共产党在上海成
立。这幅木刻版画制作于此事发
生多年以后，纪念当时的秘密建
党。中国共产党第一次全国代表
大会是秘密举行的，后因巡捕发
现，会议被迫终止。代表们离开
上海，转移到嘉兴南湖，在船上
继续召开会议。

彩色木版画
1981 年
江苏
纵 40.8 厘米，横 54.5 厘米
(1992, 0716, 0.169)

1932 年，利用废帝溥仪建立傀儡政权。在这一时期中，中国人
民伤亡惨重，国家蒙受耻辱。时至今日，这些记忆对中国人民来
说依然难以释怀。

　　中华民国成立之后（1912—1949 年），上海（见第 314—315
页）成为中国现代化进程中向西方学习的标志。在上海，新式电影、

4.《开国大典》海报

画面上毛泽东在天安门上宣告中华人民共和国成立。1953 年，董希文（1914—1973 年）创作了这幅《开国大典》油画。

1990 年
纵 63 厘米，横 106 厘米
布鲁克·休厄尔永久基金捐赠
（1992, 0416, 0.4.3）

摄影、时装和音乐产业欣欣向荣。摩登上海的迷人风情在如今大众印象中依然无法磨灭，甚至在电影《夺宝奇兵 2：魔域起兵》中也有相关场景。中国共产党在当时的上海成立（3），并受苏联布尔什维克革命的鼓舞而发展壮大。蒋介石（1887—1975 年）到苏联访问回国后，培养了一批国民革命军将士，抗击日本侵略者和各地军阀。1927 年，蒋介石宣布南京为首都。1928 年，北伐战争以克复北京、东北的张学良宣布"易帜"而告终。蒋介石在 1927 年发动了第一次反革命政变，中国进入第二次国民革命战争时期。1934 年，毛泽东和 8 万红军从江西于都出发，开始了二万五千里长征，最终到达陕西延安。抗日战争期间，重庆成为"战时首都"。抗战胜利后，国民党将首都又迁回南京。1949 年，毛泽东宣布中华人民共和国成立（4），定都北平，同时改名为北京。20 世纪 70 年代，中国同西方国家重建外交关系。

1976 年，毛泽东逝世。邓小平和继任者们坚持改革开放（中国航天项目和相应的宣传工作 [5]，即其成果之一），中国与国际社会交往越发密切。1979—2015 年，中国实施计划生育政策，人口增速下降，促进了经济繁荣。中国的改革开放使深圳这样的新型城市在 20 世纪 80 年代开始发展，重庆等城市现在的面貌与 20

5.《坐飞船游太空》，张瑞恒绘
5 个天使般的儿童乘着火箭驶向月球。画面中还有嫦娥和传统文化中象征吉祥长寿的仙鹤。

1962 年 11 月
石家庄，河北人民美术出版社
纵 77 厘米，横 54 厘米
兰茨贝格尔藏品
（BG E15/824）

世纪 90 年代相比，已然焕然一新（6）。香港于 1997 年回归中国。1999 年，澳门回归中国。

在 20 世纪的长时段里，交通是中国最大的变化之一。从 19 世纪 70 年代铁路的出现和试验，到 19 世纪 80 年代建造铁路，再到今天连接中国主要城市的高铁，城市间的交通从过去需要花费几天缩短到几个小时。中国末代皇帝溥仪曾在老师庄士敦的指导下，在紫禁城学会了骑自行车。自行车在 20 世纪，改变了中国人的生活，使人们的出行变得更便捷、自由，骑车成为中国城市居民的主要出行方式（7）。直到 20 世纪 90 年代，和世界上其他国家一样，汽车和摩托车等机动车辆取代了自行车，成为中国现代城市的主要交通工具。

6.《老重庆》，吴冠中（1919—2010 年）绘

纸本设色
1997 年
纵 145 厘米，横 368 厘米
中华艺术宫藏

7. 上海光新路自行车大军（1991 年）
摄影家王文澜（1953— ）最著名的摄影作品系列，探寻了 20 世纪八九十年代中国与最常见的交通工具之间的关系。

6|1 祖先和家庭生活

　　不论在中国的现实生活还是在精神世界，祭祖敬宗都是重要之责，也是家庭生活的重要组成部分。祭祀祖先仪式始于公元前 1200 年左右的商代。今天，一些中国人仍会在婚礼、生辰和忌日等重要节日庆典，举行祭祖仪式。在清末和民国时期，人们摆放祖宗画像（2）以表纪念。画像可以请人专门绘制，或购买"现成"画像，再根据死者特征修改肖像脸部。牌位上有祖先的姓名、生平和生卒日期，放在定做的祖宗匣中。图 1 为一组明器。

　　崇敬祖先是一个互动的过程。后人为祖先提供祭品，焚香指引祖先的灵魂"回家"，向他们供奉冥币、真钱、食物和酒。此外，后人还要悉心照料祖先坟墓。作为回报，祖先能听从祈愿，在冥冥之中保佑后人。

1. 家具模型，祖宗匣内放置了祖先牌位

这套小型家具模型包括床、衣橱、五斗橱、桌、椅和放有祖先小型牌位的祖宗匣。牌位上写有明清时期韩姓家族五代宗亲的姓名和年龄。灯笼上写有姓氏"韓"和"長安"。

约 1880—1930 年
高 27.9 厘米，宽 22.2 厘米，深 16 厘米（床）
（祖宗匣和牌位：As1972,
Q.1461.a-j；
灯笼：As1972, Q.1447,
As1972, Q.1459；
长桌：As1972, Q.1442；
4 把椅子：As1972, Q.1453.
a-b, As1972, Q.1449，As1972,
Q.1451；
方桌：As1972, Q.1450；
衣橱：As1972, Q.1443
As1972, Q.1455；
五斗橱：As1972, Q.1452，
As1972, Q.1445；
床：As1972, Q.1470）

2.《老妪祖先画像》

这位老妪身穿宽袖长袍和绣有"寿"字纹样的褶裙。身边两个丫鬟分别端着茶和装点心的小托盘。一个男孩正在小书桌旁写字。后方小神龛内置祖先牌位、燃着香的香炉、灯笼。市井作坊大量生产此类祖宗画像，不过可以根据个人要求，将祖先神态特征描绘入画像。

挂轴，纸本设色
1900—1920 年
纵 123.5 厘米，横 67.5 厘米（画芯）；纵 225.5 厘米，横 98 厘米（装裱后，含卷轴）
张健行（音）捐赠
（2014, 3033.1, Ch.Ptg.
Add.803）

6|2 年画

在中国，一年中有诸多传统节日，这些重大节日沿用阴历纪年。因此，每年同一节日对应的公历日期不同。春节是中国最重要的传统佳节，始于每年的农历正月初一，一般在公历1月下旬或2月上旬。春节是家家户户团聚的节日，也是祭祖的时刻。人们回到家乡，走亲访友。燃放爆竹、张贴春联、悬挂年画（新年版画）（2）是春节习俗，儿童还能收到红包（3）。春节在农历正月十五元宵节结束。

民国初期，还有一些木刻年画用来鼓励社会改革，包括呼吁改善女子教育，甚至鼓励让女孩参加军事训练（1）。

1.《新刻女学堂马队操》版画
民国早期流行的政治版画鼓励年轻女性参加教育和军事训练。图中8个女孩有着红彤彤的脸蛋，穿着鲜艳的长袍、宽松的裤子和靴子。她们一手稳住马驹，另一只手托着肩上的步枪。队长把枪背在身后，用指挥棒指向地面。

木刻版画，纸本设色
1920—1930年
天津杨柳青西复典作坊
纵53厘米，横93厘米
迪博斯克藏品
（1982,1217,0.297）

2. 门神年画

左为秦琼（？—638 年），右为尉迟恭（585—658 年），他们骁勇善战，是唐代著名将军。因他们具有退敌的神力，所以被尊为门神。门神像贴在家宅、院落，甚至商铺的门上。他们手持铁锏和铁鞭，身披威武的铠甲。一幅门神年画需要使用数块木版印制。首先雕刻纹样轮廓，用墨色印刷，然后逐色套印。这种技术被称为饾版印刷，起始于明代晚期。绿色通过黄色与蓝色套印而成。

彩色雕版印刷
1988—1989 年
河北
纵 54.7 厘米，横 69.2 厘米（画芯）；纵 61 厘米，横 81.3 厘米（装裱）
购于武强年画博物馆
（1991, 0213, 0.6）

3. 红包

中国新年时大人要给孩子包红包。这个红包背面是刮奖卡。虽然史努比是美国卡通角色，但这里它穿着唐装——绲金边的蓝色真丝衣服，红色帽、鞋，肩上挑着一盏红灯笼。灯笼上印着醒目的"福"字（福的意思是幸福或好运），灯穗上也有"福"字。雪花代表冬季，五只蝙蝠（五蝠，同"五福"发音一样）代表五福临门。最上面印有"前程似锦"四字。

纸质印刷品
2005 年
伦敦
长 12.7 厘米，宽 7.9 厘米
邱锦仙捐赠
（2005, 0220.12）

1. 上海外滩欧式建筑

上海：
中国最时尚的
城市

上海一直是中国最现代化和繁荣的城市之一，乐于接受新思想、新商业和新时尚。它海纳百川的精神与伦敦、纽约和巴黎等国际大都市颇为相似。尽管上海与21世纪的其他"特大城市"有着诸多相似，但她依然是一个独特而美妙的地方。

在第一次鸦片战争（1840—1842年）结束后，中国通商口岸扩大到广州以外的其他四个城市，即上海、宁波、福州和厦门。1843年，上海港开埠通商。在清朝灭亡、民国建立之后，上海成为中国现代性的象征，也是中国共产党的诞生地。直到1937年，上海遭日本军队占领时，它仍是一个充满活力的多元文化中心，当时上海的进出口贸易量约占全国的一半。这一切使得上海人对各种新潮流、新技术和新文化形式，都保持了开放的态度。

上海浦西外滩拥有充满西式风格的现代化建筑群（1），使得上海成为一个真正的全球港口城市。外国石构建筑和宽阔的街道在当时的中国可谓前所未有。上海的华懋饭店（现为和平饭店）有着绿色的尖顶，可与美国曼哈顿的格调媲美。中国银行大楼拥有的立柱和穹顶，仿佛从英国利物浦天降而来。怡和洋行大楼、上海汇丰银行大楼和太古洋行这些高楼，都曾一度担当过上海历史上天际线的标尺。

上海曾有"东方巴黎"之称。在两次世界大战间隙的大部分时间里，摩登的上海是中国最时尚和现代化的缩影。当然，这种摩登生活只是少数人的生活方式。在上海，社会上层人士的娱乐包含许多现代元素，比如西方人爱好的去舞厅跳舞、到影院看电影、用留声机聆听爵士乐，都十分流行。在英租界内，还举办过网球和跑马比赛。上海的轿车数量也较北京为多。上海的杂志和广告印刷业率先开始采用风格独特的艺术设计。1912年创办的上海图画美术院，开设了西洋人体素描和油画课程。

新出现的摄影杂志（如《上海画报》）和封面带图案设计的书籍，在上海得到热捧。著名作家和艺术家鲁迅（1881—1936年），在20世纪20年代，受到平面艺术设计师的启发，倡导兴起了新版画运动。当时的艺术家还在传统汉字的基础上，探寻和设计新的美术字造型。视觉艺术和消费文化的顶峰，共同成就了上海广告业的崛起。上海的烟草和奢侈品包装上也和西方一样，印上了美人图像。

上海在1949年中华人民共和国成立后，发生了翻天覆地的变化，原先的西式格调被社会主义建设所取代。不过，上海在一定程度上仍保持了自身独特的海派艺术风格。今天，黄浦江的另一边——浦东矗立起充满中国现代风格的建筑。夜晚，五彩斑斓的霓虹灯构成绚丽的天际线，和对岸建于20世纪二三十年代的外滩建筑群一样让人心醉神迷。

6|3 广告和漫画

清朝末年和民国时期，上海（4）是半殖民地的国际大都会。到两次世界大战间隙，上海的摄影行业处于全国领先。在新兴的广告行业中，艺术家既负责摄影又担当设计，由此影响了很多广告、宣传活动的表现形式。上海的广告通常以双语呈现，针对的是国际化受众群体。这也反映了民国时期的时代变化。图1展示的月份牌既有民国纪年，又有公元纪年。日历上还有二十四节气，位于每张月份牌的第一行。这些节气与一年中的农业周期相关，如第五个节气为清明。

中国人口众多，但只有其中一小部分接触过西方商人、传教士和外交官。去歌舞厅跳舞作为西式、摩登的生活方式，也经常成为被讽刺的对象。记者、漫画家陈依范（1908—1997年）收集了20世纪30年代晚期各种铅笔讽刺漫画（2、3）。他在纽约、伦敦和其他西方国家的首都展出漫画，为反法西斯运动摇旗呐喊，也为中国抗日战争筹集资金。这些中国漫画与日本漫画相似，经常发表于大众杂志。叶浅予（1907—1995年）是中华全国漫画界救亡会创始人之一。他曾创作过以外国人与他们的中国舞伴为主角的系列漫画。

（下）

1. 香烟广告月份牌，胡伯翔（1896—1989年）绘
胡伯翔设计的1930年月份牌上印着一位美丽的中国女性，背景盛开的梅花象征青春和纯洁。与之形成对比的是，显著位置上印有各种烟牌。这位画家是1928年成立的"中华摄影学社"创始人之一。这张月份牌采用了照相平版印刷工艺印制。

1930年
上海
纵115.8厘米，横38.2厘米；
纵120.1厘米，横53厘米（装裱）
（1993,0813,0.1）

（左）
2.《在外交前线！》系列中的铅笔漫画，叶浅予绘
这幅讽刺漫画上一对男女穿着晚礼服在舞厅中跳舞。外国男士打着黑色领带，身穿燕尾服，他的舞伴穿着及地旗袍，头发挽成一个低发髻。这幅画上写着"某大使与某部长夫人"。

纸上铅笔画
1930—1938年
长沙
纵26.2厘米，横17.6厘米
匿名捐赠
（2009,3022.10）

某大使夫人与某次长

3.《在外交前线！》系列中的铅笔漫画，叶浅予绘

这幅讽刺漫画展现了一个曼妙背影，从其曲线毕露的身材可推测是外国女士。她身着晚礼服，肩披斗篷。她的舞伴是一个矮小的中国男人。他们相拥共舞，男子身高恰到她的胸部。边上写着"某大使夫人与某次长"。

纸上铅笔画
1930—1938 年
长沙
纵 26.5 厘米，横 17.6 厘米
匿名捐赠
（2009, 3022.9）

4. 周璇，黑胶唱片和封面

周璇（1918—1957 年）是中国著名的歌唱家和电影明星，有着"金嗓子"的美誉。她知名度最高的代表作或许就是其 1949 年出演的电影《长相思》中的插曲《夜上海》。

2010 年
高 31 厘米，宽 31 厘米
辛文媛为纪念辛彤才（音）而赠
（2017, 3012.1）

6|4 鲁迅

鲁迅（1881—1936年）（1）是中国20世纪初最具影响力的文化人物。他用白话文写作小说、散文和诗歌。白话文不是旧式文人使用的文言文，更接近于汉语口语。他的短篇小说如《狂人日记》和《阿Q正传》（2）体现了他对现实社会的深思与批判，激励了几代中国作家与艺术家。

1918年出版的《狂人日记》是一则政治寓言，是五四运动和新文化运动的基石。这些运动试图采用西方思潮来推动中国现代化的实现。20世纪20年代末到30年代，鲁迅出版并展出了欧洲、苏联和日本的艺术作品，并通过低廉印刷品的广泛传播，努力唤起社会变革。他并不提倡由技术娴熟的雕版工参与制版，而是鼓励艺术家亲手创作与雕版。在这个革命年代，艺术家和版画作品间的联系更为紧密。1931年8月，鲁迅举办了6天的木刻讲习会，推动了中国新兴版画运动的兴起。

1.《鲁迅像》，力群（1912—2012年）绘

鲁迅是一位伟大的文学家、思想家和革命家。他在鼓励年轻艺术家和作家方面做出了重大贡献。而他本人则立场坚定，不倦地展开发自内心的自我批评与自省，执着于对"死亡"的思考。

版画，可能为锌版，纸本墨色
1936年
纵12.1厘米，横10.1厘米
（1999，0705，0.8）

2.《阿Q正传》插图，赵延年（1924—2014年）绘

这幅具有冲击力的版画描绘了鲁迅小说中的人物阿Q。他是一个未受过良好教育的农民，总是陷入自欺欺人的精神状态，每次遭受失败时，他都说服自己这是一场伟大的道德胜利。他象征着民国时期落后的中国，突出了激励人们实现中国现代化的必要性。

版画，纸本墨色
1980年
浙江
纵19.6厘米，横13.2厘米
（1993，0707，0.1）

26/50 《科学之母》第一幕   又是王孝川 1980

6|5 战争版画

战争宣传艺术在两次世界大战间隙扮演了重要角色，不但共产党（3）、国民党（2），连1931年日本侵华后建立的伪满洲国（东北）也都绘制过宣传版画，其中也包括了抗日的主题（1）。因为当时中国民众中，文盲仍占很大比例，所以图像是传达信息的必要工具。版画有助于号召变革，鼓舞士气。20世纪20年代，在鲁迅倡导新兴版画运动之前，版画设计者和雕版工通常不是同一人，且两者常属于不同的阶层。罗工柳（1916—2004年）在22岁时离开了杭州，结束了他在杭州艺术专科学校的艺术学习生涯，北上位于陕西延安的共产党根据地。1938年，他参加了鲁艺（鲁迅艺术学院）举办的版画班。他就是在那一年创作了著名的女兵版画（3）。

那时期的许多中国宣传版画都受到了苏联艺术的影响，如刘仑1941年创作的版画《胜利的曙光》（2）中凯旋的士兵形象。这幅高度体现爱国主义的版画，创作于国共合作共同抗日、保家卫国时期。在抗日战争的很长时间里，中国人民都是孤军奋战；而且在第二次世界大战在全世界范围爆发初期（苏联卫国战争时期），中国共产党失去了苏联大部分的支援。艺术家王琦（1918—2016年）的儿子王炜（1942—　）创作了纪念抗日战争胜利70周年版画，旨在向他父亲的作品致敬。

1.《刻痕 —— 向抗战木刻致敬》，王炜绘
早期战争年代的版画多为黑白色，且尺幅较小。与之不同的是，这幅彩色丝网版画尺寸巨大，以鲜艳的黄色和红色为主要色彩。它为纪念中国抗日战争胜利70周年而作。画面由各种版画名作等元素构成，其中不乏其父亲王琦的作品。

彩色丝网版画
2015年
纵70厘米，横140厘米
王炜捐赠
（2015，3061.1）

2.《胜利的曙光》，刘仑绘

在这幅版画中，4名国民党士兵
骑着颈套花环的骏马。他们挥舞
着枪支，高扬旗帜。疾驰的马匹
脚踏流云飞雀，飞向光辉的太阳。

木刻版画，纸本墨色
1941 年
纵 24 厘米，横 15.5 厘米
布鲁克·休厄尔永久基金捐赠
（1980,0630,0.86）

3.《手握刺刀的女兵》，罗工柳绘

罗工柳是广东籍油画家和版画
家。他曾在抗日战争时期工作于
国民党武汉政治部，之后前往共
产党根据地陕西延安，在那里制
作抗日宣传画，并考入鲁迅艺术
学院。1949 年中华人民共和国
成立后，罗工柳参与了早期人民
币的设计，还绘制过毛泽东肖像。

木刻版画，纸本墨色
1938 年
陕西延安
纵 16 厘米，横 12.3 厘米
（2009,3022.49）

6|6 战争时期的苦难形象

从 1911 年清朝灭亡之后，到 1949 年中华人民共和国成立之前这一历史阶段，是中国历史上最苦难的时期，经历了两次世界大战和多次内战。一些艺术家通过创作战争胜利的主题画，对这个时代做出了自己的回应 —— 创作了反映国统区和解放区生活的版画等画作。另一些作品则反映了人们眼中无尽的天灾人祸所造成的严峻现实。

20 世纪前半叶，大多数中国人的生活都在惨淡中度过。抗日战争和解放战争，使得中国数千万人口流离失所。战争的同时，洪涝和干旱等自然灾害也时常发生，饥荒与逃难如影随形。图 1 这幅画作通过一个家庭三代人的形象，痛苦地表达了求救的呼声 —— 父亲抱着他骨瘦如柴、濒死的儿子，而他自己的父亲（即将死去的男孩的爷爷）只能眼睁睁地在一旁看着。无论工人和农民，还是军人、学者和官员，中国社会的每一分子都如傅抱石（1904—1965 年）的挂轴画《困顿中的文人》（3）所表现的那样，经历着艰辛困苦。此时，国民党政府正避居西南，移都重庆。而艺术家则用强烈的现实主义手法（4）记录下了当地人（2）的痛苦。

（本页）

1.《水旱灾之后》，杨讷维
（1912—1982 年）绘
这家人无助地凝视前方。他们消瘦异常，衣服空荡。父亲伸出手来，似乎在向观者求救，另一只手里抱着最小的孩子。孩子濒临死亡，目光也转向观者。他的母亲手里拿着空荡荡的饭碗。爷爷、奶奶和较年长的孩子佝偻地站在后面。这幅画的主题是 1942 年河南发生的干旱，导致了灾难性的饥荒。

木刻版画，纸本墨色
1943 年
广西梧州
纵 12.3 厘米，横 13 厘米
布鲁克·休厄尔永久基金捐赠
（1980, 0630, 0.170）

（对页上）

2.《石工劈石》，王琦绘
这幅版画表现了四川采石场严酷的工作环境，两名工人正躲避烈日稍作休息。1937 年抗日战争爆发后，国人走上了逃亡之路，上海美专西洋画系学生王琦也加入了逃亡大军，不久便从东部到达延安。在那里，他加入了新成立的鲁迅艺术学院。1938 年底，回到了故乡重庆。

木刻版画，纸质墨色
1945 年
四川重庆
纵 25.4 厘米，横 21 厘米
布鲁克·休厄尔永久基金捐赠
（1980, 0630, 0.133）

（左下）

3.《困顿中的文人》，傅抱石绘

傅抱石是一位才华横溢的画家。虽然他本人并没有进入主流艺术学院或高校，但他一直研习中国绘画艺术，尤其是传统山水画和人物画。在1932年至1935年间，他受政府资助访学日本。他研习了日本绘画的传统，在自己的画作中体现了中国传统风格的复兴与融合。

挂轴，纸本设色
1944 年
四川重庆
纵 109 厘米，横 31.5 厘米（画芯）；
纵 207.5 厘米，横 56.0 厘米（卷轴包括画轴）
布鲁克·休厄尔永久基金捐赠
（1967, 0213, 0.4）

（右下）

4.《老人》，王树艺绘

王树艺（1916—1999 年），贵州人。他像傅抱石一样，也是自起步。他受到西方版画技术的启发，在这幅画作中使用铜片刻划木版边缘纹理，获得了很好的效果，更能表现出老人脸部皱纹的线条质感。

木刻版画，纸本墨色
1947 年
四川重庆
纵 14.7 厘米，横 13 厘米（画芯）
纵 18.4 厘米，横 15.1 厘米（单页）
布鲁克·休厄尔永久基金捐赠
（1980, 0630, 0.146）

20 世纪 60 年代中期，张大千（1899—1983 年）开创了独特的泼墨、泼彩画法。他将墨汁泼洒在纸上，利用墨彩渗化的形迹、层次效果，如同照相机聚焦一般，逐步塑造具体细节。虽然这幅画中的松树和瀑布让人联想起中国的巨幅山水画，但张大千其实是在伦敦绘制的这幅画，并赠予了大英博物馆的策展人（1）。艺术家杨希雪（1936— ）则在英国绘制了美丽的"变象视觉艺术"画（2），尝试用放大局部的创意来创作美丽的画面。

1986 年，杨燕屏（1934— ）离开中国，移居美国。她在这幅秋荷图（3）中营造出一种忧郁的情绪。枯萎的莲茎不堪莲蓬重压，残叶转变成了褐色。1949 年，中国现代派画家刘国松（1932— ）定居中国台北。在他精美的作品中再现了一种对立感（4），山脉似乎可以通过太阳、月亮交换能量。这就像米开朗基罗在西斯廷教堂穹顶上所画的《创造亚当》（绘于 1508—1512 年）中那即将相触的手指。刘国松说："模仿新的，不能代替模仿旧的；抄袭西洋的，不能代替抄袭中国的。"

（左下）

1.《青绿山水》，张大千绘

张大千是 20 世纪作品最多的中国画家之一，并且善仿古画。他为巴瑟·格雷（1904—1989 年）绘制了这幅泼墨山水画，后者曾于 1946—1969 年担任大英博物馆东方艺术部主任职务。

挂轴，纸本设色
1964 年夏季
伦敦
纵 182.7 厘米，横 94.5 厘米（画芯）；纵 290 厘米，横 118 厘米（挂轴包括轴和挂绳）
巴瑟·格雷捐赠
（1977, 0228, 0.2, Ch.Ptg. Add.394）

（对页右）

2.《抽象画（162）》，杨希雪绘

杨希雪出生于广东。他创造了特别的纸团染印综合技法，挑战了传统的笔墨技巧。1969 年后，他居住在英国北部的格里姆斯比。

纸本设色
1997 年
伦敦
纵 45.5 厘米，横 67.9 厘米
布鲁克·休厄尔永久基金捐赠
（1997, 0612, 0.4, Ch.Ptg.
Add.674）

（顶）

3.《秋塘》，杨燕屏绘

为了营造这些叶子的质感和水润感，杨燕屏在纸张背面施墨，再用纸团在画的正面压出痕迹。虽然横轴装帧与用墨形式将此画与传统水墨荷花图联系在一起，但她的画法使之焕然一新。

水平卷轴，纸本设色
1985 年
纵 95 厘米，横 176.5 厘米（画芯）
纵 110.5 厘米，横 276.5 厘米（装裱）
（1987.0527, 0.1, Ch.Ptg.
Add.514）

（上）

4.《日月沉浮》，刘国松绘

这幅画作融合了中西方绘画技巧。升起的月亮与落下的夕阳，勾勒出山脉轮廓。刘国松创作这幅作品时，受到 1969 年"阿波罗"号宇航项目的启发。

拼贴画
1970 年
中国台北
纵 57.2 厘米，横 94.2 厘米（画芯）
迈克尔·葛德赫斯画廊及刘国松捐赠
（2010, 3017.1）

6|8 诠释大自然的创新艺术

　　一些现代中国艺术家汲取西方艺术的养分，探索了传统水墨画非凡的创新之路。吴冠中（1919—2010 年）的作品已享誉国际多年。 1992 年，他成为第一位于有生之年在大英博物馆举办个展的中国当代艺术家。20 世纪 40 年代，他赴法国学习艺术，"从波提切利到亨利·摩尔"，涉猎极广。1950 年，他回到中国，最初教授绘画。后他被下放农村，其间不再绘画。正如他所说，他看似无意为之的作品传达了"自然—形韵"（1），这些画作让人联想起了美国抽象派表现主义画家杰克逊·波洛克（1912—1956 年）充满活力的滴画法。不过，吴冠中更为欣赏凡·高（1853—1890 年）的激情和细致。

　　1995 年，102 岁的朱屺瞻（1892—1996 年）也在大英博物馆举办了个展。他和吴冠中一样也是江苏人，也学习了西方绘画（在日本留学）。图 2 这幅荷花盛开的水墨画，形似西方印象派画家莫奈的《睡莲》。

1.《小鸟天堂》，吴冠中绘

这里描绘的天堂是一处景色怡人的标志性景点：生长于广东新会县河心沙洲上的一棵巨大的古榕树。 浓淡墨线错综表现了榕树根枝的交错纵横；疏疏密密的彩色散点，便是栖息在此"天堂"的鸟群。这里人迹罕至，小鸟安静地栖息，一旦有人惊扰，便振翅飞离。

巨幅彩墨
1989 年
中国广东
纵 144 厘米、横 301 厘米（画芯）；纵 164.5 厘米、横 344.5 厘米（装裱）
吴冠中捐赠
（1992, 0505, 0.1, Ch.Ptg. Add.543）

2.《偶得》，朱屺瞻绘

朱屺瞻的绘画风格笔墨雄劲，气
势磅礴。他的画作（比如这幅描
绘荷花的作品）融会了中西画风。
朱屺瞻自8岁起学画，一直到他
104岁去世，他的绘画生涯将近
百年。创作此幅画作时他已96
岁高龄。

纸本墨色
1988年
上海
纵44厘米，横64.5厘米
朱屺瞻捐赠
（1996, 0617, 0.1.13）

6|9 "变化中的中国"版画和绘画

在过去50年中,中国发生了巨大的变化。城市化进程和城市的快速发展,对农村(1)、少数民族和地方习俗(2),以及大城市中人们的生活方式(3)——变得愈加拥挤,产生了惊人的影响。这里展示的一批怀旧版画和绘画,记录了艺术家笔下的传统中国景观。

郝伯义(1938—)最初是一位油画家,但后来成了版画界的领军人物。他的作品捕捉了中国东北北大荒独特的景色(1)。曾善庆(1932—)在北京中央美术学院学习时,徐悲鸿(1895—1953年)任其导师,他的水墨画结合了中国传统艺术与欧洲现实主义(2)。高荣生(1952—)是北京中央美术学院教授,擅长传统木刻版画和插图的创作(3)。

1.《春沐》,郝伯义绘

20世纪50年代后期,10万中国士兵和年轻人来到中国东北的北大荒,居住在这片广袤的莽原,进行大规模开垦。一群艺术家(如郝伯义创作的彩色版画)记录了该地区的动植物和著名的北大荒运动。而画面中的棉花仍然是中国的主要经济作物。

彩色雕版画,纸本设色
1983年
纵54.6厘米,横70.2厘米(画芯)
(1992,0514,0.1)

2.《祈祷》，曾善庆绘

曾善庆在西藏生活多年，当地人民为他提供了丰富的创作源泉。这幅画从藏族人身后的视角描绘了他们在佛像前跪拜的情景。20世纪80年代中期，曾善庆和妻子画家杨燕屏前往美国定居。

挂轴，纸本设色
20世纪80年代
纵180.5厘米，横97.5厘米
（1993, 1012, 0.1）

3.《不说谎的人》，高荣生绘

这幅木刻版画上，绘制了北京地区连接着不同宅院的胡同。近年来，胡同正在逐渐消逝，城市建设者即将其拆除，以建造高楼大厦、改善路政设施。现代旅游业和人们对四合院的怀恋，使得部分胡同得以保留下来。青砖灰瓦的宅院紧挨彼此，它们之间狭窄的小路就是胡同。这幅版画的场景出自老舍的同名小说。

木刻版画，纸本墨色
1989年
纵17.2厘米，横17.5厘米
（1991, 0205, 0.6.1-4）

6|10 前卫的语言和景观

1988 年，徐冰（1955— ）的《天书》在北京首次展出，这件作品表达了他对文字失序的高度关注（2）。这套综合媒体装置包括木刻版画线装书和几十米书页长卷。长卷铺在地上、悬挂于墙面及天花板上。书中的文字完全无法读懂，因为作者解构了汉字结构，并将汉字元素以不可思议的方式组合成伪文字，迫使观众去思考书面文字的重要性，并深思人与人之间的交流方式。

杨泳梁（1980— ）的作品虽以南宋风景画作为蓝本，但当我们凑近画作观察时能发现，以电塔这样现代城市生活为代表的标志，正在改变中国传统的农村生活。这里展示的数码图片（1）上有盖印，但是杨泳梁没有使用传统印章，而是加盖了窨井盖式样的正方形图章。

1.《蜃市山水叁》左一，杨泳梁绘

数码照片，爱普生喷墨织纹美术纸打印
2007 年
上海
纵 45 厘米，横 45 厘米
布鲁克·休厄尔永久基金捐赠
（2008, 3012.1）

2.《天书》，徐冰绘
木刻版线装书一套 4 本，放在胡
桃木盒内。

木刻版印刷
1988 年
宽 45.9 厘米，长 30 厘米，
厚 2 厘米（每一卷，未打开时），
长 52 厘米（每一卷，两面打开后）
（1993, 0709, 0.1）

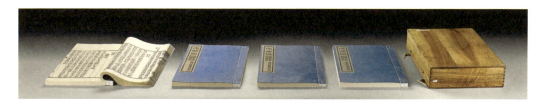

6|11 旧体新艺

本节呈现的4位艺术家的作品在海内外受到高度赞誉。他们在中国、欧洲和美国的著名博物馆和画廊都举办过自己的个展。这些作品与中国传统艺术和文化——书法（1）、水墨画（2）、奇石收藏（3）和制瓷（4）相关联。

中国艺术界仍存在争论——中国艺术家能在多大程度上实现对其他国家艺术的风格和主题的兼容并包。我们是否应将一位当代中国艺术家的作品限定在中国或亚洲范围内？一位具有国际视野和格局的中国艺术家是否还应被视为"中国"艺术家？不管怎样，当前正有越来越多的中国艺术家受到国际赞誉，越来越多的艺术家活跃在海外艺术界。

1.《云飞岫》，刘丹（1953— ）书

书法是中国传统文人画的有机组成。这块文人石旁有三段文字：第一段出自南北朝，第二段出自明朝，最后一段则为这块石头原主所作。文人认为通过欣赏奇石，可摒除杂念，超尘脱俗。

纸本墨色
2012 年
北京
纵 103 厘米，横 202.5 厘米
匿名捐赠
（2012, 3028.1）

2.《月下石 —— 寒石幽篁》，李华弌绘

李华弌（1948— ）在海外工作多年，现居美国。这幅月光下的竹石图既有北宋以来中国传统画风格，又有所创新。

绢本设色
2014 年
北京

纵 106 厘米，横 65 厘米
大英博物馆用朱塞佩·埃斯卡纳齐为纪念简·斯图亚特所捐部分款项购买
（2015, 3002.1, Ch.Ptg.Add.808）

3.《假山石 82 号》，展望作

展望（1962— ）出生于北京，画家、雕塑家。这件作品是对中国文人石的一种反思，其用抛光不锈钢制成，犹如镀铬。水银似的表面不仅能映出观众，还能折射出文人所认为的奇石内所蕴含的能量。

2005 年
北京
高 50 厘米
（2011, 3017.1）

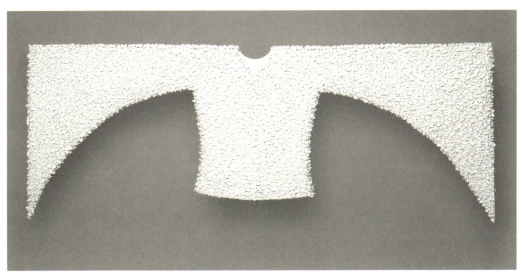

4.《蝴蝶衣》

郑祎出生于英国剑桥。她的"中国蝴蝶系列"中特大号服装由中国瓷都景德镇的匠人手工制作。根据郑祎的设计，这件短麻布袍上缝了一万多只陶瓷蝴蝶。蝴蝶代表快乐和长寿，同时也体现了道家哲学命题 —— 人如何认识生活的真实与虚幻。著名的庄周梦蝶便对这个命题做了思考与探讨："昔者庄周梦为蝴蝶，栩栩然蝴蝶也，自喻适志与！不知周也。俄然觉，则蘧蘧然周也。不知周之梦为蝴蝶与？蝴蝶之梦为周与？"

2012 年
江西景德镇
长 180 厘米，宽 70 厘米
郑祎捐赠
（2013, 3005.2）

6|12 现代书法

书法艺术是中国文化标志性的艺术符号。虽然书法本身就是一门艺术，但它同绘画和诗词密切相关。在过去50年中，书法经历了重大的创新和变革，其变化可能超过之前几千年的时间。20世纪晚期和21世纪初，曾接受过中国传统书法训练的艺术家，将西方抽象艺术融入作品当中，创造出一种新式书法。古干（1942— ）和王冬龄（1945— ）都是20世纪80年代涌现的中国现代派书法的中坚力量，他们借鉴了康定斯基、克利和米罗的线条手法，在创作中注重笔墨干湿、浓淡的表现力。王冬龄的作品《无》（2）阐释了一直以来理解书法文本语境的重要性。古干则在用色上打破了传统（1），他将一个汉字拆解成数个部分，布局在整张纸上，还独具匠心地运用不同的字体（例如篆书或草书）书写每个部分，组成整个汉字。

1. 《红金时代》，古干书

古干为迎接千禧，并庆祝中国改革开放创作了这幅作品。纸面的平坦和褶皱表现平原和山脉；红色代表庆贺，金色代表繁荣昌盛。黑色的字为"树"的古代字形，而较小的字符和点为"果"，代表果实。这幅作品是古干书法三部曲之一，另外两幅作品为创作于1985年的《翻山越岭》（1996，0614.025）及1995年的《开放》（1996，0614.0.29）。

红色纸本墨色
2000年
纵93.4厘米，横120.5厘米（画芯）；纵103.6厘米，横130.6厘米（装裱）
古干捐赠
（2000, 1128, 0.2, Ch.Ptg.Add.720）

2.《无》，王冬龄书

王冬龄常把宣纸平铺在地板上进行创作。他站在纸上，拖动巨大的毛笔书写榜书巨制。在这里，他以淡墨草书写下了《道德经》中前两章作为背景，然后在其上书写了一个醒目、浓重的"无"字，意思是"空白"或"虚无"。道是宇宙万物本源，也是处事之法，"道"即是"无"，是天地万物的原始和终结。

纸本墨色
2000 年
纵 272 厘米，横 142.5 厘米
王冬龄捐赠
（2001, 0203, 0.1）

江苏苏州的丝绸和刺绣业历史悠久。近年来，苏州刺绣研究所开发出一种全新的刺绣技法。梁雪芳（1965— ）的双面绣作品展示了鸭子在残莲间游弋（2）。绣底织物十分细密，让人感觉不到它的存在，只留下水、植物和鸟的印象。邹英姿（1972— ）以有层次的彩色丝线在绣片上绣出树木（3）。这样的构图不禁让人联想起元明时期著名艺术家如倪瓒或文徵明的水墨画作。除了邹英姿的作品，还有其他传统图案的绣品，如姚惠芬（1967— ）的水墨写意刺绣。图1这幅绣品为《四美图》系列之一，根据京剧名段《贵妃醉酒》故事创作。杨贵妃是唐玄宗的妃子。一日，她摆下酒宴等候皇帝到来，却听闻他已去往其他妃子居处。杨贵妃便以酒浇愁，萌动的爱意转变为愤怒和嫉妒。她情绪低落，渐渐不胜酒力，醉态十足。

1.《四美图》之一，姚惠芬（项维仁设计）作品

"四美"是中国历史上因美貌而闻名的人物，即西施、王昭君、貂蝉和杨贵妃，她们的行为对当时的帝王产生了重要影响。这幅绣品的主角为唐玄宗的宠妃杨贵妃，禁军将士们要求皇帝处死贵妃，指责她和外戚祸国殃民，导致了755年的安史之乱。不过，她的美丽仍为中国诗歌所称颂，如白居易的《长恨歌》。

2011 年
江苏苏州
纵 70 厘米，横 30 厘米
姚惠芬捐赠
（2013, 3006.1.a-d）

2.《荷韵》，梁雪芳作品

梁雪芳以冬天的荷塘和鸭子为场景创作的巨幅刺绣画。 这幅作品宽达 3 米，绣片薄如蝉翼，为双面绣。从远处看，这幅绣品似一张黑白照片，非常完美地抓住了残荷枯茎和水中游鸭的动态。艺术家的灵感来自苏州太湖水域中的残荷。

2010 年
江苏苏州
纵 100 厘米，横 300 厘米
梁雪芳捐赠
（2013，3006.3）

3.《缠绕》，邹英姿作品

这里使用了滴滴针法和色彩的冲突对比来表达自然的随意。2007 年，作者在山中遛狗时受到启发，创作了这幅绣品。绣品中的林木初看之下仿佛摄影作品，但多变的色彩使森林变得愈发宛如幻境。

2008—2013 年
江苏苏州
纵 178.5 厘米，横 104 厘米
（仅画芯）
邹英姿捐赠
（2013，3006.2）

参考文献

新石器时代

Allan, Sarah (ed.), 2005, *The Formation of Chinese Civilization: An Archaeological Perspective*, New Haven.

Barnes, Gina L., 2015, *Archaeology of East Asia: The Rise of Civilisation in China, Korea and Japan*, Oxford.

Chang, Kwang-chih, 1986, *The Archaeology of Ancient China*, 4th ed., New Haven.

Childs-Johnson, Elizabeth, 1995, 'Symbolic Jades of the Erlitou period A Xia Royal Tradition', *Archives of Asian Art*, Vol. 48, pp. 64–92.

Cunliffe, Barry, 2015, *By Steppe, Desert, and Ocean: The Birth of Eurasia*, New York.

Li Feng, 2013, *Early China: A Social and Cultural History (New Approaches to Asian History)*, Cambridge.

Li Liu & Xingcan Chen, 2012, *The Archaeology of China: From the Late Paleolithic to the Early Bronze Age (Cambridge World Archaeology)*, Cambridge.

Rawson, Jessica, 1995, *Chinese Jade from the Neolithic to the Qing*, London.

Rawson, Jessica, 2017, 'Shimao and Erlitou: New Perspectives on the Origins of the Bronze Industry in Central China,' *Antiquity*, Vol. 91, No. 355.

Underhill, Anne P. (ed.), 2013, *A Companion to Chinese Archaeology*, Chichester.

商周时期

Bagley, Robert, 2001, *Ancient Sichuan: Treasures from a Lost Civilization*, Seattle.

Brindley, Erica, 2015, *Ancient China and the Yue: Perceptions and Identities on the Southern Frontier, c.400 BCE–50 CE*, Cambridge.

Fong, Wen, et al., 1980, *The Great Bronze Age of China: An Exhibition from the People's Republic of China*, New York.

Keightley, David, 1978, *Sources of Shang History: The Oracle-Bone Inscriptions of Bronze Age China*, Berkeley, Los Angeles & London.

Lawton, Thomas, 1983, *Chinese Art of the Warring States Period: Change and Continuity, 480–222 BC*, Washington, DC.

Ledderose, Lothar, 2000, *Ten Thousand Things: Module and Mass Production in Chinese Art*, Princeton.

Loewe, Michael, & Shaughnessy, Edward (eds), 1999, *The Cambridge History of Ancient China: From the Origins of Civilization to 221 B.C.*, Cambridge.

Moore, Oliver, 2000, *Chinese*, London.

Nickel, Lukas, 2006, 'Imperfect Symmetry: Re-Thinking Bronze Casting Technology in Ancient China,' *Artibus Asiae*, Vol. 66, No. 1, pp. 5–40.

Pines, Yuri, Shelach, Gideon, von Falkenhausen, Lothar, & Yates, Robin D.S. (eds), 2013, *Birth of an Empire – New Perspectives on Chinese Culture and Society*, Berkeley.

Rawson, Jessica, 1987, *Chinese Bronzes, Art and Ritual*, London.

Rawson, Jessica (ed), 1996, *Mysteries of Ancient China: New Discoveries from the Early Dynasties*, London.

Rawson, Jessica, & Bunker, Emma, 1990, *Ancient Chinese and Ordos Bronzes*, Hong Kong.

Shaughnessy, Edward L., 1991, *Sources of Western Zhou History: Inscribed Bronze Vessels*, Berkeley.

von Falkenhausen, Lothar, 2006, *Chinese Society in the Age of Confucius (1000–250 BC): The Archaeological Evidence*, Los Angeles.

Whitfield, Roderick, & Wang, Tao (eds), 1999, *Exploring China's Past: New Discoveries and Studies in Archaeology and Art*, London, 1999

Yang Xiaoneng, 1999, *The Golden Age of Chinese Archaeology: Celebrated Archaeological Finds from the People's Republic of China* (Exhibition in the National Gallery of Art, Washington, DC.), New Haven & London.

汉唐时期

Abe, Stanley K., 2002, *Ordinary Images*, Chicago.

Brill, Robert H., & Martin, John H. (eds), 1991, *Scientific Research in Early Chinese Glass*, Corning, NY.

Gan, Fuxi, Brill, Robert H., & Tian, Shouyun (eds), 2009, *Ancient Glass Research Along the Silk Road*, Singapore.

Hansen, Valerie, 2015, *The Silk Road: A New History*, Oxford.

Kwan, Simon, 2001, *Early Chinese Glass*, Hong Kong.

Little, Stephen, Eichman, Shawn, Shipper, Kristofer, & Hung, Wu, 2000, *Taoism and the Arts of China*, Berkeley, Chicago & Great Britain.

McMahon, Keith, 2013, *Women Shall Not Rule: Imperial Wives and Concubines in China from Han to Liao*, Lanham.

McMahon, Keith, 2002, *The Fall of the God of Money: Opium Smoking in Nineteenth-Century China*, Lanham & Oxford.

Michaelson, Carol, 1999, *Gilded Dragons: Buried Treasures from China's Golden Ages*, London.

Michaelson, Carol, 1998, 'Han Dynasty Chinese Glass Plaques in the British Museum,' *Transactions of the Oriental Ceramics Society*, Vol. 63, pp. 45–64.

Portal, Jane, 2007, *The First Emperor: China's Terracotta Army*, London.

Rawson, Jessica, 1996–97, 'Thinking in Pictures: Tomb Figures in the Chinese View of the Afterlife', *Transactions of the Oriental Ceramic Society*, Vol. 61, pp. 19–37.

Ruitenbeek, Klaas, 2002, *Chinese Shadows: Stone Reliefs, Rubbings and Related Works of Art from the Han Dynasty (206 BC–AD 220) in the Royal Ontario Museum*, Toronto.

Wang, Eugene Yuejin, 2005, *Shaping the Lotus Sutra: Buddhist Visual Culture in Medieval China*, Washington.

Wang, Helen, 2004, *Money on the Silk Road: The Evidence from Eastern Central Asia to c. AD 800*, London.

Watt, James C. Y., et al., 2004, *China: Dawn of a Golden Age, 200–750 AD*, New York.

Whitfield, Roderick, & Farrer, Anne (eds), 1990, *Caves of the Thousand Buddhas: Chinese Art from the Silk Route*, London.

Whitfield, Roderick, Whitfield, Susan, & Agnew, Neville, 2015, *Cave Temples of Mogao: Art and History on the Silk Road*, Los Angeles.

Wood, Nigel, Doherty, Chris, Menshikova, Maria, Eng, Clarence, & Smithies, Richard, 2015, 'A Luohan from Yixian in the Hermitage Museum. Some Parallels in Material Usage with the Longquanwu and Liuliqu Kilns Near Beijing,' *Bulletin of Chinese Ceramic Art and Archaeology*, No. 6, December.

Wu Hung, 1995, *Monumentality in Early Chinese Art and Architecture*, Stanford.

Zwalf, Wladimir, 1985, *Buddhism: Art and Faith*, London.

宋代

Bickford, Maggie (ed.), 1985, *Bones of Jade & Soul of Ice: The Flowering Plum in Chinese Art*, New Haven.

Ebrey, Patricia B., & Bickford, Maggie (eds), 2006, *Emperor Huizong and Late Northern Song China: The Politics of Culture and the Culture of Politics* (Harvard East Asian Monographs), Cambridge, Mass.

Gernet, Jacques, 1995, *Buddhism in Chinese Society: An Economic History from the Fifth to the Tenth Centuries* (trans. Franciscus Verellen), New York & Chichester.

Gerney, Jacques, 1962, *Daily Life in China On the Eve of the Mongol Invasion 1250–1276* (trans. H. M. Wright), London.

Gerritsen, Anne, 2007, *Ji'an Literati and the Local in Song-Yuan-Ming China*, Leiden.

Green, Jeremy (ed) 1997, *Maritime Archaeology in the People's Republic of China* (Report – Department of Maritime Archaeology, Western Australian Museum, No. 237; Special Publication No. 1, Australian National Centre for Excellence in Maritime Archaeology).

Kerr, Rose, 2004, *Song Dynasty Ceramics*, London.

Kuhn, Dieter, & Brook, Timothy, 2009, *The Age of Confucian Rule: The Song Transformation of China* (History of Imperial China Series), Cambridge, Mass.

Lee Hui-shu, 2010, *Empresses, Art, and Agency in Song Dynasty China*, Seattle.

Lewis, Mark Edward, & Brook, Timothy, 2009, *China Between Empires: The Northern and Southern Dynasties* (History of Imperial China Series), Cambridge, Mass.

Liu Xinru, 1998, *Silk and Religion: An Exploration of Material Life and the Thought of People AD 600–1200*, Delhi & Oxford.

McCausland, Shane, & Yin Hwang (eds), 2014, *On Telling Images of China: Essays in Narrative Painting and Visual Culture*, Hong Kong.

McMahon, Keith, 2016, *Celestial Women: Imperial Wives and Concubines in China from Song to Qing*, Lanham.

Murray, Julia K, 1993, *Ma Hezhi and the Illustration of the Book of Odes*, Cambridge.

Murray, Julia K., 2007, *Mirror of Morality: Chinese Narrative Illustration and Confucian Ideology*, Honolulu.

Rawson, Jessica, 1986, 'Silver Decoration on a Chinese Lacquered Box,' *Arts of Asia*, Vol. 16, No. 3 (May–June), pp. 91–98.

Vainker, Shelagh, 2004, *Chinese Silk A Cultural History*, London.

元明时期

Barnhart, Richard M., et al., 1993, *Painters of the Great Ming: The Imperial Court and the Zhe School*, Dallas.

Brinker, Helmut, & Lutz, Albert, 1989, *Chinese Cloisonné: the Pierre Uldry Collection*, New York.

Brook, Timothy, 1993, *Praying for Power: Buddhism and the Formation of Gentry Society in Late-Ming China*, Cambridge, Mass.

Brook, Timothy, 2010, *The Troubled Empire: China in the Yuan and Ming Dynasties*, Cambridge, Mass.

Cahill, James, 1978, *Parting at the Shore: Chinese Painting of the Early and Middle Ming Dynasty, 1368–1644*, New York & Tokyo.

Canepa, Teresa, 2016, *Silk, Porcelain and Lacquer: China and Japan and Their Trade with Western Europe and the New World, 1500–1644*, London.

Carswell, John, 2000, *Blue and White: Chinese Porcelain Around the World*, London.

Clunas, Craig, 1986, 'Some Literary Evidence for Gold and Silver Vessels in the Ming Dynasty (1368–1644),' in Michael Vickers & Julian Raby (eds), *Pots and Pans; a Colloquium on Precious Metals and Ceramics* (Oxford Studies in Islamic Art), pp. 83–87.

Clunas, Craig, 1996, *Fruitful Sites: Garden Culture in Ming Dynasty China*, London.

Clunas, Craig, 1997, *Pictures and Visuality in Early Modern China*, London.

Clunas, Craig, 2007, *Empire of Great Brightness: Visual and Material Cultures of Ming China, 1368–1644*, London.

Clunas, Craig, 2013, *Screen of Kings: Royal Art and Power in Ming China*, London.

Clunas, Craig, & Harrison-Hall, Jessica (eds.), 2014, *Ming: 50 Years That Changed China*, London.

Dreyer, Edward L., 2007, *Zheng He: China and the Oceans in the Early Ming Dynasty 1405–1433*, New York.

Eng, Sunchuan Clarence, 2015, *Colours and Contrast: Ceramic Traditions in Chinese Architecture*, Leiden.

Farrer, Anne, 1990, *The Brush Dances & the Ink Sings: Chinese Paintings and Calligraphy from the British Museum*, London.

Fong, Wen C., Watt, James C. Y., et al., 1996, *Possessing the Past: Treasures from the National Palace Museum*, Taipei, New York.

Fong, Wen C., & Smith, Judith, 1999, *Issues of Authenticity in Chinese Painting*, New York.

Geng, Baochang, 1993, 明清瓷器鉴定 (Ming and Qing Porcelain Identification), Beijing.

Gerritsen, Anne, 2012, 'Porcelain and the Material Culture of the Mongol-Yuan Court', *Journal of Early Modern History*, Vol. 16, No. 3, pp. 241–73.

Gillman, Derek, 2013-14, 'The Imperial Luohans of Zhongdu and the Reassertion of Chan (Zen) Buddhist Influence in North China,' *Transactions of the Oriental Ceramic Society*, Vol. 78.

Goodrich, L. Carrington, & Fang Chaoying, (eds), 1976, *Dictionary of Ming Biography, 1368–1644: The Ming Biographical History Project of the Association for Asian Studies*, New York & London.

Harrison-Hall, Jessica, 2001, *Catalogue of Late Yuan and Ming Ceramics in the British Museum*, London.

Harrison-Hall, Jessica, 2014, *Ming: Art People and Places*, London.

Hay, Jonathan, 2010, *Sensuous Surfaces: The Decorative Object in Early Modern China*, London.

He Yuming, 2013, *Home and the World: Editing the 'Glorious Ming' in Woodblock-printed Books of the Sixteen and Seventeenth Centuries*, Cambridge, Mass.

Hsu, Eileen Hsiang-ling, 2016, *Monks in Glaze: The Yixian Luohan and Ceramic Workshops in Ming China*, Boston.

Hubei sheng wenwu kaogu yanjiusuo 湖北省文物考古研究所 & Zhongxiang shi bowuguan 钟祥市博物馆, 2007, *Liangzhuang wang mu* 梁庄王墓 (Mausoleum of Prince Liang Zhuangwang), Beijing.

Kang, David C., 2010, *East Asia Before the West: Five Centuries of Trade and Tribute*, New York.

Karmay, Heather, 1975, *Early Sino-Tibetan Art*, Warminster.

Kerr, Rose, Wood, Nigel, & Needham, Joseph, 2004, *Science and Civilization in China, Vol. 5, Part 12*, Cambridge.

Keswick, Maggie, 1978, *The Chinese Garden: History, Art, and Architecture*, London & New York (2nd ed., 2003, London).

Krahl, Regina, 1986, *Chinese Ceramics in the Topkapi Saray Museum*, 3 vols, London.

Li He & Knight, Michael, 2008, *Power and Glory; Court Arts of China's Ming Dynasty*, San Francisco.

Luk, Yu-ping, 2015, *The Empress and the Heavenly Masters: A Study of the Ordination Scroll of Empress Zhang (1493)*, Hong Kong.

Macausland, Shane, 2015, *The Mongol Century: Visual Cultures of Yuan China, 1271–1368*, Honolulu.

Miksic, John N., 2013, *Singapore and the Silk Road of the Sea, 1300–1800*, Singapore.

Paludan, Ann, 1991, *The Chinese Spirit Road: The Classical Tradition of Stone Tomb Statuary*, New Haven & London.

Pierson, Stacey, 2013, *From Object to Concept: Global Consumption and the Transformation of Ming Porcelain*, Hong Kong.

Quette, Beatrice, 2011, *Cloisonné Chinese Enamels from the Yuan, Ming and Qing Dynasties*, New Haven & London.

Robinson, David M., 2001, *Bandits, Eunuchs, and the Son of Heaven: Rebellion and the Economy of Violence in Mid-Ming China*, Honolulu.

Robinson, David M., 2008, *Culture, Courtiers, and Competition: The Ming Court (1368–1644)*, Cambridge, Mass.

Robinson, David M., 2013, *Martial Spectacles of the Ming Court*, Cambridge, Mass., & London.

Rossabi, Morris, 1988, *Khubilai Khan: His Life and Times*, Berkeley & London.

Sen, Tansen, 2016, *Buddhism, Diplomacy, and Trade: The Realignment of India–China Relations, 600–1400*, Lanham.

Ströber, Eva, 2013, *Ming: Porcelain for a Globalised Trade*, Stuttgart.

Stuart, Jan, & Rawski, Evelyn S., 2001, *Worshiping the Ancestors: Chinese Commemorative Portraits*, Washington, DC.

Tsai, Shih-shan Henry, 1996, *The Eunuchs in the Ming Dynasty*, New York.

Tsai, Shih-shan Henry, 2001, *Perpetual Happiness: The Ming Emperor Yongle*, Seattle.

Watt, James C. Y. (ed.), 2010, *The World of Khubilai Khan: Chinese Art in the Yuan Dynasty*, New York, New Haven & London.

Watt, James C. Y., & Leidy, Denise Patry, 2005, *Defining Yongle: Imperial Art in Early 15th Century China*, New York.

Watt, James C. Y., & Wardwell, Anne E., 1997, *When Silk was Gold: Central Asian and Chinese Textiles*, New York.

Weidner, Marsha Smith, & Berger, Patricia Ann, 1994, *Latter Days of the Law: Images of Chinese Buddhism, 850–1850*, Honolulu.

Weidner, Marsha, 2001, *Cultural Intersections in Later Chinese Buddhism*, Honolulu.

清代

Berger, Patricia Ann, 2003, *Empire of Emptiness: Buddhist Art and Political Authority in Qing China*, Honolulu.

Chapman, Jan, 1999, *The Art of Rhinoceros Horn Carving in China*, London.

Chu, Petra ten-Doesschate, & Ning Ding (eds), 2015, *Qing Encounters: Artistic Exchanges Between China and the West*, Los Angeles.

Chinese University of Hong Kong, 2000, *Elegance and Radiance: Grandeur in Qing Glass*, Hong Kong.

Clunas, Craig, 1996, *Chinese Carving*, London.

Clunas, Craig, 2017, *Chinese Painting and Its Audiences*, Princeton.

Fong, Wen C., 2001, *Between Two Cultures: Late Nineteenth and Twentieth Century Chinese Paintings*, New York, New Haven & London.

Fong, Wen C., & Watt, James C. Y., 1996, *Possessing the Past: Treasures from the National Palace Museum, Taipei*, New York.

Hay, Jonathan, 2001, *Shitao: Painting and Modernity in Early Qing China*, Cambridge.

Ip Yee & Tam, Laurence C. S., 1978 and 1982, *Chinese Bamboo Carving*, Vols 1 & 2, Hong Kong.

Kao Mayching (ed), 1990, *Chinese Ivories from the Kwan Collection*, Hong Kong.

Kleutghen, Kristina, 2015, *Imperial Illusions: Crossing Pictorial Boundaries in the Qing Palaces*, Washington, DC.

Kerr, Rose, & Allen, Phillip, 2016, *Chinese Ivory Carvings: The Sir Victor Sassoon Collection*, London.

Naquin, Susan, 2000, *Peking Temples and City Life, 1400–1900*, Berkeley & London.

Oriental Ceramic Society and the British Museum, 1984, *Chinese Ivories from the Shang to the Qing*, London.

Singer, Aubrey, 1992, *The Lion and the Dragon: The Story of the First British Embassy to the Court of the Emperor Qianlong in Peking 1792–1794*, London.

Sheaf, Colin, & Kilburn, Richard, 1988, *The Hatcher Porcelain Cargoes – The Complete Record*, Oxford.

Steinhardt, Nancy Shatzman, 1990, *Chinese Imperial City Planning*, Honolulu.

Wang Shixiang & Wan-go Weng, 1983, *Bamboo Carving of China*, New York.

Wood, Frances, 1985, *Chinese Illustration*, London.

Wood, Frances, 1998, 'Closely Observed China: From William Alexander's Sketches to his Published Work,' *British Library Journal*, Vol. 24, No. 1, pp. 98–121.

Wood, Frances, 2005, *The Forbidden City*, London.

Wu Hung, 2012, *A Story of Ruins: Presence and Absence in Chinese Art and Visual Culture*, London.

Zhang, Rong, 2005, *Luster of Autumn Water: Glass of the Qing Imperial Workshop*, Beijing.

现代

Albertini, Claudia, 2008, *Avatars and Antiheroes: A Guide to Contemporary Chinese Artists*, Tokyo.

Andrews, Julia F., 1994, *Painters and Politics in the People's Republic of China*, Berkeley & London.

Andrews, Julia F., & Shen, Kuiyi, 1998, *Century in Crisis: Modernity and Tradition in the Art of Twentieth-Century China*, New York.

Barrass, Gordon S., 2002, *The Art of Calligraphy in Modern China*, London.

Bickers, Robert A., 1999, *Britain in China: Community, Culture and Colonialism, 1900–49*, Manchester.

Bickers, Robert A., 2014, *Getting Stuck in for Shanghai*, Beijing.

Bickers, Robert A., & Tiedemann, R. G., 2007, *The Boxers, China, and the World*, Lanham.

Bonds, Alexandra B., 2008, *Beijing Opera Costumes: The Visual Communication of Character and Culture*, Honolulu.

Chiu, Melissa, 2008, *Art and China's Revolution*, New Haven & London.

Clunas, Craig, 2017, *Chinese Painting and its Audiences (The A. W. Mellon Lectures in the Fine Arts)*, Princeton.

Crossman, Carl L., 1991, *The Decorative Arts of the China Trade: Paintings, Furnishings and Exotic Curiosities*, Woodbridge.

Erickson, Britta, 2001, *The Art of Xu Bing: Words Without Meaning, Meaning Without Words*, Washington, DC, & Chesham.

Evans, Harriet (ed*.*), 1999, *Picturing Power in the People's Republic of China: Posters of the Cultural Revolution*, Lanham.

Farrer, Anne, 1992, *Wu Guanzhong – A Twentieth-Century Chinese Painter*, London.

Farrer, Anne (ed.), 2003, *Chinese Printmaking Today: Woodblock Printing in China 1980–2000*, London.

Fu, Shen C. Y., 1991, *Challenging the Past: The Paintings of Chang Dai-chien*, Washington, DC, & Seattle.

Ginsberg, Mary, 2006–07, 'Revolutionary Art at the British Museum', *Transactions of the Oriental Ceramic Society*, Vol. 71, p. 33–43.

Ginsberg, Mary, 2013, *The Art of Influence: Asian Propaganda*, London.

Ginsberg, Mary (ed.), 2017, *Communist Posters*, London.

Hearn, Maxwell K. (ed) 2001, *Chinese Art: Modern Expressions*, New Haven.

Hearn, Maxwell K., 2013, *Ink Art: Past as Present in Contemporary China*, New York.

Holm, David, 1991, *Art and Ideology in Revolutionary China. Studies on Contemporary China*, Oxford.

Laing, Ellen Johnston, 1988, *The Winking Owl: Art in the People's Republic Of China*, Berkeley & London.

Laing, Ellen Johnston, 2002, *Art and Aesthetics in Chinese Popular Prints: Selections from the Muban Foundation Collection. Michigan Monographs in Chinese Studies*, Vol. 94. Ann Arbor.

Landsberger, Stefan, 1995, *Chinese Propaganda Posters: From Revolution to Modernization*, Armonk.

Lü Peng, 2010, *A History of Art in 20th Century China* (English edition), Milan.

Pan, Lynn, 2000, *Mao Memorabilia: The Man and the Myth*, Hong Kong.

Pan, Lynn, 2008, *Shanghai Style Art and Design Between the Wars*, San Francisco.

Silbergeld, Jerome, & Gong, Jisui, 1993, *Contradictions: Artistic Life, the Socialist State, and the Chinese Painter Li Huasheng*, Seattle.

Sullivan, Michael, 1996, *Art and Artists of Twentieth-Century China*, Berkeley & London.

Rizvi, Sajid, Farrer, Anne, & Li Gongming, 1997, *Hai Shuet Yeung: Innovation in Abstraction*, London.

von Spee, Clarissa (ed.), 2010, *The Printed Image in China: From the 8th to the 21st Centuries*, London.

von Spee, Clarissa (ed.), 2012, *Modern Chinese Painting and Calligraphy*, London.

Wang, Helen, 2008, *Chairman Mao Badges: Symbols and Slogans of the Cultural Revolution*, London.

Wu Hung, 2001, *Chinese Art at the Crossroads: Between Past and Future, Between East and West*, London.

Wu Hung, 2002, *Reinterpretation: A Decade of Experimental Chinese Art (1990–2000)*, Guangzhou & Chicago.

Wu Hung, 2014, *Contemporary Chinese Art: A History 1970s–2000s*, London.

Wu Hung, & Phillips, Christopher, 2004, *Between Past and Future: New Photography and Video from China*, Chicago & New York.

Zhang Hongxing, with Lauren Parker, 2008, *China Design Now*, London.

中国通史

Barnhart, Richard, Yang Xin, Nie Chongzheng, Cahill, James, Lang Shaojun & Wu Hung, 2002 (reprint), *Three Thousand Years of Chinese Painting* (Culture and Civilization of China Series), New Haven.

Bartholomew, Terese Tse, 2006, *Hidden Meanings in Chinese Art*, San Francisco.

Clunas, Craig, 1997, *Art in China*, Oxford & New York.

Handler, Sarah, 2001, *Austere Luminosity of Chinese Classical Furniture*, Berkeley.

He Li, 2006 (reprint), *Chinese Ceramics: The New Standard Guide*, London.

Hearn, Maxwell, 2008, *How to Read Chinese Paintings*, New York.

Kinoshita, Hiromi, 2013, *Arts of China*, Boston.

Mackenzie, Colin, 2013, *The Chinese Art Book*, London & New York.

Pierson, Stacey, 2009, *Chinese Ceramics*, London.

Rawson, Jessica (ed), 1992, *British Museum Book of Chinese Art*, London.

Vainker, S. J., 1991, *Chinese Pottery and Porcelain from Prehistory to the Present*, London.

Wood, Nigel, 1999, *Chinese Glazes*, London.

Zhang Hongxing, 2013, *Masterpieces of Chinese Painting 700–1900*, London.

版权说明

致 谢

感谢何鸿卿爵士慈善基金对 2017 年中国和南亚展厅修缮项目的慷慨资助，让我们有机会重新思考展品的陈列和解读，更好地展现中国历史，并促成了本书的出版，让更多的人有机会更好地理解中国。

杰西卡·罗森爵士暨教授，作为亚洲艺术与考古领域的杰出学者，也给予了莫大支持。她在 55 年的职业生涯中（无论是在大英博物馆，还是后来赴牛津大学任职），挑选或资助了大英博物馆的大部分中国展品。我也十分感谢现任亚洲部主任珍·波多对本项目的积极推进，让我能克服项目中遇到的各种问题。特别感谢大英博物馆同仁无私地分享他们的知识、技能，促成本书成功付梓。感谢玛丽·金斯堡、陈谊、卡罗尔·迈克尔森、希拉·维纳克、陆於平、汪海岚、王全玉、伊玛·拉莫斯、理查德·布勒顿、保罗·巴克、奥利弗·库克阅读文本内容；真诚地感谢克劳蒂亚·布洛赫、莎拉·福斯特、索菲·索伦德吉、洛里·琼斯、西蒙·普伦蒂斯、塔尼雅·辛普森、露西·罗梅尔、莉齐·富勒、塔维安·亨特、罗伯特·考林、袁昕玥、张心蕊，及藏品保护专家等专业人员。

谨向大英博物馆摄影师致以由衷敬意，感谢他们以多年的摄影经验，为本书耐心拍摄了数百张照片，感谢约翰·威廉姆斯、凯文·洛夫洛克、达德利·哈伯德、乔安娜·费尔南德斯、斯蒂芬·多德。项目主任辛文元在担任本书图片研究员的过程中，完成了令人惊叹的工作，为寻找最佳图片付出了大量时间，并在各个方面对项目的顺利进行给予了大力支持。

泰晤士与赫德逊出版社给我们留下令人愉悦的合作经历。感谢项目策划朱利安·霍纳和菲利普沃森；感谢彼得·道森为本书所做的卓越设计；感谢编辑本·普拉姆里奇，以及苏珊娜·英格拉姆和苏珊娜·劳森所领导的制作团队。最后，我要向海伦·沃勒克斯和马丁·基迪及基迪家的年轻一代比伊、艾丽和埃拉致以谢意，是他们对我们这段冗长工作的理解，让这一切成为可能。

图书在版编目（CIP）数据

大英博物馆中国简史 / （英）霍吉淑著；顾雯，谢燕译. -- 兰州：读者出版社，2018.12（2024.11.重印）
ISBN 978-7-5527-0560-7

Ⅰ.①大… Ⅱ.①霍… ②顾… ③谢… Ⅲ.①博物馆－文物－介绍－英国②中国历史－通俗读物 Ⅳ.①G269.561②K209

中国版本图书馆CIP数据核字（2019）第000846号

著作权合同登记图字：26-2018-0077

China: A History in Objects
Copyright © 2017 The Trustees of the British Museum/
Thames & Hudson Ltd, London
Text © 2017 The Trustees of the British Museum
Images © The Trustees of the British Museum unless otherwise stated on p. 342
Designed by Peter Dawson gradedesign.com
Simplified Chinese edition copyright © 2019 Thinkingdom Media Group Ltd.
All rights reserved.

大英博物馆中国简史
（英）霍吉淑 著
顾雯 谢燕 译

责任编辑 王先孟
特邀编辑 王 雪 汤 胜
营销编辑 李 莉
装帧设计 韩 笑
内文制作 王春雪
出　版　读者出版社（兰州市读者大道568号）
发　行　新经典发行有限公司　电话（010）68423599
　　　　邮箱 editor@readinglife.com
经　销　新华书店
印　刷　北京富诚彩色印刷有限公司
开　本　710毫米×1000毫米　1/16
印　张　21.5
插　页　4
字　数　260千
版　次　2019年5月第1版
印　次　2024年11月第8次
书　号　ISBN 978-7-5527-0560-7
定　价　158.00元